Reichsthaler • Schafzahl • Putz • Zapfl
Engelhart • Schneider

DIREKTVERMARKTUNG
bäuerlicher Produkte

LEOPOLD STOCKER VERLAG
GRAZ – STUTTGART

Umschlaggestaltung: Gabriele Schneider, Graz
Umschlagfoto: Thomas Mühlbacher, Graz
Die Fotos und Grafiken im Textteil wurden dem Verlag freundlicherweise von den Autoren zur Verfügung gestellt.

Hinweis:
Dieses Buch wurde auf chlorfrei gebleichtem Papier gedruckt.
Die zum Schutz vor Verschmutzung verwendete Einschweißfolie ist aus Polyethylen chlor- und schwefelfrei hergestellt. Diese umweltfreundliche Folie verhält sich grundwasserneutral, ist voll recyclingfähig und verbrennt in Müllverbrennungsanlagen völlig ungiftig.

ISBN 3-7020-0785-7
Alle Rechte der Verbreitung, auch durch Film, Funk und Fernsehen, fotomechanische Wiedergabe, Tonträger jeder Art, auszugsweisen Nachdruck oder Einspeicherung und Rückgewinnung in Datenverarbeitungsanlagen aller Art, sind vorbehalten.
© Copyright by Leopold Stocker Verlag, Graz 1997
Printed in Austria
Gesamtherstellung: Druckerei Theiss GmbH, A-9400 Wolfsberg

INHALT

VORWORT 11

DER BETRIEBSFÜHRER ALS MENSCH UND PERSÖNLICHKEIT 13

   GRUNDVORAUSSETZUNGEN FÜR PERSÖNLICHEN ERFOLG 13

   GEFAHREN UND KRITISCHE FAKTOREN 13

      Jammern als weitverbreitetes Übel 13
      Gesundheit 14
      Generationskonflikte 15
      Umgang in der Familie und Führung von Mitarbeitern 16
      Unklare oder ständig wechselnde Ziele 19

   DER PERSÖNLICHE ERFOLGSPLAN 19

      Prüfliste zur Situationsanalyse 20
      Konsequenzen aus der Persönlichkeitsanalyse 21
      Betriebliche Stärken und Schwächen 21
      Festlegung der konkreten Entwicklungsschritte 22

   KONSEQUENZEN AUS DER ZIELPLANUNG 23

   SCHLUSSGEDANKEN UND LEITSÄTZE 23

RECHTSGRUNDLAGEN DER DIREKTVERMARKTUNG 25

   DER LANDWIRT UND DAS (NEBEN-)GEWERBE 25

      Vorbemerkungen 25
      Das Gewerbe 25
      Die land- und forstwirtschaftliche Urproduktion ... 26
      Das land- und forstwirtschaftliche Nebengewerbe ... 26
      Arten der Direktvermarktung 29
          Ab-Hof-Verkauf 29
          Verkaufsladen 29
          Bauernmarkt 30
          Lieferung bestellter Waren 30
          Feilbieten im Umherziehen 30
          Ernte durch den Käufer 30
      Der Buschenschank 30
      Die häusliche Nebenbeschäftigung (z.B. „Urlaub am Bauernhof") 32
      Die schönen Künste 33
      Die eingeschränkte Handelsgewerbeberechtigung 33
      Der gewerbliche Buffetbetrieb 34

Inhalt

Die gewerbliche Fremdenbeherbergung	35
Der gewerbliche Schutzhüttenbetrieb	35
SONSTIGE RECHTSVORSCHRIFTEN	36
Das Allgemeine Bürgerliche Gesetzbuch	36
Gewährleistung und Garantie	36
Schadenersatz	36
Das Produkthaftungsgesetz	37
Das Hygiene- und Veterinärrecht	37
Das Bazillenausscheidergesetz	37
Das Qualitätsklassengesetz	37
Die Straßenverkehrsordnung	38
Das Maß- und Eichgesetz	38
Das Lebensmittelgesetz	38
Die (Lebensmittel-)Kennzeichnung	40
Die Schuljause	43
Das Leben ist voller Kontrollen	43
Wenn der Kunde nicht bezahlt	45
Wenn der Amtsschimmel wiehert	45
WENN SICH LANDWIRTE ZUSAMMENSCHLIESSEN	45
Die Gesellschaft bürgerlichen Rechts (GesbR)	45
Der Verein	47
Die Genossenschaft	48
Die Gesellschaft mit beschränkter Haftung (GmbH)	48
Die Eingetragene Erwerbsgesellschaft (EEG)	49
Der gemeinsame Verkaufsraum	49
Die Vor- und Nachteile der verschiedenen Gesellschaftsformen	50
DIE DIREKTVERMARKTUNG AUS STEUERRECHTLICHER SICHT	51
BUCHFÜHRUNGSGRENZEN	51
DIE EINKOMMENSTEUER	52
Erklärungspflicht	52
Ermittlung des Einkommens, der Einkommensteuer und der Einkünfte aus Land- und Forstwirtschaft	52
Ermittlung der Einkünfte aus Land- und Forstwirtschaft	54
Die Gewinnermittlung beim pauschalierten Landwirt	54
Die Vollpauschalierung	54
Einkünfte aus land- und forstwirtschaftlicher Nebentätigkeit	56
Der landwirtschaftliche Nebenbetrieb	57

    Einkünfte aus dem Gartenbau 58
    Einkünfte aus dem Weinbau 59
    Die Teilpauschalierung 59
    Wo liegt die Grenze zwischen Landwirtschaft und Gewerbebetrieb? 60

DIE UMSATZSTEUER 61
    Ausstieg aus der Umsatzsteuerpauschalierung 62
    Die Kleinunternehmerregelung 62
    Rechnungsausstellung 63

KÜNFTIGE STEUERRECHTLICHE BEHANDLUNG DER
DIREKTVERMARKTUNG 64

DIE GETRÄNKEABGABE 64

DIE ALKOHOLSTEUER 65

WELCHE PRÜFUNGSBEFUGNISSE HAT DAS FINANZAMT? 66

WELCHE FINANZVERGEHEN GIBT ES, UND WIE
WERDEN DIESE BESTRAFT? 67

WAS IST BEIM SCHRIFTVERKEHR MIT DEN FINANZBEHÖRDEN
ZU BEACHTEN? 67

GEMEINSAME VERMARKTUNG 67

GRUNDSÄTZE ZUR BETRIEBSORGANISATION 69
    Wer nicht mit der Zeit geht, geht mit der Zeit! 69

VERANTWORTLICHKEITEN UND BEFUGNISSE 72

UMGANG MIT DER ZEIT 73
    Gute Planung muß schriftlich sein! 74
    Ein Zeit- und Arbeitsplanbuch 74
    Monatliche und tägliche Vorbereitung und Nachbereitung 74
    Private und berufliche Planung 75
    Prioritäten setzen 75
    Zeit für Unvorhergesehenes 76
    Störungsfreie Zeiten vereinbaren 76
    Aktivitätenpläne 76
    Ideenspeicher 77
    Regelmäßige Besprechungen 77

Inhalt

- DAS „BÜRO" IM BÄUERLICHEN BETRIEB 77
  - **Räumliche Voraussetzungen** 77
  - **Ausstattung** 78
    - Mobiliar 78
    - Telefon 78
    - Telefax 78
    - Personal Computer 78
    - Büromaterial 79
  - **Kommunikationswege festlegen** 79
    - Terminverwaltung 79
    - Datenerfassung, -verwaltung 80
    - Korrespondenz 80
    - Ablage 80
- PRODUKTION UND VERARBEITUNG 80
  - **Wie kann ich eine gleichbleibende Produktqualität sicherstellen?** 81
    - Futterrezepturen 81
    - Dünge- und Pflanzenschutzpläne 81
    - Kontrollpläne und Checklisten 81
    - Rezepturen, Herstell- und Lagerrichtlinien 82
    - Hygiene- und Reinigungspläne 83
    - Kennzeichnung 83
  - ORDNUNG UND SICHERHEIT AM ARBEITSPLATZ 83
  - UMGANG MIT FEHLERN UND REKLAMATIONEN 84
  - WORAUF MUSS ICH IM VERKAUF BESONDERS ACHTEN? 85
- **INVESTITION UND FINANZIERUNG** 87
  - ALLGEMEINES 87
  - PLANUNG 88
    - **Analyse des geplanten Vorhabens** 91
      - Investitionsarten 91
      - Abschätzung der Investitionskosten 93
      - Wirtschaftlichkeit von Investitionen 96
    - **Erstellung eines Finanzierungsplanes** 101
      - Beurteilung der Liquidität 101
      - Aufbau des Finanzierungsplanes 102
  - VERWIRKLICHUNG 105

Formen der Finanzierung 105
   Finanzierung mit Eigenkapital 105
   Finanzierung mit Fremdkapital 106
      Nichtgeförderte Finanzierungsformen 106
         Kontokorrentkredit 106
         Hypothekarkredit 107
         Lieferantenkredit 108
      Geförderte Finanzierungsformen 108
         Investitionszuschüsse 109
         Agrarinvestitionskredite (AIK) 110
Kreditkostenvergleiche 110
   Ermittlung des effektiven Zinssatzes 112
Finanzierungsfehler 115
   Nichtinanspruchnahme von Förderungen 115
   Unzureichender Investitionsplan 116
   Überbewertung von Eigenleistungen 117
   Mangelnde Prüfung von Anboten 117
   Falsche Finanzierungsform 117
   Mangelnde Abstimmung zwischen Laufzeit und Nutzungsdauer 118
   Mangelnde Kenntnis des Betriebserfolges 118

DIE VERMARKTUNG 119

WAS BEDEUTET EIGENTLICH „MARKETING"? 119

WELCHE GEFAHREN DROHEN DEM BÄUERLICHEN DIREKTVERMARKTER? 119
   Die eigenen Stärken und Schwächen sind nicht bewußt 119
   Die Zielgruppen für die einzelnen Produkte sind nicht festgelegt 120
   Es wird alles und nichts produziert 120
   Sie setzen die Werbemittel nicht geplant und konzentriert ein 121
   Was kann man tun, um diese Fehler zu vermeiden? 121

DER MARKETINGPLAN 122
Die Elemente des Marketingplanes 122

SITUATIONSANALYSE 123
   Derzeitiges Produkt- und Leistungsprogramm 123
   Derzeitige Vertriebswege und Preisgestaltung 124
   Kommunikationsmittel und wichtigste Mitbewerber 124

STÄRKEN/SCHWÄCHEN – CHANCEN/GEFAHREN 125
   Mitbewerberanalyse 125

Inhalt

    Betriebs-/Mitarbeiteranalyse 125
    Herausarbeiten der echten Kernfähigkeiten 128
    Positionierung der Produktlinien gegenüber Ihren Mitbewerbern 129
    Chancen und Gefahren erkennen 131

ZUKÜNFTIGES PRODUKT- UND LEISTUNGSPROGRAMM 132
    Produktlinien und Zielgruppen festlegen 132
    Merkmale der Zielgruppe definieren 133
    Kundenwünsche und -bedürfnisse erheben 133
    Angebot auf die Kunden abstimmen 136

MARKETING-MIX 137
    Produktgestaltung 137
    Verkaufswege 139
        Ab-Hof-Verkauf 139
        Hofladen 143
        Bauernladen 145
        Selbsternte 147
        Buschenschank 148
        Bauernmarkt 150
        Verkauf im Umherziehen 154
        Verkauf auf Bestellung 155
    Preisgestaltung 157
        Wovon ist die Höhe der Preise abhängig? 157
        Rabatte – ja oder nein? 160
    Kommunikationsmix 161
        „Werbung" – was ist das? 161
        Weshalb werben? 161
        Planung Ihrer Werbe- bzw. Kommunikationsstrategie 162
            Definition Ihrer Zielgruppe 162
            Vertriebswege 163
            Das Werbeziel 163
            Zeitlicher Einsatzplan 163
            Budget 164
        Schaffung von Identität 165
        Image 165
        Corporate Identity – das ganzheitliche Erscheinungsbild 165
        Corporate Design – das optische Erscheinungsbild 165
            Das Logo 166
            Farben 166
            Schrift und Typographie 168

Werbemittel	168
Das persönliche Gespräch	168
Produktdesign, Produktetiketten	168
Hoffolder	172
Postwurfsendungen/Flugblatt	174
Werbebriefe – Direct Mail	174
Inserate	174
Telefon	174
Geschäftskorrespondenz	177
Messen und Ausstellungen	177
Public Relations (PR) = Öffentlichkeitsarbeit	178
„Hoffest" – Tag der offenen Tür	178
Pressebetreuung	180
Gutes tun	180
Die Umsetzung	180
Gemeinschaftswerbung	181
MARKETINGZIELE UND ZIELVERFOLGUNG	182
KONKRETE FESTLEGUNG	182
IDEENSAMMLUNG	184
REGELMÄSSIGE ANPASSUNG UND AKTUALISIERUNG DES MARKETINGPLANES	186
PRAKTISCHES BEISPIEL FÜR DIE ERSTELLUNG EINES BETRIEBSKONZEPTES	187
CHECKLISTE FÜR BÄUERLICHE DIREKTVERMARKTER VON FLEISCH UND FLEISCHPRODUKTEN	205
LITERATURVERZEICHNIS	208

VORWORT

Die bäuerliche Direktvermarktung wurde in den vergangenen Jahren vor allem von Klein- und Mittelbetrieben als eine Möglichkeit der Einkommenssicherung wiederentdeckt.

Neben geographischer Lage des Betriebes und innerbetrieblicher Situation haben sich vor allem die persönlichen Voraussetzungen – Motivation aller am Betrieb arbeitenden Menschen und deren Geschick im Umgang mit Kunden – als wesentliche Erfolgsfaktoren herausgestellt. Der Einstieg in den Betriebszweig „Bäuerliche Direktvermarktung" muß gut geplant werden. Er erfordert eine klare Entscheidung und den vollen Einsatz.

Dieses Buch soll für Praktiker eine einfach handhabbare Planungshilfe sein. Wir haben uns bemüht, in verständlicher Form die wichtigsten Fragen eines bäuerlichen Direktvermarkters unter Berücksichtigung der Gewerberechtsnovelle 1997 zu bearbeiten und mit praktischen Beispielen zu veranschaulichen. Unsere langjährige Tätigkeit in der Beratung bäuerlicher Direktvermarkter war für die Auswahl der Fragen maßgeblich.

Das Buch ist für folgende Einsatzbereiche konzipiert:
- Praxishandbuch für Selbststudium und Erarbeitung eines Betriebskonzeptes.
- Schulungsunterlage für Ausbildungslehrgänge „Direktvermarktung" und Spezialseminare für einzelne Fachbereiche der Direktvermarktung.

Die Autoren wünschen viel Erfolg bei der Umsetzung der Konzepte!

DER BETRIEBSFÜHRER ALS MENSCH UND PERSÖNLICHKEIT

Grundvoraussetzungen für persönlichen Erfolg

Grundvoraussetzung für jeden Erfolg – sowohl auf beruflicher als auch auf privater Ebene – ist die Übereinstimmung Ihres Tun und Handelns mit Ihren Zielsetzungen. Bei allem, was Sie unternehmen, müssen Sie sich fragen, ob Sie damit der Erreichung Ihrer Ziele näherkommen und ob es Ihnen wirklich Freude macht.

Nur wenn Sie diese Frage mit „Ja!" beantworten können, sind Sie in der Lage, Begeisterung und Hingabe für Ihre Arbeit zu entwickeln.

Diese Begeisterung ist Ihr persönlicher Motor, um mehr und vor allem bessere Leistung zu erbringen, als andere mit nur durchschnittlichem Einsatz imstande sind.

Folgende Voraussetzungen bedingen bessere Leistung:
- klare Zielsetzungen
- konsequenter Einsatz für ein gestecktes Ziel
- ständiges Bemühen, dem Kunden mehr Nutzen zu bieten
- ständige Entwicklung der eigenen Kenntnisse und Fähigkeiten
- ständige Verbesserung der betrieblichen Abläufe

Damit begeben Sie sich in eine hochschraubende Spirale des Erfolgs. Mehr Freude führt zu besserer Arbeit – bessere Arbeit bedingt ein günstigeres Preis : Leistungsverhältnis – dieses wird vom Kunden wahrgenommen und steigert den Verkaufserfolg – die positiven Verkaufsergebnisse bringen die notwendigen Mittel, um die eigenen Fähigkeiten, die Produktionsbedingungen und das Angebot weiter zu verbessern – das erstklassige Angebot führt zu noch größerem Markterfolg – diese Erfolgserlebnisse wecken in Ihnen eine beständige Freude an Ihrem Unternehmen – und so weiter und so weiter…

Gefahren und kritische Faktoren

JAMMERN ALS WEITVERBREITETES ÜBEL

„Die Qualität Ihrer Ziele bestimmt die Qualität Ihrer Zukunft!"
JOSEF SCHMIDT

„Wer das Ziel nicht kennt, wird den Weg nicht finden."
CHRISTIAN MORGENSTERN

Wir wissen also, daß wir, um erfolgreich zu sein, Ziele benötigen, die unseren Wünschen und Begabungen entsprechen. Diese Ziele festzulegen, ist der erste wichtige Schritt, sein Schicksal in die Hand zu nehmen und durch aktives Handeln seine eigene Zukunft zu gestalten. Damit entfernen Sie sich von jener – leider weit verbreiteten – Geisteshaltung des ständigen Klagens.

Lösen Sie sich von der Vorstellung, daß die unglücklichen Umstände, die Politiker, der kleine Betrieb, die schlechte Marktsituation, die familiäre Situation und viele andere Faktoren, die vermeintlich außerhalb Ihres Einflusses liegen, für Ihr Schicksal verantwortlich sind.

Wer jammert, beklagt seine persönliche Unfähigkeit!

In dem Augenblick, in dem Sie anderen die Schuld an Ihrer Lage zuweisen, geben Sie zu verstehen, daß Sie Ihr persönliches und berufliches Leben nicht im Griff haben.

Nicht nur, daß Jammern Ihnen die Zeit für vernünftiges Arbeiten raubt und daß dieser Zustand Ihre eigene Stimmung zerstört. Das Schlimmste ist, daß Jammerer auch auf Ihre Umgebung lähmend wirken und schlußendlich alle glauben, daß an der Welt nichts zu verändern sei. Jammerer gehen am Leben vorbei und zerbrechen an ihrem selbstverschuldeten Schicksal.

Doch was kann man tun?

Mit einfachen Mitteln läßt sich ein bejammerter Zustand in einen günstigen Zustand umwandeln. Es muß Ihnen klar sein, daß jede Situation ihre Ursache hat und daher beeinflußbar ist. Die genaue Analyse der Situation selbst und deren Ursachen ermöglichen es, plötzlich Auswege zu erkennen und anstrebenswerte Ziele festzulegen. Die Hauptursache liegt in Ihnen selbst.

Sie müssen endlich aufhören, sich auf andere zu verlassen, und initiativ werden. Seien Sie Ihres eigenen Glückes Schmied. Auch die Religion und zahlreiche Weisheiten bestätigen, daß jeder selbst für sein Schicksal verantwortlich ist und jeder die erforderliche Kraft und das Potential hierfür in sich trägt. Übernehmen Sie also selbst die Verantwortung für Ihr Leben und führen Sie sich selbst und Ihren Betrieb in Zukunft im Bewußtsein Ihrer Fähigkeiten mit klaren Zielen.

GESUNDHEIT

„Neun Zehntel unseres Glücks allein beruhen auf unserer Gesundheit!"
SCHOPENHAUER

„Gesundheit ist nicht alles, aber ohne Gesundheit ist alles nichts!"

Unter Gesundheit verstehen wir einen Zustand des körperlichen und geistigen Wohlbefindens. Dieses ist ebenso eine Grundvoraussetzung, um einerseits besondere Leistungen zu erbringen und andererseits die Erfolge einer Anstrengung auch genießen zu können. Wir müssen in der Lage sein, uns körperlich und geistig anzustrengen. Daher zählt die beständige Pflege unserer Gesundheit zu unseren wichtigsten Aufgaben. Dafür sind wir nicht nur uns selbst gegenüber verantwortlich, sondern auch unseren Mitmenschen, unserer Familie.

Jeder kann vieles tun, um seine Gesundheit möglichst lange zu erhalten. Gesunde Ernährung, Sport, Gymnastik, Fitneßtraining, regelmäßige Vorsorgeuntersuchungen, Augen- und Zahnkontrollen sowie eine positive Lebenseinstellung können viel dazu beitragen.

GENERATIONSKONFLIKTE

Im Alltag wird die Bedeutung des Generationskonfliktes für die erfolgreiche Entwicklung und den Fortbestand eines Betriebes vielfach unterschätzt und in vielen Familien leider totgeschwiegen.

Unterschiedliche Bedürfnisse, Erwartungen und Zielsetzungen führen zu Unverständnis für die Denk- und Handlungsweise des jeweils anderen. Alt und jung haben ein unterschiedliches Sicherheitsbedürfnis. Der Hofnachfolger möchte in seine Zukunft investieren, während die Eltern das, wofür sie ein Leben lang hart gearbeitet haben, erhalten und absichern wollen.

Der stürmische Drang des jungen Bauern, neue Kenntnisse und Mittel einzusetzen oder neue Betriebszweige einzuführen, stößt oft frontal auf die Bedenken und Sorgen der weichenden Generation, aber auch auf deren Erfahrungen.

Die Sorge um das Wohl des Erben und ihre eigene Altersversorgung veranlaßt viele Eltern, sich in die Partnersuche und -wahl einzumischen.

Der Rückzug aus verschiedenen Bereichen des Betriebes, des Haushaltes und aus familiären Aufgaben führt bei vielen Menschen zu einer Leere, die nur sehr schwer wieder mit sinnvoller Tätigkeit zu füllen ist. Der plötzliche Verlust von Verantwortung für wichtige Aufgaben wird häufig – jedoch meist zu Unrecht – mit dem Verlust von Anerkennung verbunden.

Hohe Erwartungshaltung an die Kinder und Schwiegerkinder, die nur sehr schwer zu erfüllen ist, und mangelnde Anerkennung für ihre Leistungen führen zu großem Druck und psychischer Belastung.

Zahlreiche andere Faktoren, die meist aus dem emotionalen Bereich stammen und nur selten mit Vernunft begründbar sind, führen zu immer größeren Konflikten, die in ein zwangsläufiges Auseinanderleben der beiden Generationen münden. Dies kann zu Streit, Frustration und Freudlosigkeit führen, was unnötig sehr viel Energie bindet.

Die schlimmste Konsequenz ist, wenn der Hofnachfolger den Hof verläßt und damit eine Weiterentwicklung gänzlich verhindert wird. Zahlreiche Bauernhöfe mußten in der Vergangenheit und werden auch in Zukunft aus diesem Grund ihre Existenz aufgeben.

Nur die Kontinuität in der Führung eines Betriebes kann – insbesondere in sehr schweren Marktsituationen – die rasche Anpassung an neue Umfeldbedingungen und die erfolgreiche Weiterentwicklung sichern.

Daher sind beide Generationen verpflichtet, so früh wie möglich diesen bedeutenden Schritt des Generationswechsels vorzubereiten. Dazu gehören:

- Vertrauen schaffen durch klare Zielformulierungen beider Seiten
- rechtzeitige Abstimmung mit den weichenden Erben
- Transparenz schaffen über die finanzielle Situation
- zeitliche und inhaltliche Festlegung der Hofübergabe
- angemessenen Lebens- und Wohnraum für beide Generationen schaffen
- Anerkennung der Leistungen beider Generationen
- Akzeptanz für einen neuen Weg
- Einfühlungsvermögen und Verständnis für die Situation des anderen
- Toleranz für persönliche und fachliche Unzulänglichkeiten
- Verantwortungsgefühl für Harmonie und Freude in der Familie entwickeln
- und einiges mehr

UMGANG IN DER FAMILIE UND FÜHRUNG VON MITARBEITERN

Auch im Rahmen eines bäuerlichen Direktvermarktungsbetriebes haben die Grundprinzipien erfolgreicher Mitarbeiterführung Gültigkeit. Das betrifft nicht nur den Umgang mit Fremdarbeitskräften, sondern vor allem die Art der Zusammenarbeit in der eigenen Familie. Nur wenn sich der Betriebsführer, das Familienoberhaupt, zur Autorität entwickelt, ohne autoritär zu sein, wird erstklassige Zusammenarbeit möglich sein. Das heißt, daß die Führungskraft nicht kraft ihrer Macht und Position, sondern durch echte Überzeugung, gemeinsame Vereinbarungen und gegenseitige Wertschätzung die Richtung vorgibt.

Führung bedeutet, gemeinsam mit Menschen, mit denen wir zusammenwohnen und/oder -arbeiten, Ziele anzustreben und zu verwirklichen. Der Betriebsführer muß neue Ziele so gut vorbereiten, daß es allen Menschen um ihn herum leicht fällt, sie anhand eigener Pläne umzusetzen. Dazu muß den Mitarbeitern bzw. Familienmitgliedern ausreichend Zeit und Freiraum eingeräumt sein. Es gilt zu steuern, ohne zu herrschen, und Autorität auszuüben, ohne zu bevormunden.

$$\text{„1 + 1 = 3"}$$

Entsprechend diesem Motto können gemeinsam wesentlich intelligentere Lösungen und bessere Leistungen erzielt werden, als einer für sich allein imstande ist. Erfolgreiche Betriebsführer schaffen eine echte Teamkultur, in der jeder optimal zur Erreichung des gemeinsamen Zieles beiträgt, bei gleichzeitiger Berücksichtigung der individuellen Persönlichkeiten und Bedürfnisse.

Dazu müssen folgende gemeinsame Spielregeln eingehalten werden:
- gemeinsame Zielvereinbarungen treffen
- gemeinsam die Verantwortung für bestimmte Aufgaben festlegen
- Art des Umganges miteinander ständig prüfen und verbessern
- gegenseitige Information sicherstellen
- grundsätzliche Arbeitsmethoden gemeinsam vereinbaren
- unklare oder mißverständliche Dinge sofort abklären
- Offenheit und Verständnis für Probleme des anderen zeigen
- hohen Grad an Kommunikations-, Diskussions- und Gesprächsfähigkeit entwickeln
- jedem die Möglichkeit für persönliche Erfolge einräumen
- ehrliche Anerkennung für gute Leistungen zollen
- konstruktive Kritik an Mängeln im Bewußtsein einer Entwicklungschance üben
- Grundverständnis der ständigen Entwicklung schaffen

Die größte Gefahr für eine erfolgreiche Zusammenarbeit im Betrieb, in der Familie, im Team ist eine starre, autoritäre Struktur und eine strenge hierarchische Ordnung. Wenn der Chef immer vorgibt, alles besser zu wissen, seinen Familienmitgliedern und Mitarbeitern Informationen vorenthält und keine oder nur vage Ziele vereinbart, kann niemals Freude bei der Arbeit entstehen. Und wo Freude fehlt, können keine guten Leistungen erbracht werden. Sie bewegen sich wieder ins Jammertal oder schaffen es gar nicht, herauszukommen.

Die Selbstverpflichtung eines jeden im Rahmen einer Gruppe wird auf der nächsten Seite durch folgendes Gedicht von DALE WIMBROW in wunderbarer Weise ausgedrückt:

Der Mann im Spiegel

Wenn du hast, was du willst, im Kampf um dich selbst,
und die Welt dich für einen Tag zum König macht,
so stell dich vor den Spiegel und schau dich dort an
und sieh, was der Mensch dir zu sagen hat.
Es ist weder dein Vater, deine Mutter noch deine Frau,
vor deren Urteil du bestehen mußt.
Der Mensch, dessen Meinung für dich am meisten zählt, ist der,
der dich aus dem Spiegel anschaut.
Einige Menschen halten dich für einen wundervollen Kerl.
Doch der Mann im Spiegel nennt dich einen Strolch,
wenn du ihm nicht offen in die Augen sehen kannst.
Auf ihn kommt es an, kümmere dich nicht um den Rest,
denn er ist bis ans Ende bei dir.
Du hast die schwierigste Prüfung bestanden,
wenn der Mann im Spiegel dein Freund ist.
Auf dem ganzen Lebensweg kannst du die Welt betrügen
und dir anerkennend auf die Schulter klopfen lassen;
doch dein Lohn werden Kummer und Tränen sein,
wenn du den Mann im Spiegel betrogen hast.

Nur wenn wir uns selbst und einander unbefangen in die Augen blicken können, werden wir die Dinge richtig und anständig machen.

UNKLARE ODER STÄNDIG WECHSELNDE ZIELE

Die Anfälligkeit eines Betriebes für Krisen wird um so größer, je weniger klare Ziele vorhanden sind und von allen Beteiligten verfolgt werden.

Eine Untersuchung von Prof. Dr. Werner KIRSCH an der Universität München hat ergeben, daß 97% aller mittelständischen Unternehmen keine strategische, zielorientierte Betriebsführung pflegen. Die restlichen 3%, die klare Ziel haben, diese ständig überprüfen, ihren Weg und die Ziele regelmäßig anpassen, erzielen um durchschnittlich 46% (!) mehr Gewinn.

Diese Zahlen besitzen für die Landwirtschaft genauso Gültigkeit. Nur jene Betriebsführer, die mit dem Verständnis eines wirklich guten Unternehmers konsequent und zielorientiert vorgehen, werden nachhaltig erfolgreich sein.

Eine Todsünde in der Betriebsführung sind Ziele und Wege, die sich ständig ändern. Wenn ein Betrieb laufend neue Wege einschlägt, einmal diesen Betriebszweig und bei den ersten Schwierigkeiten einen anderen Betriebszweig einführt, wird er furchtbaren Schiffbruch erleiden. Die Familienmitglieder und Mitarbeiter werden nicht in der Lage sein, jeder Veränderung schnell genug zu folgen, was zu einer chaotischen Betriebsorganisation führt. Der Investitionsbedarf wird äußerst groß, und bevor die ersten Erträge fließen, wird wieder neu investiert. Das ständige Hinterherlaufen hinter vermeintlich guten Ideen, ohne Schritt für Schritt das zuerst festgelegte Ziel konsequent anzustreben, führt mit Sicherheit in den Abgrund. Wer ständig sät und niemals erntet, kann nicht das notwendige Einkommen erzielen und wird Schuldenberge aufbauen.

Die Ursachen liegen häufig einerseits in der Wankelmütigkeit und Unüberlegtheit des Betriebsführers und andererseits in nicht vorhandener, unklarer oder falscher Zielfestlegung.

Der persönliche Erfolgsplan

Aus den genannten Gefahren und Beispielen ist die Bedeutung von Zielen für einen erfolgreichen Direktvermarktungsbetrieb klar erkennbar.

An folgendem Beispiel läßt sich die Vorgangsweise zur Zielfindung gut erläutern:

Wenn ein Schiff im offenen Meer treibt und der Kapitän sich überlegt, welche Richtung er einschlagen soll, muß er zuerst seinen Standort bestimmen und seine Ressourcen prüfen. Er wird sich einige Fragen stellen, wie z.B.: Wo befinden wir uns? Wo wollten wir ursprünglich hin? Wieviel Proviant haben wir an Bord? Wieviel Treibstoff steht uns zur Verfügung? In welchem Zustand befindet sich mein Schiff? In welchem Zustand ist die Schiffsbesatzung? Welches Ziel können wir angesichts dieser Voraussetzungen überhaupt erreichen? Usw...

Auf Basis dieser Analyse kann er seinen gewünschten Zielort festlegen und den richtigen Leuchtturm ansteuern.

Ziele haben Leuchtturmfunktion. Sie zeigen in jeder Situation die richtige Richtung. Für den Fall, daß unvorhergesehene Ereignisse (die bei genauerer Analyse des IST-Zustandes vielleicht vorhersehbar gewesen wären) Sie vom geplanten Kurs kurzfristig abbringen, sind Sie in der Lage, diese Abweichung sofort zu erkennen und darauf zu reagieren. Diese Vorgangsweise ist die Basis für eine erfolgreiche Betriebsführung.

Das heißt, bevor Sie nun daran gehen, Ihre Ziele festzulegen, müssen Sie Ihre derzeitige Situation betrachten.

Die Qualität Ihrer Ziele ist maßgeblich von der Genauigkeit und Tiefe dieser IST-Zustandsanalyse abhängig. Ihre Stärken und Schwächen müssen genau bekannt sein, um die Art der Ziele festlegen und deren Erreichbarkeit abschätzen zu können.

Nur wenn Sie Ihre eigenen persönlichen und betrieblichen Erfolgsfaktoren herausfinden, können Sie Ihre wahren Ziele finden.

„Erfolg erfolgt, wenn man sich selbst folgt!"

PRÜFLISTE ZUR SITUATIONSANALYSE

Die folgenden Fragen sollen Ihnen helfen, Ihre eigenen herausragenden Faktoren zu finden. Überlegen Sie sich diese Fragen in aller Ruhe sehr genau und halten Sie das Ergebnis schriftlich fest. Von der Genauigkeit dieser Ausarbeitung ist die Güte und Zuverlässigkeit Ihrer Ziele abhängig. Sie sollten diese Analyse jährlich wiederholen und auf festgestellte Veränderungen in Ihrer jährlichen Zielplanung Rücksicht nehmen.

Nehmen Sie zur Beantwortung dieser Fragen ein Blatt Papier zur Hand und ziehen Sie sich für etwa eine Stunde zurück, um sich einmal ausschließlich mit sich selbst zu beschäftigen.

Wie ist der Zusammenhalt in unserer Familie? Wie gut ist die Beziehung zu meinen Eltern, zu meinen Kindern und Schwiegerkindern und zum Hofnachfolger? In welchen Bereichen harmonieren wir besonders gut? Welche Probleme erkenne ich?

Beschäftige ich mich gerne mit anderen Menschen oder bin ich lieber allein?

Mit welchen Personen bin ich sehr gerne zusammen? Welchen Personen gehe ich lieber aus dem Weg?

Gibt es Menschen, die ich aufgrund ihrer Persönlichkeit und ihrer Leistungen besonders schätze?

Welchen Weg in der schulischen und beruflichen Ausbildung habe ich aus welchen Gründen gewählt?

In welchen gesellschaftlichen Bereichen (Kultur, Musik, Vereine, Sport,...) bin ich besonders engagiert?

Welche Arbeiten erledige ich gerne und welche würde ich lieber abgeben?

Auf welche Leistungen in meinem Leben bin ich besonders stolz? Aus welchen persönlichen Gründen habe ich diese Leistungen vollbracht?

Welche Niederlagen mußte ich in meinem bisherigen Leben einstecken? Was waren meine persönlichen Gründe dafür?

Welche Gefahren erkenne ich für mein Privatleben (Partnerschaft, Familienkonflikte, Gesundheit, gesellschaftliche Kontakte,...) und welche für meinen Betrieb (Konkurrenz, Bildung, finanzielle Situation, Weiterentwicklung,...)? Welche Schritte sind daher erforderlich?

Was sind meine 5 größten Wünsche?   1.   2.   3.   4.   5.

KONSEQUENZEN AUS DER PERSÖNLICHKEITSANALYSE

Wenn Sie alle Fragen beantwortet haben, kennen Sie Ihre Stärken, aber auch Ihre Schwachstellen. Jetzt müssen Sie folgende 2 Schritte setzen:
1. Überlegen Sie sich konkrete Schritte zur Veränderung Ihrer Schwächen!
2. Konzentrieren Sie sich auf Ihre Stärken und überlegen Sie sich, wie Sie diese Erfolgsfaktoren in Zukunft optimal nutzen können!

Sie sollten diese Ausarbeitung nicht überspringen. Wenn Sie ein Haus bauen, können Sie auch nicht das Dach vor den Fundamenten errichten. Genausowenig können Sie Ihre Zukunft erfolgreich und glücklich gestalten, wenn Sie sich selbst nicht kennen.

BETRIEBLICHE STÄRKEN UND SCHWÄCHEN

Die vorherigen Fragen zeigen Ihnen Ihre persönlichen Voraussetzungen als Betriebsführer. Die folgende Bewertungstabelle soll Ihnen helfen, Ihre betrieblichen Voraussetzungen speziell für den Betriebszweig Direktvermarktung zu prüfen. Bewerten Sie diese Aussagen offen und ehrlich zu sich selbst!

Im Hinblick auf folgende Kriterien ist mein Betrieb geeignet, wenig geeignet oder nicht geeignet, ein erfolgreicher Direktvermarktungsbetrieb zu sein:
- Lage des Betriebes/Nähe zum Kunden
- Zeit- und Arbeitskapazität für die Direktvermarktung
- derzeitige Produktausrichtung
- technische Ausstattung des Betriebes
- geeignete Räumlichkeiten für Verarbeitung, Lagerung und Verkauf
- derzeitiges Fachwissen für Produktion und Verkauf
- finanzielle Situation
- Marktsituation/Mitbewerber
- Hofgestaltung/Sauberkeit/Ordnung/freundliches Hofbild
- Einsatzbereitschaft der Familie und Mitarbeiter für die Direktvermarktung
- Sonstiges

Je mehr dieser Voraussetzungen auf Ihrem Betrieb erfüllt sind, um so besser ist die Ausgangssituation. Wenn einige Voraussetzungen fehlen oder nur schwach vorhanden sind, müssen Sie nicht erschrecken. Aber Sie müssen bereit sein, Zeit und Geld zu investieren, um diesen Rückstand aufzuholen.

Schwächen sind kein Grund, die Flinte gleich ins Korn zu werfen. Sie müssen lernen, damit richtig umzugehen und dort, wo es notwendig ist, mit geeigneten Mitteln auszugleichen. Falls Sie zum Beispiel selbst nicht gerne mit Menschen ein Verkaufsgespräch führen, müssen Sie für diese wichtige Aufgabe eine andere Person finden. Und wenn Ihnen noch die geeigneten Räumlichkeiten fehlen, müssen Sie sich einen guten Investitions- und Finanzierungsplan überlegen.

Somit läßt sich jeder Mangel in irgendeiner Form ausgleichen, sofern er Ihnen bewußt ist.

Grundsätzlich sollten Sie sich jedoch auf Ihre Stärken konzentrieren und diese ganz bewußt in Ihrem Entwicklungsplan zum erfolgreichen Direktvermarkter einsetzen.

FESTLEGUNG DER KONKRETEN ENTWICKLUNGSSCHRITTE

Auf der Basis dieser Analyse planen Sie jetzt konkrete Ziele, die Sie lang-, mittel- und kurzfristig erreichen wollen/werden.

Überlegen Sie sich erst Ihre langfristigen Zielsetzungen.
– Wie sehen Sie sich in **20 bis 25 Jahren,** wenn alles nach Plan läuft?
– Was möchten Sie wirklich in Ihrem Leben erreichen?
– Was sollen die Menschen einmal über Sie erzählen?
– Wie soll der Hof aussehen, den Sie einmal an Ihren Nachfolger übergeben werden?

Die mittelfristige Zielplanung erstreckt sich auf etwa **5 bis 7 Jahre** und ist bereits sehr konkret. Planen Sie mit möglichst genauen Zahlen und Zielterminen. Folgende Fragen können Ihnen helfen, Ihre mittelfristigen Ziele festzulegen:
– Was von meinen langfristigen Zielen werde ich in den nächsten 5 Jahren erreichen?
– Was muß ich dazu in meinem persönlichen und betrieblichen Bereich verändern?
– Welche Pläne (Marketing-, Bau-, Bildungs-, Familien-, Finanzplan etc.) müssen dafür erstellt werden?

Für Ihre tägliche Arbeit ist der **Jahreszielplan** der wichtigste. Er leitet sich von der lang- und mittelfristigen Zielplanung ab. Beantworten Sie folgende Fragen:
– Welche Teile aus dem mittelfristigen Plan werde ich in diesem Jahr umsetzen?
– Welchen Umsatz und welchen Gewinn werde ich erzielen?
– Habe ich die richtigen Arbeitskräfte?
– Was wünschen sich unsere Kunden? Welche Produkte werden wir anbieten?
– Wie ist das Erscheinungsbild unserer Produkte, unseres Hofes, unserer Räumlichkeiten, unserer Unterlagen, von uns selbst etc.? Was müssen wir verändern?
– Welche Investitionen sind notwendig? Wie werde ich sie finanzieren?
– Welche Schwierigkeiten und Gefahren können auf uns zukommen? Wie kann ich dagegen vorbeugen?
– Welche organisatorischen Veränderungen werde ich einleiten?

Im Rahmen Ihrer Entwicklungsplanung dürfen Sie auf keinen Fall Ihre privaten Bedürfnisse vergessen. Berücksichtigen Sie bei jedem Schritt Ihre persönlichen und privaten Ziele, wie Gesundheit, Freizeit, Hobby, Sport, Ehe oder Partnerschaft, Kinder, Freunde etc. Schließlich wollen Sie nicht nur Ihren Betrieb, sondern vor allem Ihr persönliches Leben glücklich und erfolgreich führen.

Die Ergebnisse der kurzfristigen Zielplanung sollten Sie mindestens einmal im Monat zur Hand nehmen. Überprüfen Sie, was Sie bereits erreicht haben und was noch zu tun ist! Damit stellen Sie sicher, daß Sie die richtigen Dinge umsetzen und Ihre mittel- und langfristigen Ziele erreichen. **Der Erfolg ist Ihnen nicht mehr zu nehmen!!**

Konsequenzen aus der Zielplanung

Wenn nach dieser Ausarbeitung in Ihrem Zielplan steht, daß Sie in Zukunft als Direktvermarkter auftreten werden, lesen und arbeiten Sie in diesem Buch sehr aufmerksam weiter. Denn dann sind die weiteren Ausführungen bestens geeignet, Ihnen die dafür notwendigen und richtigen Ideen und Impulse zu liefern.

Sollte nichts von Direktvermarktung in Ihrem Zielplan stehen, gibt es zwei mögliche Gründe:
- Ihre Analyse und Planung war nicht gründlich genug. Machen Sie es noch einmal!
- Ihr Weg ist tatsächlich nicht die bäuerliche Direktvermarktung, sondern eine andere Produktions- und Vertriebsmöglichkeit. Nutzen Sie diese Erkenntnis und beachten Sie, daß immer nur zielorientiertes und konsequentes Vorgehen zum Erfolg führen können!

„Wer nicht weiß, wohin er will, braucht sich nicht zu wundern, wenn er ankommt, wo er nicht hinwollte!"

Schlußgedanken und Leitsätze

Inspiration von JOSEF SCHMIDT

Nutze die Gegenwart, es ist die Zeit, in der Du lebst und in der Du die Zukunft gestaltest.

Wer mit der Vergangenheit unzufrieden ist und vor der Zukunft Angst hat, ist ein Mensch, der die Gegenwart zuwenig nützt.

Die Vergangenheit kannst Du analysieren, aber nicht mehr verändern. Die Zukunft kannst Du kaum analysieren, aber sehr wohl gestalten.

Wer aus Freude am Leben und aus Erfahrungen der Vergangenheit Ziele entwickelt, die Gegenwart zur Planung und zum wirklichen Leben nützt, kann guten Mutes in die Zukunft sehen.

Leitsätze

„Der eine Mensch kommt vorwärts, der andere wird bloß älter."
UNBEKANNT

Der Betriebsführer als Mensch und Persönlichkeit

„Sind die Worte im voraus festgelegt, so stockt man nicht.
Sind die Arbeiten im voraus festgelegt, so kommt man nicht in Verlegenheit.
Sind die Handlungen im voraus festgelegt, so macht man keinen Fehler.
Ist der Weg im voraus festgelegt, so wird er nicht plötzlich ungangbar."
KONFUZIUS

„Mich interessiert vor allem die Zukunft, denn das ist die Zeit, in der ich leben werde."
ALBERT SCHWEITZER

„Niemand plant zu versagen, aber die meisten versagen beim Planen."
UNBEKANNT

„Der eine wartet, daß die Zeit sich wandelt, der andere packt sie kräftig an und handelt."
DANTE

„Unsere Zukunft ist nicht unbeherrschbar, wenn wir lernen, uns Ziele zu setzen
und zu planen."
AURELIO PECCEI

Vom Problemdenker zum Chancendenker

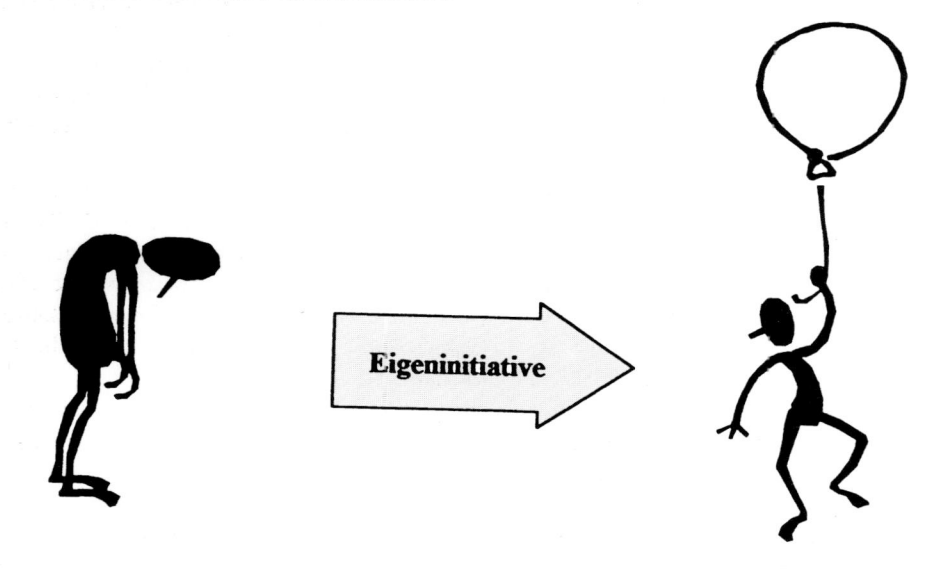

Eigeninitiative

RECHTSGRUNDLAGEN DER DIREKTVERMARKTUNG

Der Landwirt und das (Neben-)Gewerbe

VORBEMERKUNGEN

Jeder, der seine eigenen Produkte vermarkten will, sollte sich vorher über die diesbezüglichen rechtlichen Rahmenbedingungen informieren. Ist z.B. eine Gewerbeberechtigung notwendig? Wenn ja, welche zusätzlichen Kosten entstehen durch die Anmeldung eines Gewerbes und die hiedurch bewirkte Mitgliedschaft bei der Standesvertretung (z.B. Wirtschaftskammer)? Wie hoch sind die daraus resultierenden steuerlichen Belastungen und die Sozialversicherungsbeiträge? Gibt es (z.B. aus hygienischen Gründen) Auflagen oder bestimmte Kennzeichnungsvorschriften? Erster Ansprechpartner ist in diesen Fällen die zuständige Landwirtschaftskammer bzw. das Landwirtschaftsamt. Falls sich herausstellt, daß eine Gewerbeberechtigung notwendig ist, sollte man sich auch mit der Wirtschaftskammer in Verbindung setzen. Nur wenn alle Informationen vorhanden sind, kann der einzelne ermessen, ob die zu erwartenden Mehreinnahmen die zusätzlichen Belastungen rechtfertigen.

DAS GEWERBE

Die Gewerbeordnung enthält für den Bereich der Direktvermarktung sehr wichtige Regelungen, die unter anderem die notwendige Ausbildung des Handelnden und die Gestaltung der Räumlichkeiten betreffen. Vorweg ist daher zu untersuchen, inwieweit die beabsichtigte Tätigkeit der Gewerbeordnung unterliegt. Diese gilt grundsätzlich für alle Handlungen, die selbständig (d.h. auf eigene Gefahr und Rechnung), regelmäßig und in der Absicht vorgenommen werden, einen Ertrag oder sonstigen wirtschaftlichen Vorteil zu erzielen. Auch eine einmalige Tätigkeit gilt als regelmäßig, wenn eine Wiederholungsabsicht vermutet werden kann oder wenn sie längere Zeit in Anspruch nimmt.

Die Gewerbeordnung unterscheidet Handwerke (z.B. Fleischer, Tischler) und gebundene Gewerbe (z.B. Fremdenführer, Handelsgewerbe) mit Nachweis der entsprechenden Befähigung sowie freie Gewerbe (z.B. Buffet, Schutzhütte), die keines Befähigungsnachweises bedürfen. Letztere müssen bei der Gewerbebehörde (Bezirkshauptmannschaft bzw. Magistrat) lediglich angemeldet werden. Durch eine Gewerbeanmeldung und die hiedurch bewirkte automatische Mitgliedschaft bei der Wirtschaftskammer entstehen natürlich zusätzliche Kosten. Darüber hinaus sind die sozial- und steuerrechtlichen Auswirkungen zu beachten.

Außerdem gibt es für die Ausübung von gewerblichen Tätigkeiten detaillierte Regelungen (z.B. Vorschriften über die Toiletteneinrichtung im Gastgewerbebereich etc.). Für einfache Tätigkeiten gibt es einen erleichterten Zugang zur Gewerbeausübung.

Gewisse Tätigkeiten sind ausdrücklich vom Geltungsbereich der Gewerbeordnung ausgenommen, d.h. wenn die geforderten Voraussetzungen erfüllt sind, ist weder ein Befähigungsnachweis noch eine Anmeldung notwendig. Hiezu gehören neben der land- und forstwirtschaftlichen Urproduktion unter anderem auch das land- und forstwirtschaftliche Nebengewerbe, die häusliche Nebenbeschäftigung, der Buschenschank und die schönen Künste.

DIE LAND- UND FORSTWIRTSCHAFTLICHE URPRODUKTION

Für die Tätigkeiten im Rahmen der land- und forstwirtschaftlichen Urproduktion gilt die Gewerbeordnung nicht. Hiezu gehört:

Das Hervorbringen und Gewinnen pflanzlicher Erzeugnisse mit Hilfe der Naturkräfte. Dazu zählen auch der Wein- und Obstbau, der Gartenbau und die Baumschulen. Beim Weinbau ist laut Gesetz auch der Zukauf von höchstens 1.500 l inländischem Wein oder 2.000 kg inländischer Trauben pro Hektar bewirtschafteter Betriebsfläche und Kalenderjahr möglich. Die steirischen Weinbauern dürfen maximal 3.000 kg Trauben pro Hektar bewirtschafteter Betriebsfläche und Kalenderjahr zukaufen, wenn diese insgesamt aus demselben Weinbaugebiet stammen, in dem der Betrieb gelegen ist. Alle anderen Betriebszweige können inländische Erzeugnisse ihres Betriebszweiges zukaufen, wenn deren Einkaufswert nicht mehr als 25 % des Verkaufswertes aller Erzeugnisse dieses Betriebszweiges beträgt. Außerdem dürfen alle Land- und Forstwirte inländische Erzeugnisse ihres Betriebszweiges im ernteausfallsbedingten Umfang zukaufen.

Beispiel: Der Landwirt produziert Gemüse, Blumen, Champignons und Hydrokulturpflanzen hauptsächlich auf eigenem Grund oder gepachteten Flächen. Der gewerbliche Gärtner bepflanzt und pflegt fremde Gärten, schmückt Festsäle etc.

Das Halten von Nutztieren zur Zucht, Mästung oder Gewinnung tierischer Erzeugnisse. Hiezu zählen nicht nur die üblichen Haustiere, sondern jede Tierhaltung aus der durch Zucht, Mästung oder Gewinnung tierischer Erzeugnisse ein Nutzen gezogen wird. Da kein Zusammenhang mit Grund und Boden gefordert wird, gelten auch Viehmastbetriebe, die überwiegend oder ausschließlich fremdes Futter verwenden, allgemeinrechtlich – im Gegensatz zum steuerlichen Bereich – nicht als Gewerbebetriebe.

Beispiel: Auch Bienen, Schnecken und Pelztiere können daher Nutztiere in diesem Sinne sein, nicht jedoch die Tiere im Zoo. Letztere werden nämlich nicht zu obigen Zwecken gehalten.

Die Jagd und Fischerei. Auch in diesem Bereich ist keine Verbindung mit Grund und Boden nötig, d.h. es können auch andere Personen als der Grundeigentümer jagdberechtigt sein, ohne hiefür eine Gewerbeberechtigung zu benötigen.

DAS LAND- UND FORSTWIRTSCHAFTLICHE NEBENGEWERBE

Die Tätigkeiten, die im Rahmen des land- und forstwirtschaftlichen Nebengewerbes vorgenommen werden können, sind grundsätzlich als gewerbliche Tätigkeiten einzustufen. Da sie jedoch **im Zusammenhang mit der Land- und Forstwirtschaft** betrieben werden, sind sie unter gewissen Voraussetzungen von den Bestimmungen der Gewerbeordnung ausgenommen.

Eine dieser Voraussetzungen ist – außer bei der Be- und Verarbeitung – die **wirtschaftliche Unterordnung** der nebengewerblichen Tätigkeit im Vergleich zur land- und forstwirtschaftlichen Haupttätigkeit. Hiebei sind alle wirtschaftlichen Merkmale zu berücksichtigen, insbesondere das Ausmaß der Wertschöpfung, die Höhe des Ertrages und der Kosten sowie der Aufwand an Arbeitskräften und Arbeitszeit. Der bloße Vergleich der Umsätze reicht nicht. Das Gesetz regelt nicht, wie lange eine Unterordnung vorliegt, die Praxis nimmt die Grenze bei ca. 20 % bis 25 % an. Ob diese überschritten wird, kann in der Regel nur ein Fachmann abschätzen.

Zum land- und forstwirtschaftlichen Nebengewerbe gehören:

Die Verarbeitung und Bearbeitung
überwiegend der eigenen Naturprodukte. Voraussetzung hiefür ist, daß der Charakter des jeweiligen Betriebes als land- und forstwirtschaftlicher Betrieb gewahrt bleibt. Die Be- und Verarbeitung kann jedoch auch durch einen Gewerbetreibenden im Lohnverfahren erfolgen. Der Wert der allenfalls mitverarbeiteten Erzeugnisse muß gegenüber dem Wert des bearbeiteten oder verarbeiteten Naturproduktes untergeordnet sein.

Unter diesen Voraussetzungen kann der Landwirt auch Adventkränze oder Allerheiligengestecke fertigen und die Hilfsstoffe (z.B. Kerzen) zukaufen. Er darf Wein in Flaschen abfüllen, Kürbiskernöl pressen und Brot backen. Da diese Form des Nebengewerbes in der letzten Novelle geändert wurde, ist derzeit die Auslegung von Begriffen wie „überwiegend" oder „Charakter des jeweiligen Betriebes" unklar.

Das Verarbeiten von Wein zu Sekt (Obstschaumwein)
wenn dies durch einen gewerblich befugten Schaumweinerzeuger im Lohnverfahren erfolgt.

Der Abbau der eigenen Bodensubstanz
Gewerberechtlich gesehen, kann der Landwirt auf seinem eigenen Grund einen Steinbruch bzw. auch einen Sand-, Schotter- oder Lehmabbau betreiben. Natürlich muß er auch die wasser-, naturschutz- und baurechtlichen Vorschriften beachten. Der Abbau auf einem fremden Grundstück oder auch der Kelleraushub bei einem Nachbarn zählt nicht zu diesem Bereich.

Die nebengewerblichen Dienstleistungen
Derartige Dienstleistungen sind mit landwirtschaftlichen Betriebsmitteln möglich, die der nebengewerblich Tätige im eigenen Betrieb verwendet, soweit diese Tätigkeit im selben oder angrenzenden Verwaltungsbezirk für andere land- und forstwirtschaftliche Betriebe erbracht wird. Dienstleistungen mit einem Mähdrescher sind aber nur im selben Verwaltungsbezirk oder in einer an diesen angrenzenden Ortsgemeinde zulässig.

Die Kulturpflege im ländlichen Raum
Hiezu gehört das Mähen von Straßenrändern, -böschungen und öffentlichen Grünflächen, die Pflege von Biotopen und Rasenflächen von Sportanlagen sowie das Stutzen von Hecken im Rahmen der vorgenannten Tätigkeiten samt Abtransport des bei diesen Tätigkeiten anfallenden

Mähgutes. Die Betreuung der Grünflächen einer privaten Reihenhaussiedlung gehört nicht hierher, da es sich um keine öffentliche Fläche handelt. Bei der Pflege von Biotopen ist das Merkmal der Öffentlichkeit nicht gefordert. Sie dürfen sich daher auch im Privatbesitz befinden.

Die Verwertung organischer Abfälle (Biotonne)
ist zulässig, wenn beim Sammeln und Kompostieren der fremden Abfälle mit in der Land- und Forstwirtschaft üblichen Methoden gearbeitet wird. Im Rahmen dieser Tätigkeit dürfen daher auch Wendemaschinen und Frontlader verwendet werden. Ebenso ist die Anlage von betonierten Lagerflächen zulässig.

Der Winterdienst
liegt vor, wenn die Schneeräumung und der Schneetransport sowie das Streuen auf Verkehrsflächen erfolgen, die hauptsächlich der Erschließung land- und forstwirtschaftlich genutzter Grundflächen dienen. Die winterliche Pflege der Wege einer Stadtsiedlung ist daher ohne Gewerbeberechtigung nicht zulässig.

Die Fuhrwerksdienste
– Fuhrwerksdienste können mit hauptsächlich im eigenen land- und forstwirtschaftlichen Betrieb verwendeten selbstfahrenden Arbeits- und Zugmaschinen sowie mit Motor- und Transportkarren vorgenommen werden. Ihre Leistungsfähigkeit muß den Bedürfnissen des eigenen land- und forstwirtschaftlichen Betriebes angepaßt sein.
– Die Fuhrwerksdienste dürfen nur für andere land- und forstwirtschaftliche Betriebe in demselben Verwaltungsbezirk oder in einer an diesen angrenzenden Ortsgemeinde vorgenommen werden.
– Außerdem ist nur die Beförderung von land- und forstwirtschaftlichen Erzeugnissen, von Gütern zur Bewirtschaftung land- und forstwirtschaftlich genutzter Grundstücke oder von Gütern, die der Tierhaltung dienen, zwischen Wirtschaftshöfen und Betriebsgrundstücken oder zwischen diesen und der nächstgelegenen Abgabe-, Übernahme-, Verarbeitungs- oder Verladestelle möglich.

Die Fuhrwerksdienste mit Zugtieren – Vermieten und Einstellen von Reittieren
Im Rahmen dieses Bereiches sind Schlittenfahrten mit einem Pferdegespann sowie das Vermieten von Reittieren, z.B. im Rahmen des Urlaubs am Bauernhof, möglich. Der Bauer kann auch fremde Reittiere entgeltlich einstellen.

Das Vermieten land- und forstwirtschaftlicher Betriebsmittel
Sie müssen im eigenen Betrieb verwendet werden und können nur an andere Land- und Forstwirte im selben oder angrenzenden Verwaltungsbezirk vermietet werden. Zu den land- und forstwirtschaftlichen Betriebsmitteln gehören z.B. Traktoren, Motorkarren und -sägen, nicht aber die sogenannten Gattersägen.

Das Vermieten land- und forstwirtschaftlicher Beförderungsbetriebsmittel
Auch sie müssen im eigenen land- und forstwirtschaftlichen Betrieb verwendet werden und dürfen nur an andere land- und forstwirtschaftliche Betriebe in demselben Verwaltungsbezirk oder in einer an diesen angrenzenden Ortsgemeinde vermietet werden.

Wenn für ein land- und forstwirtschaftliches Nebengewerbe Anlagen eingesetzt werden, die weder für den Betrieb der Land- und Forstwirtschaft noch für die bisherigen Nebengewerbe verwendet werden, so gilt für diese Anlagen das Betriebsanlagenrecht (Genehmigung etc.). Dies aber nur unter der Voraussetzung, daß der Kapitaleinsatz, der im Rahmen der Land- und Forstwirtschaft erfolgt, unverhältnismäßig hoch ist oder wenn fremde Arbeitskräfte überwiegend für die Be- und Verarbeitung der Naturprodukte beschäftigt werden.

ARTEN DER DIREKTVERMARKTUNG

Jeder Landwirt kann die von ihm zulässigerweise (siehe das vorige Kapitel) erzeugten Produkte sowohl an Händler als auch an Konsumenten direkt verkaufen (Ausnahme: Branntwein). Im letzteren Fall spricht man von Direktvermarktung. Hier sind folgende Arten zu unterscheiden:

Ab-Hof-Verkauf
Dies ist die älteste Form der Direktvermarktung und gewerberechtlich uneingeschränkt möglich. Natürlich sind die Kennzeichnungs-, Hygienevorschriften etc. einzuhalten. Die Ladenschlußvorschriften gelten jedoch nicht.

Verkaufsladen
Landwirte können auch außerhalb ihrer Betriebsstätte einen oder mehrere Verkaufsläden (Weinverkaufsstelle, Blumengeschäft etc.) betreiben, für welche die Ladenschlußvorschriften nicht gelten. Sie können dort ihre Produkte selbst verkaufen oder andere Personen mit dem Verkauf beauftragen. Diese Hilfskräfte werden entweder Dienstnehmer oder selbständig Tätige sein. Letztere benötigen, wenn sie z.B. eine umsatzabhängige Provision erhalten und auch die übrigen Vorsaussetzungen erfüllt sind (siehe im Kapitel „Das Gewerbe"), eine Gewerbeberechtigung. Auch derjenige, der fremde Podukte erwirbt und im eigenen Namen und auf eigene Rechnung weiterverkauft, betreibt ein Gewerbe (sog. Handelsgewerbe).

Wenn mehrere Landwirte gemeinsam einen Verkaufsladen betreiben, so sollte jeder seinem Produktanteil entsprechend eine gewisse Zeit lang im Laden tätig sein. Bei dieser Form des Verkaufes erhält kein Verkäufer eine Provision, und liegt somit üblicherweise (natürlich müssen auch die im folgenden angeführten Vorausetzungen erfüllt sein) keine gewerberechtliche Tätigkeit vor. Beim gemeinsamen Verkauf müssen die Produkte der einzelnen Landwirte eine klar erkennbare Trennung aufweisen (z.B. genaue Kennzeichnung auf den Waren bzw. Kisten), und es hat auch die Abrechnung gesondert zu erfolgen.

29

Bauernmarkt

Bauernmärkte sind marktähnliche Veranstaltungen, bei denen Land- und Forstwirte Erzeugnisse aus ihrer eigenen Produktion feilbieten und verkaufen, wie sie von Landwirten zulässigerweise auf den Markt gebracht werden. Sie sind keine Märkte im Sinne der Gewerbeordnung und bedürfen auf Privatgrundstücken daher lediglich der Zustimmung des Grundeigentümers.

In Gemeinden mit Marktrecht dürfen Bauernmärkte auf öffentlichen Grundstücken nur im Rahmen der jeweiligen Marktordnung veranstaltet werden. Diese kann nähere Regelungen über die Art der zu verkaufenden Waren, die Verkaufsstände und die Marktzeiten enthalten.

Wenn die betreffende Gemeinde kein Marktrecht besitzt, kann sie bei der Bezirkshauptmannschaft die Bewilligung für einen sogenannten Gelegenheitsmarkt erhalten.

Lieferung bestellter Waren

Der Direktvermarkter kann jedermann ohne Einschränkung aufsuchen, um Bestellungen entgegenzunehmen. Er darf seine Waren hiebei aber nicht mitführen. Natürlich ist auch eine telefonische Bestellung oder der Auftrag, die Waren bei der nächsten Lieferung mitzubringen, möglich. Dies sollte am besten durch Aufzeichnungen (z.B. in einem Notizbuch mit Datum der Bestellung und der anschließenden Lieferung) belegt werden können.

Wenn eine andere Person entgeltlich zustellt, ist sie entweder als Dienstnehmer (auf Gefahr und Rechnung des Landwirtes) oder selbständig (auf eigene Gefahr und Rechnung) tätig. Im letzteren Fall ist wieder eine Gewerbeberechtigung notwendig.

Feilbieten im Umherziehen

Der Landwirt kann mit bestimmten Produkten auch von Ort zu Ort fahren und diese dort den Menschen anbieten. Dies ist aber nur mit Obst, Gemüse, Kartoffeln, Eiern, Naturblumen und Brennholz zulässig. Rahm, Topfen, Käse und Butter dürfen aufgrund von Sondervorschriften nur beschränkt in dieser Form angeboten werden.

Ernte durch den Käufer (z.B. Erdbeerland)

Der Käufer kann die Ware ohne gewerberechtliche Folgen selbst ernten. Obwohl dies derzeit fast ausschließlich bei Erdbeeren, Gladiolen und Holz (am Stock) erfolgt, ist diese Verkaufsform dennoch bei allen land- und forstwirtschaftlichen Produkten gestattet.

DER BUSCHENSCHANK

Definiton

Unter Buschenschank im Sinne der Gewerbeordnung ist der Ausschank von (Obst-)Wein, von Trauben- und Obstmost bzw. -saft durch Besitzer von Wein- und Obstgärten zu verstehen. Es muß sich aber um deren eigene Erzeugnisse handeln. Im Rahmen des Buschenschankes ist in der Regel auch die Verabreichung von kalten Speisen und der Ausschank von Mineralwasser und kohlesäurehältigen Getränken zulässig. Voraussetzung hiefür ist aber, daß diese Tätigkeiten dem Herkommen im betreffenden Bundesland in Buschenschenken entsprechen. In Kärnten ist z.B. nur der Ausschank von Obstwein und Obstmost aus Äpfeln und Birnen gestattet, in der Steiermark auch die Verabreichung (warmer) gekochter und gebratener Edelkastanien und der Ausschank von Glüh(obst)wein. Die Buschenschankgesetze in den Bundesländern Steiermark, Kärnten, Wien, Burgenland und Niederösterreich enthalten weitere Regelungen.

Anmeldung
Wer einen Buschenschank eröffnen möchte, muß dies in der Steiermark und in Kärnten vier Wochen zuvor der Bezirkshauptmannschaft, in Wien drei Wochen zuvor dem Magistrat, im Burgenland und in Niederösterreich zwei Wochen vorher der Gemeinde mitteilen. Wenn die Behörde den Beginn der Tätigkeit innerhalb dieser Fristen nicht untersagt, kann mit dem Ausschank begonnen werden.

Ausschankzeitraum
In Wien dürfen die Buschenschenken 300 Tage im Jahr, im Burgenland und in Niederösterreich ohne Unterbrechung höchstens drei Monate und in Kärnten maximal sechs Wochen (zuzüglich einer zweiwöchigen Verlängerungsmöglichkeit) geöffnet haben. Die steirischen Buschenschenken können ganzjährig offen halten.

Die tägliche Öffnungszeit ist im Burgenland sowie in Niederösterreich jeweils zwischen 6 und 24 Uhr, in Kärnten bis 20 Uhr und in der Steiermark zwischen 7 und 23 Uhr. In Wien wird die tägliche Ausschankzeit durch Verordnung festgelegt, wobei die Bedürfnisse der ortsansässigen Bevölkerung zu berücksichtigen sind.

Speisenkatalog
In den einzelnen Bundesländern können die Buschenschenker zusätzlich zu den obengenannten eigenen Erzeugnissen folgende Speisen und Getränke verabreichen:

Steiermark: Schweinefleisch, Wurst, Speck, Grammelfett, Verhackert, Eier, Käse, Butter, Sardinen, Sardellenringe, Rollmöpse, Käse-, Wurst-, und Eiersalat, Essig- und Garniergemüse, Brot, Weißgebäck, Weingebäck wie Kekse und Salzgebäck, Salzmandeln und Erdnüsse, gekochte und gebratene Edelkastanien, Obst, Glühwein, Glühobstwein, heimische Mineralwässer, Sodawasser, heimische Fruchtsäfte und Milch.

Kärnten: selbsterzeugtes Brot und kalte, selbsterzeugte Speisen; keine anderen Getränke als Obstwein und -most.

Niederösterreich und Wien: Schinken, alle heimischen Wurst- und Käsesorten, geräuchertes Fleisch, kaltes Geflügel, Sardinen, Sardellenringe, Rollmöpse, Salate, Gemüse, hartgekochte Eier, Brotaufstriche aller Art, Butter, Schmalz und Grammeln, Salzmandeln, Erdnüsse, Weingebäck wie Weinbeißer, Kartoffelrohscheiben, Salzgebäck, Brot und Gebäck, heimisches Obst und Gemüse sowie Mineralwässer und Sodawasser, in Niederösterreich auch Fruchtsäfte bzw. in Wien ein kohlensäurehältiges Erfrischungsgetränk.

Burgenland: Schinken, geräuchertes Fleisch, alle heimischen Wurst- und Käsesorten, Speck, kaltes Fleisch und Geflügel, Salate, Essiggemüse, hartgekochte Eier, Brotaufstriche aller Art, Grammeln, Salzmandeln, Erdnüsse, Weinbeißer, Kartoffelrohscheiben, Salzgebäck, Brot und Gebäck, heimisches Obst und Gemüse in rohem Zustand sowie Mineralwasser, Sodawasser und ein kohlensäurehaltiges Erfrischungsgetränk.

Weitere Einschränkungen
Die Buschenschenker selbst und ihre Räumlichkeiten müssen den in diesem Bereich üblichen Anforderungen entsprechen. Tanz- und sonstige Veranstaltungen sowie das Halten von Spielen und Spielautomaten (in der Steiermark auch von Musikautomaten) ist verboten. Im Burgenland dürfen erlaubte Spiele veranstaltet werden. In Wien dürfen Buschenschenken nur in einem Heurigengebiet betrieben werden.

DIE HÄUSLICHE NEBENBESCHÄFTIGUNG (Z.B. „URLAUB AM BAUERNHOF")

Rechtsgrundlagen
Die häuslichen Nebenbeschäftigungen sind – wie das land- und forstwirtschaftliche Nebengewerbe – ausdrücklich vom Geltungsbereich der Gewerbeordnung ausgenommen. Die Privatzimmervermietung, also die als häusliche Nebenbeschäftigung ausgeübte Vermietung von nicht mehr als zehn Fremdenbetten, ist in einer Novelle zum Bundesverfassungsgesetz geregelt. In den Bundesländern Wien, Niederösterreich, Oberösterreich, Salzburg und Tirol existieren eigene Privatzimmervermietungsgesetze, welche weitere Regelungen enthalten.

Begriff
Es gibt keine Liste oder genaue Definition der häuslichen Nebenbeschäftigungen. Aus diesem Grund kann der Begriff sehr weiträumig ausgelegt werden. Es kommt aber nicht jede gewerbliche Tätigkeit in Betracht (z.B. keine hochspezialisierten, technischen Arbeiten), sondern darunter fallen nur solche Erwerbszweige, die ihrer Eigenart und Betriebsweise nach für eine häusliche Nebenbeschäftigung typisch sind (z.B. Backen von Brot, Kuchen, Keksen und anderen Backwaren). Die Einrichtung einer eigenen Werkstätte wäre daher problematisch. **Ebensowenig** dürfen **fremde Hilfskräfte** beigezogen werden.

Die häuslichen Nebenbeschäftigungen können auch von Nicht-Landwirten ausgeübt werden. Es ist aber - wie bei den land- und forstwirtschaftlichen Nebengewerben – eine **Unterordnung** notwendig. Dies ergibt sich schon aus dem Begriff „Neben"-Beschäftigung. Der Vergleich ist hier zu den anderen häuslichen Tätigkeiten vorzunehmen. Der diesbezügliche Spielraum ist daher in Relation zum land- und forstwirtschaftlichen Nebengewerbe geringer. Dort wird nämlich die Land- und Forstwirtschaft als Vergleichsgröße herangezogen.

Zu den häuslichen Nebenbeschäftigungen gehört u.a. die Privatzimmervermietung und Verköstigung von höchstens zehn zahlenden Gästen im Rahmen des sog. „Urlaub am Bauernhof". Aus obigen Ausführungen ergibt sich, daß dieser nur von den Mitgliedern des eigenen Hausstandes (z.B. Angehörige, landwirtschaftliche Hilfskräfte etc.) betrieben werden darf. Außerdem muß er im Vergleich zu den anderen häuslichen Beschäftigungen eine untergeordnete Erwerbstätigkeit darstellen. Eigens für die Privatzimmervermietung dürfen kein Hilfskräfte eingestellt werden.

Berechtigungsumfang
Wenn die räumlichen und personellen Möglichkeiten vorliegen, können bis zu zehn Betten in beliebiger Ausstattung vermietet werden. Sie müssen den in diesem Bereich üblichen Anforderungen entsprechen.
  Bei der Verköstigung der Gäste dürfen keine zugekauften alkoholischen Getränke verabreicht werden. Auch eine Speiseauswahl durch den Gast (wie in einem Gasthaus) ist nicht zulässig. Es sollte nur eine Speise zu einer festgesetzten Zeit gereicht werden.
  In **Niederösterreich** darf nur das Frühstück angeboten werden, und nur wenn das nächste Gasthaus weiter als 1 km entfernt ist, auch andere Mahlzeiten.
  Auch in **Salzburg** ist nur die Verabreichung eines Frühstücks erlaubt.

DIE SCHÖNEN KÜNSTE

Auch die „schönen Künste" sind kein land- und forstwirtschaftliches Nebengewerbe und können von jedermann, also auch von Nicht-Landwirten, ausgeübt werden. Sie sind ebensowenig wie die häuslichen Nebenbeschäftigungen genau definiert. Nicht einmal die Auslegung des Begriffes „Kunst" ist einheitlich. In diese Sparte gehören daher grundsätzlich alle eigenschöpferischen Tätigkeiten in einem Kunstzweig, wie z.B. Sticken, Holzschnitzen u.dgl. Sobald Schablonen, Muster oder ähnliches verwendet werden, fehlt das Merkmal der eigenschöpferischen Originalität. Es ist daher oft sehr schwierig, zu beurteilen, ob eine Tätigkeit als künstlerisch einzustufen ist oder nicht. Dies kann immer nur im Einzelfall, unter Berücksichtigung sämtlicher Umstände erfolgen.

DIE EINGESCHRÄNKTE HANDELSGEWERBEBERECHTIGUNG

Wie bereits erwähnt, ist das gewerbsmäßige Kaufen und Verkaufen fremder Produkte eine Tätigkeit, die nur mit einer entsprechenden Berechtigung ausgeübt werden darf. Diese erhält man, wenn man seine diesbezügliche Befähigung anhand von Zeugnissen etc. nachweisen kann. Für Land- und Forstwirte gibt es jedoch Erleichterungen:
• Wer erfolgreich eine Meisterprüfung abgelegt hat, bei der auch kaufmännische Kenntnisse nachgewiesen werden mußten, gilt als fähig, mit diesen Waren zu handeln. So kann mit der

entsprechenden Gewerbeberechtigung beispielsweise der Obstbaumeister mit Obst und der Feldgemüsebaumeister mit Feldgemüse handeln.
- Dies gilt auch für Personen, die mindestens drei Jahre lang selbständig oder als Betriebsführer in der Land- und Forstwirtschaft tätig waren. Die Berechtigung ist ebenfalls auf den Handel mit den einschlägigen Waren dieses Betriebszweiges eingeschränkt.
- Personen, die drei Jahre lang das eingeschränkte Handelsgewerbe ausgeübt haben, erbringen dadurch den Befähigungsnachweis für das uneingeschränkte Handelsgewerbe, d.h. sie können in der Folge mit allen Produkten handeln. Das uneingeschränkte Handelsgewerbe muß freilich wieder eigens beantragt werden.

DER GEWERBLICHE BUFFETBETRIEB

Der gewerbliche Buffetbetrieb ist ein freies Gewerbe, d.h. es ist kein Befähigungsnachweis, sondern nur die Anmeldung bei der zuständigen Gewerbebehörde (Bezirkshauptmannschaft bzw. Magistrat) nötig. Trotzdem treten natürlich alle gewerberechtlichen Folgen (Pflichtversicherung nach dem GSVG, Betriebsanlagengenehmigungsverfahren etc.) ein.

Den Prototyp des Buffetbetriebes stellt der Würstelstand dar, er ist aber auch im Zusammenhang mit einer Buschenschenke, in Form des sog Buschenschankbuffets, recht interessant. Es darf allerdings nicht übersehen werden, daß der Buschenschank von der Gewerbeordnung ausgenommen, das Buffet hingegen ein Gewerbebetrieb ist. Gewisse Betriebseinrichtungen (z.B. die Küche) werden aus diesem Grunde üblicherweise in die gewerberechtliche Überprüfung miteinbezogen, obwohl sie auch ein Teil des Buschenschankbetriebes sind.

Mit dieser Gewerbeberechtigung ist dem Buffetbetreiber die Verabreichung folgender Speisen und der Ausschank folgender Getränke **erlaubt:**

gebratene, gegrillte oder gesottene Würste, gebratenes oder gegrilltes Fleisch (ausgenommen Innereien) von Rindern und Schweinen, gegrilltes Geflügel und Fisch, Pommes frites, Fleisch- und Wurst(mayonnaise)salate, Brotaufstriche, belegte Brötchen, übliche kalte Beigaben, wie Essiggemüse, Mayonnaise, Senf, Kren, Brot und Gebäck in einfacher Art, vorverpackt angeliefertes Speiseeis (Eislutscher), Milchmischgetränke, nichtalkoholische kalte Getränke und Flaschenbier.

Nicht verabreicht werden dürfen demzufolge Kalb- und Schaffleisch, Mehlspeisen, gebackene Speisen (z.B. Wiener Schnitzel, Langos), Tüteneis, Kaffee, Tee oder Bier vom Faß.

Beim Buffet dürfen grundsätzlich nur acht Verabreichungsplätze, das sind zum Genuß von Speisen oder Getränken bestimmte Plätze, zur Verfügung gestellt werden. Diese Einschränkung gilt aber beim Buschenschankbuffet nicht, d.h. dort können beliebig viele Steh- und Sitzgelegenheiten bereitgestellt werden.

Die solcherart Gastgewerbetreibenden haben auch verschiedene Nebenrechte. Sie können bestimmte Produkte verkaufen (z.B. Reiseproviant, Brot und Gebäck etc.) und genau festgelegte Dienstleistungen erbringen (z.B. Sportgeräteverleih, Einstellen der Gästefahrzeuge, Verleih von Zeitschriften an die Gäste, Halten von Spielen etc.).

DIE GEWERBLICHE FREMDENBEHERBERGUNG

Wem die Grenzen der Privatzimmervermietung (siehe oben) zu eng sind, kann das freie Gewerbe der Fremdenbeherbergung anmelden. Dieses ist zwar auch auf die Bereitstellung von maximal zehn Betten beschränkt, es dürfen aber neben dem Frühstück und kleinen Imbissen auch nichtalkoholische Getränke, Flaschenbier und gebrannte, geistige Getränke als Beigabe zu diesen Getränken an die Gäste ausgeschenkt werden. Es muß sich jeder selbst überlegen, ob die zusätzliche Abgabe von Flaschenbier und Schnaps etc. die gewerberechtlichen Konsequenzen (Wirtschaftskammerumlage, Sozialversicherung nach dem GSVG etc.) rechtfertigen. Die Nebenrechte des Buffetbetreibers können auch vom gewerblichen Fremdenbeherberger ausgeübt werden.

DER GEWERBLICHE SCHUTZHÜTTENBETRIEB

Dieser ist ein einfach ausgestatteter Betrieb, der auf die Bedürfnisse der Bergwanderer abgestimmt und nur in Gegenden zulässig ist, die für den öffentlichen Verkehr nicht oder nur schlecht erschlossen sind. Im Rahmen dieses freien Anmeldegewerbes dürfen Gäste beherbergt und Speisen jeder Art verabreicht werden. Weiters ist der Verkauf von warmen und angerichteten kalten Speisen, der Ausschank von alkoholischen und nichtalkoholischen Getränken und der Verkauf dieser Getränke in unverschlossenen Gefäßen gestattet.

Sonstige Rechtsvorschriften

DAS ALLGEMEINE BÜRGERLICHE GESETZBUCH

Das Allgemeine Bürgerliche Gesetzbuch (ABGB) enthält unter anderem Vorschriften über die Gewährleistung und den Schadenersatz. Da diese Bestimmungen sehr umfangreich sind, werden sie hier nur überblicksmäßig erwähnt. Falls es konkrete Schwierigkeiten gibt, kann man sich bei den für derartige Streitigkeiten zuständigen Gerichten (während der sog. Amtstage) unentgeltlich beraten lassen.

Gewährleistung und Garantie

Wer eine Sache verkauft, muß dafür Gewähr leisten, daß sie die gewöhnlich vorausgesetzten Eigenschaften hat und entsprechend verwendet werden kann. Dies gilt selbstverständlich auch für jeden Direktvermarkter. Im Gegensatz zu dieser sogenannten (vom Gesetz eingeräumten) Gewährleistung versteht man unter Garantie die vertraglich vereinbarte Haftung. Sie unterscheidet sich meistens dadurch, daß die vereinbarte Frist länger ist als die gesetzliche. Letztere beträgt bei unbeweglichen Sachen (d.h. bei Grundstücken u. dgl.) 3 Jahre, bei Tieren 6 Wochen, ansonsten 6 Monate. Hiebei genügt es nicht, wenn der Käufer innerhalb dieser Frist gemahnt wird. Es muß vielmehr bereits die Klage eingebracht werden. Die Frist beginnt in den meisten Fällen mit der Übergabe der Sache.

Der Kunde hat – abhängig von der Art des Mangels – einen Anspruch auf Verbesserung, Herabsetzung des Kaufpreises oder Nachlieferung des fehlenden Teiles. Wenn die Sache für ihn unbrauchbar und der Mangel nicht behebbar ist, kann er sogar vom Vertrag zurücktreten. Ein Verschulden des Verkäufers ist nicht nötig.

Schadenersatz

Wer einem anderen schuldhaft einen Schaden zufügt, muß Ersatz leisten. Der Umfang des Ersatzes richtet sich nach dem Verschuldensgrad (leichte und grobe Fahrläßigkeit bzw. Vorsatz). Der Anspruch ist im Vergleich zur Gewährleistung weitreichender. Es ist jedoch ein Verschulden des Schädigers notwendig. Wenn z.B. aufgrund eines Fehlers beim Abfüllen in der Wohnung des Käufers eine Flasche mit gärendem Most explodiert, kann der Kunde im Rahmen der Gewährleistung nur eine neue Flasche Most verlangen. Falls durch die Explosion seine Kleidung oder Wohnung verschmutzt wurde, müßte er dem Verkäufer ein Verschulden nachweisen und die Reinigung im Rahmen des Schadenersatzes begehren.

Schadenersatz kann binnen 3 Jahren ab Kenntnis des Schadens und des Schädigers verlangt werden. Wenn einer dieser beiden nicht bekannt ist, verjährt der Anspruch innerhalb von 30 Jahren.

DAS PRODUKTHAFTUNGSGESETZ

Wenn ein Schaden entstanden ist, aber kein Verschulden vorliegt, könnte das Produkthaftungsgesetz zur Anwendung kommen. Dieses ist anwendbar, wenn durch ein fehlerhaftes Produkt ein Mensch getötet, verletzt oder geschädigt bzw. eine Sache beschädigt wird. Für den Ersatz des Schadens haftet der Hersteller oder Importeur bzw. der Unternehmer, der es in Verkehr gebracht hat. Der Selbstbehalt beträgt S 7900.– (Stand: Novelle 1994).

Das Produkthaftungsgesetz gilt nicht für land- und forstwirtschaftliche Naturprodukte und Wild, solange sie noch keiner ersten Verarbeitung unterzogen wurden. Bei Würsten, Käse, Wein etc. kann sich der Kunde daher auf dieses Gesetz berufen. Diese Ansprüche verjähren längstens in zehn Jahren ab dem Zeitpunkt des Inverkehrbringens.

DAS HYGIENE- UND VETERINÄRRECHT

In diesem Bereich existieren sehr viele Vorschriften (z.B. Fleischverarbeitungsbetriebe-Hygiene-Verordnung, Fleischuntersuchungsverordnung, Frischfleisch-Hygiene-Verordnung, Geflügelfleisch-Hygiene-Verordnung etc.). Es wird daher bewußt auf theoretische Abhandlungen verzichtet. Stattdessen soll das Thema praxisgerecht anhand einer Checkliste (für Verarbeitungsräume und Fleischprodukte) erarbeitet werden, welche auf Seite 205 zu finden ist.

DAS BAZILLENAUSSCHEIDERGESETZ

Personen, die mit der unmittelbaren Abgabe von Milch, Molkerei- und Fleischprodukten befaßt sind, müssen sich alle 12 Monate amtsärztlich untersuchen lassen. Das amtsärztliche Zeugnis ist mindestens zwei Jahre lang aufzubewahren und den Gewerbe-, Gesundheits- und Veterinärbehörden auf Verlangen vorzuweisen. Die amtsärztliche Untersuchung und die Erstattung des Gutachtens erfolgen laut Gesetz kostenlos. Die Ausstellung des amtsärztlichen Zeugnisses unterliegt weder einer Verwaltungsabgabe noch einer Gebührenpflicht.

DAS QUALITÄTSKLASSENGESETZ

Das Gesetz regelt die Einführung und Kontrolle von Qualitätsklassen, deren Anzahl und Bezeichnung und die Abgabe in kleinen Mengen an Verbraucher. Außerdem stellt es unter anderem Richtlinien für Qualitätsnormen, Größen, die Verpackung und die Kennzeichnung auf. Für verschiedene Produkte gibt es eigene Qualitätsklassenverordnungen (Schweinehälften, Eier, Pfirsiche, Zitrusfrüchte, Tafeltrauben, Gurken, Tomaten, Salat, Karfiol, Erdbeeren und Zwiebeln u.a.). Der Ab-Hof-Verkauf ist grundsätzlich ausgenommen.

DIE STRASSENVERKEHRSORDNUNG

Außerhalb von Ortsgebieten dürfen Werbe- und Ankündigungstafeln innerhalb einer Entfernung von 100 m vom Fahrbahnrand (einer Straße mit öffentlichem Verkehr) nur mit Bewilligung der Behörde aufgestellt werden. Für Gemeindestraßen und öffentliche Interessentenwege ist dies die Gemeinde, ansonsten die Bezirksverwaltungsbehörde. Werben bedeutet in diesem Zusammenhang das Anpreisen von Produkten oder Dienstleistungen (z.B. „Billige Zimmer"). Zum Ankündigen gehört der Hinweis auf einen anderen Ort. Die bloße Aufschrift „Urlaub bei Familie Fröhlich" ist weder eine Werbung noch eine Ankündigung und fällt daher nicht darunter.

DAS MASS- UND EICHGESETZ

Wer ein eichpflichtiges Meßgerät verwendet oder bereithält, ist dafür verantwortlich, daß es geeicht ist. Somit muß auch jeder Direktvermarkter seine Waage eichen und in der Regel alle zwei Jahre kontrollieren lassen. Hiefür werden Gebühren verrechnet. Dieses Gesetz sieht für Übertretungen unter anderem Geldstrafen bis zu S 150. 000,– vor.

DAS LEBENSMITTELGESETZ

Dieses Bundesgesetz ist auf das Inverkehrbringen von Lebensmitteln, Verzehrprodukten, Zusatzstoffen, Kosmetika und Gebrauchsgegenständen anzuwenden. Es gilt daher auch für jeden Direktvermarkter.

Der Begriff **Lebensmittel** ist allgemein verständlich, die übrigen Wortschöpfungen des Lebensmittelgesetzes (LMG) erscheinen jedoch erklärungsbedürftig:

- Unter **Inverkehrbringen** ist das Gewinnen, Herstellen, Behandeln, Einführen, Lagern, Verpacken, Bezeichnen, Feilhalten, Ankündigen, Werben, Verkaufen, jedes sonstige Überlassen und das Verwenden für andere zu verstehen, soferne es zu Erwerbszwecken geschieht. Kein Inverkehrbringen liegt vor, wenn sichergestellt ist, daß die Ware in ihrer dem Gesetz nicht entsprechenden Beschaffenheit nicht zum Verbraucher gelangt.

- **Verzehrprodukte** werden von Menschen gegessen, gekaut oder getrunken, dienen aber im Gegensatz zu den Lebensmitteln nicht überwiegend Ernährungs-, Genuß- oder Arzneimittelzwecken.

- **Zusatzstoffe** werden den Lebensmitteln bzw. Verzehrprodukten hinzugefügt (z.B. Konservierungsmittel oder Farbstoffe).
- **Gebrauchsgegenstände** sind z.B. Geschirr, Geräte, Umhüllungen u.dgl., die im Zusammenhang mit Lebensmitteln, Verzehrprodukten oder Zusatzstoffen gebraucht werden; aber auch Reinigungs-, Desinfektions-, Luftverbesserungs- und Schädlingsbekämpfungsmittel sowie Farben, Lacke, Kitte u.dgl., welche in den benutzten Räumen verwendet werden. Weiters gehören zu den Gebrauchsgegenständen unter anderem Spielwaren, Geräte zur Körperpflege und Gegenstände, die eine Gesundheitsgefährdung herbeiführen können.

Produkte, die gesundheitsschädlich sind, dürfen natürlich unter keinen Umständen verkauft werden. Waren, die verdorben, unreif, nachgemacht, verfälscht oder wertgemindert sind, können nur dann angeboten werden, wenn deutlich und allgemein verständlich auf diesen Umstand hingewiesen wird. Weiters ist es verboten, falsch bezeichnete Erzeugnisse in Verkehr zu bringen. Dies gilt auch für Waren, die den – aufgrund des Lebensmittelgesetzes ergangenen – Verordnungen nicht entsprechen.

Keine gesundheitsbezogenen Angaben

Besonders zu beachten ist § 9 des Lebensmittelgesetzes, da er in der Praxis immer wieder zu Schwierigkeiten führt. Gemäß dieser Bestimmung dürfen beim Inverkehrbringen von Lebensmitteln, Verzehrprodukten oder Zusatzstoffen keine gesundheitsbezogenen Angaben gemacht werden. Der Hinweis auf eine z.B. gesundheitsfördernde, jungerhaltende oder schlankmachende Wirkung ist daher verboten. Es soll nicht einmal der Eindruck einer derartigen Wirkung erweckt werden. Auch Bemerkungen über Krankengeschichten, ärztliche Empfehlungen oder Gutachten sind zu unterlassen. Gesundheitsbezogene, bildliche oder stilisierte Darstellungen von Organen des menschlichen Körpers, Abbildungen von Angehörigen der Heilberufe oder von Kuranstalten oder sonstige auf Heiltätigkeiten hinweisende Bilder dürfen nicht verwendet werden. Von diesem Verbot sind nur jene althergebrachten Bezeichnungen ausgenommen, die keinerlei Zweifel über die Beschaffenheit der Ware zulassen (z.B. Hustenzuckerl).

Bestrahlte Lebensmittel

Lebensmittel, Verzehrprodukte oder Zusatzstoffe, die mit ionisierenden Strahlen behandelt wurden, dürfen nur mit einer Bewilligung des Bundesministers für Gesundheit und Umweltschutz in Verkehr gebracht werden und müssen entsprechend gekennzeichnet sein.

Eine derartige Strahlenbehandlung wird im Bereich der Direktvermarktung wohl nicht vorkommen.

Tierische Produkte

Besondere Vorschriften bestehen für die Behandlung von Tieren zur Gewinnung von Lebensmitteln tierischer Herkunft. Es ist verboten:
– Tieren (Anti)Hormone, Stoffe mit hormonaler Wirkung oder den Hormonstoffwechsel spezifisch beeinflussende Stoffe zu verabreichen oder diese bereitzuhalten;
– Tieren Antibiotika zu geben, um die Haltbarkeit der Lebensmittel zu erhöhen;

- Tieren Stoffe mit spezifischer Wirkung (ertragssteigernd, gegen Krankheiten, die erzeugten Lebensmittel beeinflussend) ohne Zulassung bzw. entgegen den Zulassungsbedingungen zu verabreichen. Hierher gehören insbesondere Antibiotika, Chemotherapeutika und andere arzneilich oder pharmakologisch wirkende Stoffe oder Fermentpräparate. Solche nicht zugelassene oder der Zulassung nicht entsprechende Stoffe dürfen auch nicht angeboten, verkauft oder zur Verabreichung bereitgehalten werden. Selbst das Inverkehrbringen von Mischungen mit diesen Stoffen ist unzulässig:
- Schädlingsbekämpfungs-, Reinigungs- oder Desinfektionsmittel für Tiere oder Tierställe ohne Zulassung bzw. entgegen den Zulassungsbedingungen in Verkehr zu bringen oder anzuwenden;
- Futter(mittel) mit Rückständen von Stoffen in Verkehr zu bringen oder an Tiere zu verfüttern, die geeignet sind, in den von diesen Tieren stammenden Lebensmitteln bedenkliche Rückstände zu bewirken oder die betreffenden Lebensmittel sonst nachteilig zu beeinflussen (z.B. Pflanzenschutz-, Schädlingsbekämpfungs- oder Reinigungsmittel).

Diese Verbote gelten natürlich nicht für die krankheitsbedingte Behandlung aufgrund tierärztlicher Anordnung oder mit nicht rezeptpflichtigen Arzneimitteln. Falls jedoch ein Verstoß gegen obige Bestimmungen vorliegt, dürfen die betroffenen Tiere zum Zwecke der Lebensmittelherstellung ebensowenig wie die von ihnen stammenden Lebensmittel in Verkehr gebracht werden.

Der behandelnde Tierarzt hat den Tierhalter nachweislich über die entsprechenden Vorschriften zu informieren und die Frist anzugeben, während der mit bedenklichen Rückständen zu rechnen ist. Er hat weiters Aufzeichnungen über Art, Menge und Grund der Verschreibung zu führen, diese drei Jahre aufzubewahren und den Kontrollorganen jederzeit vorzuweisen.

Pflanzliche Produkte
Auch bei der Gewinnung von Lebensmitteln pflanzlicher Herkunft dürfen nur zugelassene Stoffe, den Anwendungsvorschriften entsprechend, verwendet werden; andernfalls sollten die erzeugten Lebensmittel nicht in Verkehr gebracht werden. Dies gilt auch für den Fall, daß sie nicht zugelassene Rückstände enthalten.

DIE (LEBENSMITTEL-)KENNZEICHNUNG

Die Lebensmittelkennzeichnungsverordnung regelt die Kennzeichnung von verpackten Lebensmitteln und Verzehrprodukten, die ohne weitere Verarbeitung für den Letztverbraucher oder Einrichtungen der Gemeinschaftsversorgung bestimmt sind. Sie gilt nicht für:
- Kakao- und Schokoladenerzeugnisse
- Waren, die dem Weingesetz unterliegen
- Produkte, die in Gegenwart des Käufers verpackt werden

- zur Verkaufsvorbereitung verpackte Waren, die nur kurzfristig für die unmittelbare Abgabe gelagert werden

Die Angaben müssen leicht verständlich sein und an gut sichtbarer Stelle deutlich lesbar und dauerhaft auf der Verpackung oder einem Etikett angebracht werden. Sie dürfen nicht durch andere Angaben oder Bilder verdeckt oder getrennt werden. Folgende Daten sind nötig:

- **Sachbezeichnung** (z.B.: Kürbiskernbrot)
- **Name** und **Adresse** des Erzeugers
- **Nettofüllmenge** (Liter, Gramm etc. bzw. Stückzahl)
- **Chargennummer** oder **Mindesthaltbarkeitsdatum** in Tag/Monat/Jahr („mindestens haltbar bis …")
- **Lagerbedingungen**
- **Zutaten** in absteigender Reihenfolge, d.h. die bei der Herstellung gewichtsmäßig am häufigsten verwendeten zuerst
- nach der EG-Etikettierungsrichtlinie 79' ist auch der **Herkunftsort** anzugeben, falls sonst ein Irrtum über den wahren Ursprung des Lebensmittels entstehen könnte

Da eine derartige Kennzeichnung nicht überall sinnvoll und durchführbar ist, gibt es natürlich praxisgerechte Erleichterungen z.B. für:

- Frischobst und -gemüse (einschließlich Kartoffeln): kein Mindesthaltbarkeitsdatum, kein Hinweis auf die Zutaten notwendig
- Käse, Butter, fermentierte Milch und Obers: für die Herstellung notwendige Zutaten müssen nicht angegeben werden

Für verschiedene Waren gibt es Spezialvorschriften, die eine zusätzliche Kennzeichnung fordern:

Konfitüren
- Sachbezeichnung
- Name und Adresse des Erzeugers
- Nettofüllmenge
- Chargennummer oder Mindesthaltbarkeitsdatum in Tag/Monat/Jahr („mindestens haltbar bis…")
- Gesamtzuckergehalt in „… g je 100 g"
- Beisatz: hergestellt aus „… g Früchten je 100 g"
- Zutaten in absteigender Reihenfolge

Fruchtsäfte
- Sachbezeichnung und Saftanteil (z.B.: 100 % reiner Apfelsaft)
- Name und Adresse des Herstellers
- Nettofüllmenge
- Mindesthaltbarkeitsdatum in Tag/Monat/Jahr und Haltbarmachungsart

Fleisch
- Sachbezeichnung
- Name und Adresse des Erzeugers und Verpackers
- Nettofüllmenge (Gewicht)
- Lagerbedingungen (kühl = 15° C; gekühlt = 4° C)
- Mindesthaltbarkeitsdatum („mindestens haltbar bis ...", wenn der Tag genannt wird, sonst „mindestens haltbar bis Ende ...") und Chargennummer
- Zutaten

(Kern-)Öl
- Sachbezeichnung
- Name und Adresse
- Nettofüllmenge (Liter)
- Lagerbedingungen
- Mindesthaltbarkeitsdatum in Monat und Jahr und Chargennummer
- Zutaten

Milch(produkte)
- Sachbezeichnung
- Name und Adresse des Erzeugers
- Nettofüllmenge (Liter)
- Mindesthaltbarkeitsdatum („mindestens haltbar bis ..." bzw. „zu verbrauchen bis..." – letzteres gilt für leicht verderbliche Produkte)
- Lagerbedingungen
- Zutaten
- bei Rohmilch zum unmittelbaren Verzehr: „Rohmilch, vor dem Verzehr abkochen"
- bei Produkten aus Rohmilch, wenn die Herstellung ohne Erhitzung bzw. Thermisierung erfolgt: „aus Rohmilch"
- bei sonstigen Erzeugnissen die Angabe über die Art der Wärmebehandlung

Edelbrände
- Handelsübliche Sachbezeichnung
- Beisatz: „unter bäuerlicher Abfindung hergestellt" oder „Abfindungsbrand"
- Name und Adresse des Herstellers
- Alkoholgehalt in %vol.
- Nettofüllmenge
- Los bzw. Chargennummer
- bei **Likören** zusätzlich die Zutaten in absteigender Reihenfolge

DIE SCHULJAUSE

Wenn Landwirte auch Schulen mit ihren Produkten beliefern, so ist hiebei zu beachten, daß Direktvermarkter ihre Waren grundsätzlich nur verkaufen dürfen, nicht aber verabreichen (Ausnahme: z.B. Buschenschank). Die Lebensmittel etc. sollten daher nicht in verzehrfähigem Zustand, sozusagen „mundgerecht", präsentiert werden. Der Verkauf hingegen ist dadurch charakterisiert, daß die Produkte nicht zwingend an Ort und Stelle gegessen werden.

Wenn z.B. die Jause nur an die Schule geliefert wird und deren Bedienstete später die Verteilung vornehmen, so liegt ein Verkauf an die Schule vor. Ansonsten kommt es auch auf die Begleitumstände (z.B. zusätzliche Beistellung von Tellern als Merkmal des Verabreichens) an. Natürlich müssen auch bei der Erzeugung der Produkte die entsprechenden Vorschriften (Gewerbeordnung etc.) eingehalten werden.

DAS LEBEN IST VOLLER KONTROLLEN

Müssen sich die Aufsichtsorgane ausweisen?
Wie die Erfahrungen des täglichen Lebens zeigen, beachten manche Zeitgenossen Vorschriften nur dann, wenn deren Einhaltung kontrolliert und sanktioniert wird. Aus diesem Grund sehen alle Gesetze Kontrollen vor. Den zuständigen Kontrollorganen darf der Zutritt grundsätzlich nicht verweigert werden. Um Mißbrauch zu verhindern, müssen sie sich als Kontrollore zu erkennen geben, d.h. entsprechend ausweisen. Gesetzesübertretungen kann aber natürlich jeder Kunde, Nachbar etc. der zuständigen Behörde melden. Manchmal führen auch z.B. Mitarbeiter der Wirtschaftskammer Überprüfungen durch. Da diese nicht als offizielle Kontrollorgane, sondern als normale Staatsbürger auf Übertretungen aufmerksam machen, haben sie weder (behördliche) Befugnisse noch die Pflicht, sich zu erkennen zu geben. Direktvermarkter haben vorwiegend mit Kontrollen durch die Gewerbebehörden (Bezirkshauptmannschaft bzw. Magistrat) und den Aufsichtsorganen nach dem Lebensmittelgesetz zu tun. Deshalb sei beispielhaft die Kontrolle nach dem Lebensmittelgesetz näher erläutert.

Was dürfen die Aufsichtsorgane?
Die Aufsicht nach dem Lebensmittelgesetz obliegt grundsätzlich dem Landeshauptmann. Er kann sich zur Erfüllung seiner Aufgaben besonders geschulter Aufsichtsorgane bedienen (z.B. Ärzte, Tierärzte, Zollämter).

Diese Aufsichtsorgane sind befugt, überall, wo Waren, die dem Lebensmittelgesetz unterliegen, in Verkehr gebracht werden, Nachschau zu halten. Diese Befugnis erstreckt sich auch auf Räumlichkeiten und Flächen, die der Tierhaltung und dem Pflanzenbau dienen. Die Nachschau ist während der üblichen Geschäfts- und Betriebsstunden bzw. Öffnungszeiten vorzunehmen. Dies gilt nicht für die Kontrolle der Beförderungsmittel und bei Gefahr im Verzug. Im Zusammenhang mit dem Zollrecht gibt es Sonderregelungen. Die Aufsichtsorgane können auch Proben nehmen und bedenkliche Produkte unter bestimmten Voraussetzungen beschlagnahmen. Laut Gesetz haben die Aufsichtsorgane während der Überprüfung die Störung des Geschäftsbetriebes und jedes Aufsehen tunlichst zu vermeiden.

Wie verhalte ich mich bei Kontrollen?

Die Geschäfts- und Betriebsinhaber sowie deren Stellvertreter und Beauftragte sind verpflichtet, dem Aufsichtsorgan über Aufforderung die notwendigen Auskünfte zu erteilen. Sie müssen beispielsweise alle Orte und Beförderungsmittel bekanntgeben, die im Zusammenhang mit den überprüften Waren benutzt werden; aber auch jene, wo sie Tiere halten oder Pflanzen anbauen. Der Zutritt zu diesen Orten und Beförderungsmitteln ist zu gestatten. Auch die bei der Herstellung verwendeten Stoffe, deren Herkunft und die Abnehmer der Produkte dürfen nicht verheimlicht werden.

Was geschieht mit den Proben?

Die Aufsichtsorgane sind weiters befugt, Proben zu nehmen. Diese sind – soweit möglich – in zwei gleiche Teile zu teilen, wobei jeder zu verpacken und amtlich zu verschließen ist. Einen Teil nimmt das Aufsichtsorgan zur Begutachtung mit, den anderen erhält der Überprüfte. Letzterer ist berechtigt, im Beisein des Aufsichtsorgans auf jeder Verpackung Angaben über seinen Betrieb anzubringen.

Abschließend ist vom Aufsichtsorgan jedem Probenteil ein Begleitschreiben beizulegen, welches die für den Begutachter beachtlichen Wahrnehmungen und Feststellungen zu enthalten hat.

Für die mitgenommene Probe ist auf Verlangen der Partei eine Entschädigung in der Höhe des Einstandspreises zu bezahlen. Natürlich nur, wenn anschließend keine Bestrafung etc. erfolgte.

Welche Strafen gibt es?

Wenn gegen die Bestimmungen des Lebensmittelgesetzes verstoßen wurde, haben die Kontrollore Anzeige zu erstatten oder (ähnlich einem Strafmandat im Straßenverkehr) eine Organstrafverfügung zu erlassen. Sie können aber auch von der Verhängung einer Strafe absehen, wenn das Verschulden des Beschuldigten geringfügig ist und die Folgen der Übertretung unbedeutend sind. Weiters besteht die Möglichkeit, ihn mit Bescheid zu ermahnen oder ihn auch nur auf die Rechtswidrigkeit seines Verhaltens aufmerksam zu machen.

Wer gesundheitsschädigende Lebensmittel in Verkehr bringt, muß sich unter Umständen sogar vor dem Strafgericht verantworten. Das Lebensmittelgesetz sieht nämlich für schwerwiegende Übertretungen Freiheitsstrafen bis zu drei Jahren und empfindliche Geldstrafen vor. Bei leichteren Verstößen kann die Bezirksverwaltungsbehörde (Bezirkshauptmannschaft oder Magistrat) Geldstrafen bis zu S 50.000,– verhängen.

WENN DER KUNDE NICHT BEZAHLT

Es kommt immer wieder vor, daß ein Kunde trotz mehrfacher Aufforderung seine offene Rechnung nicht bezahlt. Wenn auch eine mit eingeschriebenem Brief ausgesprochene Mahnung keinen Erfolg bringt, bleibt nur mehr der Weg zum Gericht. Für Beträge unter S 100.000,– ist das Bezirksgericht zuständig. Dort kann man während der Amtstage eine sogenannte Mahnklage einbringen. Das ist aber nur bis zu einem Streitwert von S 30.000,– ohne Anwalt möglich. Die Mahnklage hat zur Folge, daß der Kunde einen Zahlungsbefehl erhält. Wenn dieser der Meinung ist, daß die Forderung nicht zu Recht besteht, kann er binnen 2 Wochen Einspruch erheben. Hiedurch wird das normale gerichtliche Verfahren eingeleitet. Wenn der Kunde innerhalb der Frist keinen Einspruch erhebt, wird der Zahlungsbefehl rechtskräftig und man kann sich anschließend der Hilfe des Gerichtsvollziehers bedienen (Pfändung etc.).

WENN DER AMTSSCHIMMEL WIEHERT

Es gibt nicht nur viele Paragraphen, sondern auch viele Behörden, die die Einhaltung derselben überwachen. Falls Unklarheiten über die Rechtslage bestehen, sollte man sich eingehend beraten lassen (Landwirtschaftskammer, Gerichte etc.) und dann Kontakt mit den zuständigen Behörden aufnehmen. Im folgenden wird auf die im Bereich der Direktvermarktung wichtigsten hingewiesen.

Gemeinde: Sie ist Bau- und Raumordnungsbehörde (1. Instanz: Bürgermeister; 2. Instanz: Gemeinderat) und für die Gemeindestraßen zuständig.

Bezirksverwaltungsbehörde (Bezirkshauptmannschaft bzw. Magistrat): Das Gewerberecht, die Verhängung von Geldstrafen nach dem Lebensmittelgesetz oder dem Maß- und Eichgesetz und vieles mehr gehört in ihren Zuständigkeitsbereich.

Gerichte: Über offene Forderungen bis zu S 100.000,– entscheiden die Bezirksgerichte, darüber hinaus die Landesgerichte. Hierher gehören alle privatrechtlichen Streitigkeiten (Gewährleistung, Schadenersatz, Produkthaftung, Einforderung offener Rechnungen etc.). Für bestimmte Angelegenheiten (z.B. Scheidungsverfahren) gibt es Sonderregelungen.

Wenn sich Landwirte zusammenschließen

Die Gesellschaft bürgerlichen Rechts (GesbR)

Beim Wort „Gesellschaft" denken viele an große Organisationen, wie z.B.: Aktiengesellschaften (AG) und Gesellschaften mit beschränkter Haftung (GmbH). In Wahrheit gibt es aber auch kleinere Gemeinschaften, die für den einzelnen Direktvermarkter in der Praxis immer mehr an Bedeutung gewinnen.

Viele Landwirte sind Gesellschafter, ohne es zu wissen. Wer nämlich gemeinsam mit seinem Ehepartner Eigentümer und Bewirtschafter eines landwirtschaftlichen Betriebes ist, der ist genau genommen schon ein Gesellschafter nach bürgerlichem Recht. Da die Gesellschafter oft selbst nicht wissen, daß sie Mitglied einer GesbR sind, können es Außenstehende noch weniger erkennen. Dieses Beispiel zeigt, daß die **Gründung** einer Gesellschaft bürgerlichen Rechts ohne Formvorschriften möglich ist und sie selbst nach außen kaum in Erscheinung tritt. Auch wenn sich z.B. mehrere Landwirte zusammenschließen, um ihre Produkte gemeinsam in einem Verkaufslokal anzubieten, so liegt eine Gesellschaft bürgerlichen Rechts vor. Das Allgemeine bürgerliche Gesetzbuch (ABGB) bestimmt nämlich nur, daß „durch einen Vertrag, vermöge dessen zwei oder mehrere Personen einwilligen, ihre Mühe allein oder auch ihre Sachen zum gemeinschaftlichen Nutzen zu vereinigen," eine GesbR errichtet wird. Es genügt folglich die Absicht, gemeinsam zu wirtschaften.

Damit spätere Unklarheiten leichter beseitigt werden können, sollten die Rechte und Pflichten des einzelnen in einem schriftlichen **Gesellschaftsvertrag** festgehalten werden.
Dieser könnte folgendes beinhalten:
– Vertragsparteien
– Name und Sitz der Gesellschaft
– Zweck und Dauer der Gesellschaft
– Leistungen der Gesellschafter
– Wer macht die Geschäftsführung?
– Wer hat wie viele Stimmen?
– Mit welchen Mehrheiten werden Beschlüsse gefaßt?
– Wie sieht die Aufteilung des Gewinnes und Verlustes aus?
– Können die Anteile übertragen werden?
– Ist ein Austritt möglich?
– Unter welchen Voraussetzungen wird die Gesellschaft aufgelöst?
– Wie wird anschließend das Vermögen verteilt?
– Kosten und Gebühren der Vertragserrichtung

Einen solchen Gesellschaftsvertrag kann rechtlich gesehen jeder selbst schreiben. Da der einzelne Direktvermarkter aber üblicherweise nicht mit der Erstellung von Verträgen vertraut ist, erfolgt die **Vertragserrichtung** in der Regel durch hiefür ausgebildete Juristen (Notare). Von den zukünftigen Gesellschaftern müßten aber trotzdem – nach obigem Muster – vorweg grundsätzliche Überlegungen zum gewünschten Vertragsinhalt angestellt werden. Der Vertrag kann dann schneller und somit auch billiger erstellt werden.

Der **Vorteil** der GesbR ist, daß sie ohne großen Aufwand gegründet werden kann. Für Außenstehende ändert sich hiedurch wenig. Dies kann ein Vor-, aber auch ein Nachteil sein (Vorteil: keine Umstellung nötig – Nachteil: nur wenige wissen davon).

Wesentliche **Nachteile** der GesbR sind die **fehlende Rechtspersönlichkeit**, die **uneingeschränkte Haftung** und die **Personenabhängigkeit:** Jeder Gesellschafter haftet also weiterhin uneingeschränkt mit seinem gesamten Privatvermögen; die Gesellschaft kann nicht im eigenen

Namen geklagt werden bzw. klagen und sie wird auch nicht ins Grundbuch eingetragen; Zwistigkeiten führen meistens zur Auflösung der Gesellschaft. Falls die Gesellschaft eine gewerbliche Tätigkeit vornimmt, benötigt jeder einzelne Gesellschafter eine entsprechende **Gewerbeberechtigung** und ist hiemit automatisch auch nach dem **Gewerblichen Sozialversicherungsgesetz (GSVG)** pflichtversichert.

Der Verein

Vereine sind freiwillige, auf Dauer ausgerichtete Personenvereinigungen, deren Mitglieder durch gemeinsames Handeln einen bestimmten Zweck erreichen wollen. Es gibt wirtschaftliche (auf Gewinn gerichtete) Vereine und ideelle Vereine. Auf Gewinn gerichtete Vereine kommen in der Praxis kaum vor.

Ideelle Vereine dürfen nicht auf Gewinn gerichtet sein. Sie nehmen daher in der Regel organisatorische Aufgaben wahr (die Maschinenringe z.B. vermitteln Dienstleistungen zwischen ihren Mitgliedern). Gewerbliche, d.h. auf Gewinn gerichtete Tätigkeiten sind aus diesem Grund problematisch und nur dann möglich, wenn die wirtschaftliche Tätigkeit ein Hilfsbetrieb zur Erreichung des ideellen Vereinszweckes ist.

Vereine sind juristische Personen, d.h. sie können unter ihrem Namen Verträge abschließen, klagen und geklagt werden. Die **Gründung** ist nicht so einfach wie bei der GesbR. Es müssen Satzungen (Statuten) erstellt und der Vereinsbehörde (Sicherheitsdirektion) in dreifacher Ausfertigung vorgelegt werden. Wenn diese die Gründung binnen sechs Wochen nicht untersagt, kann der Verein seine Tätigkeit beginnen. Der Verein wird anschließend in das Vereinsregister eingetragen.

Die **Satzungen** können von den zukünftigen Mitgliedern selbst verfaßt werden. Wie bei den Verträgen wird man aber meist auf die Hilfe anderer Personen (Notare etc.) angewiesen sein.

Die Satzungen sollten folgendes beinhalten:
– Name, Sitz, Zweck und Tätigkeiten des Vereines
– Beginn und Ende der Mitgliedschaft
– Rechte und Pflichten der Mitglieder
– Vereinsorgane (Vorstand, Geschäftsführer etc.)
– Wie viele Stimmen sind für Beschlüsse nötig?
– Wer vertritt den Verein nach außen?
– Wie werden Streitigkeiten geschlichtet? (Schiedsgericht?)
– Auflösung des Vereines und Verwertung des Vermögens

Der **Verein haftet** mit seinem Vereinsvermögen, die Mitglieder nur dann, wenn sie (schadenersatzrechtlich) ein Verschulden trifft. Der Geschädigte müßte daher den Verein klagen. Wenn z.B. der Geschäftsführer den Schaden grob fahrlässig verursacht hat, könnte der Verein sich bei ihm regressieren, d.h. von ihm den Ersatz des Schadens verlangen.

Als juristische Person ist der Verein nicht pflichtversichert, Angestellte des Vereins unterliegen dem **Allgemeinen Sozialversicherungsgesetz (ASVG)**.

Vereine sind nur bei einer größeren Anzahl von Personen (mind. 10) sinnvoll. Von **Vorteil** sind die geringen Gründungskosten und der problemlose Mitgliederwechsel. Ein großer **Nachteil** dieser Organisation ist, daß sie nicht auf Gewinn ausgerichtet sein darf und damit für wirtschaftliche Tätigkeiten nicht geeignet ist. Falls ein ideeller Verein aufgelöst wird, darf das Vereinsvermögen nicht auf die Mitglieder aufgeteilt werden, sondern soll – soweit möglich und erlaubt – dem Vereinszweck oder verwandten Zwecken, ansonsten Zwecken der Sozialhilfe zugeführt werden.

Die Genossenschaft

Genossenschaften sind juristische Personen, die im wesentlichen der Erwerbsförderung ihrer Mitglieder dienen. Sie sind eher für den Zusammenschluß größerer Personengesellschaften sinnvoll.

Es muß ein **Genossenschaftsvertrag** abgeschlossen werden, außerdem ist die Aufnahme in einen Revisionsverband (z.B.: Raiffeisenverband) notwendig. Man sollte daher bereits in der Vorgründungsphase mit einem solchen Verband Kontakt aufnehmen und sich beraten lassen.

Bei **Genossenschaften mit beschränkter Haftung (GenmbH)** haften die Genossenschafter nur bis zu dem im Vertrag festgelegten Haftungsbetrag. Wer Genossenschafter einer Genossenschaft mit unbeschränkter Haftung ist, riskiert hingegen sein gesamtes Vermögen.

Wenn eine **gewerbliche Tätigkeit** ausgeübt wird, muß der Geschäftsführer oder der Pächter die entsprechende Gewerbeberechtigung besitzen. Er ist als Dienstnehmer nach dem ASVG pflichtversichert.

Der problemlose Mitgliederwechsel ist zweifelsohne ein **Vorteil** der Genossenschaft. Die **Nachteile** dieser Organisationsform sind die eher komplizierte Gründung und die Entstehung zusätzlicher Kosten für die Revision durch den Revionsverband. Ausscheidende Genossenschafter haben außerdem keinen Anteil am genossenschaftlichen Vermögen.

Die Gesellschaft mit beschränkter Haftung (GmbH)

Viele zukünftige Gesellschafter liebäugeln mit der Gründung einer GmbH, weil die Gesellschafter nur beschränkt haften. Das ist wohl das bekannteste Merkmal dieser Gesellschaftsform.

Die Gesellschaft muß ein Vermögen von mindestens S 500.000,– besitzen (sog. Stammkapital). Hiefür gibt es detaillierte Regelungen, die hier aber nicht näher erläutert werden. Der Vertrag selbst muß von einem Notar verfaßt werden (sog. Notariatsaktspflicht). Auch bei einem Wechsel der Mitglieder ist vom Notar ein Vertrag zu verfassen. Aufgrund der – im Vergleich zu anderen Gesellschaften – höheren Kosten hat die GmbH im üblicherweise eher kleinen Bereich der Direktvermarktung keine Bedeutung. Diese erlangt sie erst ab einer gewissen (wirtschaftlichen) Größe.

Die Eingetragene Erwerbsgesellschaft (EEG)

Die Eingetragenen Erwerbsgesellschaften gibt es erst seit 1990. Man unterscheidet die **Offenen Erwerbsgesellschaften (OEG)** und die **Kommanditerwerbsgesellschaften (KEG).** Für sie gelten im wesentlichen die Bestimmungen für die offene Handelsgesellschaft (OHG) und die Kommanditgesellschaft (KG). OHG und KG kommen aber nur im (handels)gewerblichen Bereich vor. OEG und KEG unterscheiden sich vor allem im Bereich der **Haftung.** Bei der OEG haften sämtliche Gesellschafter uneingeschränkt; bei der KEG haften die sog. Kommanditisten nur bis zur Höhe ihrer Einlagen (sog. Hafteinlage), während der Komplementär unbeschränkt haftet. Für **gewerbliche Tätigkeiten** muß der Geschäftsführer oder Pächter eine Gewerbeberechtigung besitzen.

OEG und KEG haben keine Rechtspersönlichkeit, sie können aber unter ihrem Firmennamen Rechte erwerben, d.h. im Grundbuch eingetragen werden und als Partei vor Gericht auftreten. Von Vorteil ist die leichte Gründungsmöglichkeit. Leider gibt es in der Praxis derzeit noch kaum Erfahrungswerte im Zusammenhang mit diesen neuen Gesellschaftsformen.

Der gemeinsame Verkaufsraum

In der Praxis kommt es häufig vor, daß mehrere Landwirte gemeinsam in einem Verkaufslokal ihre Waren anbieten. Da sie sich zum gemeinsamen Nutzen zusammenschließen, liegt üblicherweise lediglich eine Gesellschaft bürgerlichen Rechts vor. Es müssen daher nach wie vor die (neben)gewerblichen Grenzen beachtet werden. Der Verkauf hat auf Rechnung und Gefahr des jeweiligen Produzenten zu erfolgen, und auch die Waren sind entsprechend getrennt anzubieten. Um spätere Streitigkeiten leichter schlichten zu können, sollte ein schriftlicher Vertrag die Rechte und Pflichten des einzelnen festhalten. Wer steht wann und wie lange im Geschäft? Wo werden welche Produkte ausgestellt? Dürfen zwei Gesellschafter dasselbe Produkt anbieten? Wer entscheidet über Werbestrategien, Ausgaben etc.?

Weiters wäre zu klären, ob der Verkaufsraum gemeinsam gemietet bzw. errichtet wird oder ob er sich am Hof eines Gesellschafters befindet und dieser ihn an die anderen vermietet. Der Mietvertrag sollte unter anderem folgendes beinhalten: die Vertragsparteien; welche Räumlichkeiten benutzt werden dürfen; die Mietdauer und den Mietzins; ob die Räumlichkeiten nach Ende des Mietvertrages gereinigt werden müssen etc.

Die Vor- und Nachteile der verschiedenen Gesellschaftsformen

Die erste Frage, welche in diesem Zusammenhang gestellt wird, lautet meistens: Welches ist die günstigste Gesellschaftsform? Diese Frage kann nur im Einzelfall beantwortet werden. Entscheidend ist nämlich, was die Gesellschafter mit ihrer Gesellschaft erreichen wollen, z.B. eine lose Zusammenarbeit ohne großen Aufwand wie bei der GesbR (z.B. gemeinsamer Verkaufsladen) oder die Verwirklichung eines ideellen Zweckes wie bei einem Verein (z.B. Organisieren gemeinsamer Werbeaktionen).

Die Gesellschaft bürgerlichen Rechts
Vorteil: Gründung ohne großen Aufwand möglich
Nachteil: keine eigene Rechtspersönlichkeit, sehr personenbezogen

Der Verein
Vorteil: nicht personenbezogen, das heißt die Mitglieder können problemlos wechseln, niedrige Gründungskosten
Nachteil: nur für ideelle Zwecke, das heißt nicht auf Gewinn gerichtet

Die Genossenschaft
Vorteil: problemloser Mitgliederwechsel
Nachteil: zusätzliche Kosten durch die Revision, Mitglieder haben keinen Anteil am Genossenschaftsvermögen

Die Gesellschaft mit beschränkter Haftung
Vorteil: beschränkte Haftung der Gesellschafter
Nachteil: Kosten durch Notariatsaktspflicht

Die Eingetragene Erwerbsgesellschaft
Vorteil: relativ leicht zu gründen, kann im eigenen Namen Rechte erwerben
Nachteil: keine juristische Person, bei der KEG haften die Gesellschafter unterschiedlich, derzeit kaum Erfahrungswerte

DIE DIREKTVERMARKTUNG AUS STEUERRECHTLICHER SICHT

Ganz allgemein ist zu sagen, daß es für die Direktvermarktung land- und forstwirtschaftlicher Produkte derzeit noch keine speziellen steuerrechtlichen Vorschriften gibt. Bewegt man sich innerhalb der allgemeinen Grenzen bzw. erfüllt man die Anwendungsvoraussetzungen für die Besteuerung der Land- und Forstwirtschaft, dann liegen Einkünfte aus Land- und Forstwirtschaft bzw. Umsätze im Rahmen eines land- und forstwirtschaftlichen Betriebes vor. Es besteht jedoch die Absicht, in steuerlichen Fragen für die Landwirte bei der Weiterver- bzw. -bearbeitung ihrer Produkte eine Gleichstellung mit dem Gewerbe vorzusehen.

Im folgenden werden die für die Land- und Forstwirtschaft und damit auch für die Direktvermarkter steuerlich wichtigsten Themenbereiche angesprochen, wobei das Schwergewicht bei den Vorschriften für nicht buchführungspflichtige Betriebe liegt.

Buchführungsgrenzen

Nach den derzeit geltenden Bestimmungen besteht eine Verpflichtung zur (doppelten) Buchführung grundsätzlich dann, wenn,
a) der Umsatz in zwei aufeinanderfolgenden Kalenderjahren jeweils fünf Millionen Schilling überstiegen hat oder
b) der land- und forstwirtschaftliche Einheitswert zum 1. Jänner eines Jahres zwei Millionen Schilling überschritten hat.

Sind die Voraussetzungen nach a) erfüllt, dann tritt die Buchführungspflicht mit Beginn des darauf zweitfolgenden Kalenderjahres ein. Eine so eingetretene Buchführungspflicht erlischt mit Beginn des darauffolgenden Kalenderjahres, wenn die genannte Grenze in zwei aufeinanderfolgenden Kalenderjahren nicht überschritten wird.

Beispiele
– Umsatz 1996 und 1997 über fünf Millionen Schilling: Buchführungspflicht ab 1999
– Umsatz 1996 und 1997 unter fünf Millionen Schilling: keine Buchführungspflicht ab 1998

Wird die Grenze nach b) mit 1. Jänner eines Jahres überschritten, so tritt die Buchführungspflicht mit Beginn des darauf zweitfolgenden Kalenderjahres ein, wobei für die Wertermittlung nur solche Bescheide maßgeblich sind, die vor dem genannten 1. Jänner ergangen sind. Die Buchführungspflicht erlischt bei einer Unterschreitung der genannten Einheitswertgrenze bereits mit Beginn jenes Kalenderjahres, in welchem die Einheitswertgrenze nicht überschritten wird.

Beispiele
– Einheitswert per 1. Jänner 1997 (Bescheid zugestellt vor dem 1. Jänner 1997) über zwei Millionen Schilling: Buchführungspflicht ab 1999
– Einheitswert per 1. Jänner 1997 (Bescheid zugestellt vor dem 1. Jänner 1997) unter zwei Millionen Schilling: keine Buchführungspflicht ab 1997

Kann der Land- und/oder Forstwirt (im folgenden immer kurz als Landwirt bezeichnet) glaubhaft machen, daß die Buchführungsgrenzen nur vorübergehend und aufgrund besonderer

Umstände überschritten worden sind, hat das Finanzamt auf Antrag eine eingetretene Verpflichtung zur Buchführung aufzuheben.

Jener Landwirt, der die genannten Grenzen in der beschriebenen Form unterschreitet, ist nicht buchführungspflichtig bzw. ein sogenannter „pauschalierter Landwirt".

Die Einkommensteuer

Im Bereiche der Einkommensteuer ist die Beantwortung folgender Fragen von Bedeutung:
a) Wann haben Landwirte dem Finanzamt gegenüber ihre Einkommensverhältnisse offenzulegen?
b) Wie ermittelt man das Einkommen bzw. Einkünfte?

Erklärungspflicht

Eine Einkommensteuererklärung ist vom Landwirt dann abzugeben, wenn er vom Finanzamt dazu aufgefordert wird, wobei ein zugesendetes Erklärungsformular als eine solche Aufforderung anzusehen ist. Ansonsten besteht die Erklärungspflicht dann, wenn das Einkommen, in dem keine lohnsteuerpflichtigen Einkünfte enthalten sind (Lohn, Gehalt, Pensionsbezug), jährlich mehr als S 88.800,– betragen hat. Sind Landwirte zugleich auch unselbständig beschäftigt (z.B. Arbeitnehmer), dann ist eine Erklärung abzugeben, wenn das Einkommen mehr als S 113.800,– betragen hat und darin andere als lohnsteuerpflichtige Einkünfte von mehr als S 10.000,– enthalten sind.

Beispiel
Ein pauschalierter Landwirt erzielt 1997 als Dienstnehmer Einkünfte in Höhe von S 300.000,– (= Einkünfte aus unselbständiger Arbeit). Seine Einkünfte aus der Land- und Forstwirtschaft betragen S 15.000,–. Er ist zur Abgabe einer Steuererklärung verpflichtet.

Ermittlung des Einkommens, der Einkommensteuer und der Einkünfte aus Land- und Forstwirtschaft

Der Einkommensteuer ist das Einkommen zugrunde zu legen, das der Steuerpflichtige innerhalb eines Kalenderjahres bezogen hat. Es gilt das Prinzip der Individualbesteuerung, weshalb die Zurechnung bei jener Person erfolgt, der das Einkommen zugeflossen ist. Besitzen Ehegatten gemeinsam eine Landwirtschaft, dann werden die aus diesem Betrieb ermittelten Einkünfte grundsätzlich nach dem Miteigentumsverhältnis auf die Miteigentümer aufgeteilt.

Ein vereinfachtes Schema zur Ermittlung der Einkommensteuer hat folgendes Aussehen:		
Einkünfte aus Land- und Forstwirtschaft + Einkünfte aus selbständiger Arbeit (das sind solche aus einer freiberuflichen Tätigkeit) + Einkünfte aus Gewerbebetrieb + Einkünfte aus nichtselbständiger Arbeit + Einkünfte aus Kapitalvermögen + Einkünfte aus Vermietung und Verpachtung + sonstige Einkünfte (abschließend im Einkommensteuergesetz aufgezählt)		
= Summe der Einkünfte abzüglich – Sonderausgaben (bei einer Summe der Einkünfte von S 700.000,– nicht mehr vorgesehen) – außergewöhnliche Belastungen		

= Einkommen
daraus errechnen sich für die ersten   S 50.000,–   10%
                              für die weiteren   S 100.000,–   22%
                              für die weiteren   S 150.000,–   32%
                              für die weiteren   S 400.000,–   42% und
                              für alle übrigen Beträge 50%		

= Einkommensteuer vor Abzug von Absetzbeträgen
abzüglich – allgemeiner Steuerabsetzbetrag
            (ab einem Einkommen von mehr als S 200.000,– verringert sich dieser Absetzbetrag kontinuierlich in solcher Weise, daß ab S 500.000,– kein Absetzbetrag zusteht)
         – Alleinverdiener- oder Alleinerzieherabsetzbetrag
            (steht nur Alleinverdienern oder Alleinerziehern zu und wird ausschließlich auf Antrag gewährt)
         – Arbeitnehmerabsetzbetrag
            (steht automatisch und nur Arbeitnehmern zu)
         – Verkehrsabsetzbetrag
            (steht automatisch und nur Arbeitnehmern zu)
         – Pensionistenabsetzbetrag
            (steht automatisch und nur Pensionisten zu)
	S 8.840,–
	
	S 5.000,–
	
	S 1.500,–
	
	S 4.000,–
	
	S 5.500,–	

= die zu zahlende Einkommensteuer		

Beträgt die so errechnete Einkommensteuer weniger als S 9.400,–, dann ermäßigt sich der von der Abgabenbehörde zu erhebende Betrag um die Differenz zwischen S 9.400,– und der errechneten Einkommensteuer.

Die Direktvermarktung aus steuerrechtlicher Sicht

Beispiel
Die zu zahlende (errechnete) Einkommensteuer beträgt S 5.000,–.
S 9.400,– minus S 5.000,– = S 4.400,–
S 5.000,– minus S 4.400,– = S   600,–
Tatsächlich zu zahlen wären somit nicht S 5.000,–, sondern nur S 600,–.

ERMITTLUNG DER EINKÜNFTE AUS LAND- UND FORSTWIRTSCHAFT

Es stehen vier Arten der Gewinnermittlung zur Verfügung, nämlich
- die doppelte Buchführung (bei gesetzlicher Verpflichtung oder freiwillig)
- die Einnahmen-Ausgabenrechnung (bei gesetzlicher Verpflichtung oder freiwillig)
- die pauschalierte Gewinnermittlung (siehe nachfolgende Ausführungen)
- die Schätzung durch die Abgabenbehörde (zu dieser kommt es insbesondere dann, wenn der Abgabenpflichtige erforderliche Auskünfte verweigert)

DIE GEWINNERMITTLUNG BEIM PAUSCHALIERTEN LANDWIRT

Die sogenannte Pauschalierungsverordnung legt nicht fest, daß Erklärungs- bzw. Steuerpflicht für den pauschalierten Landwirt kein Thema sind. Sie ermöglicht vielmehr, die Einkünfte aus dem land- und forstwirtschaftlichen Betrieb nicht exakt durch Gegenüberstellung von Einnahmen und Ausgaben zu ermitteln, sondern nach einem anderen (vereinfachten) System. Dabei ist zwischen der „Vollpauschalierung" und einer „Teilpauschalierung" zu unterscheiden. Bis zu einem Einheitswert von S 900.000,– unterliegt man der Vollpauschalierung. Für Betriebe mit einem Einheitswert zwischen S 901.000,– und S 2.000.000,– ist die Teilpauschalierung vorgesehen.

DIE VOLLPAUSCHALIERUNG

Diesem System unterliegen land- und forstwirtschaftliche Betriebe sowie Nebenbetriebe mit einem Einheitswert von höchstens S 900.000,– dann, wenn nicht nach anderen Bestimmungen eine Buchführungspflicht besteht bzw. wenn nicht freiwillig Bücher geführt werden.
   Es ist vom Einheitswert der selbstbewirtschafteten Flächen auszugehen, wobei grundsätzlich 31 % des Einheitswertes der landwirtschaftlich genutzten Flächen anzusetzen sind bzw. 10 % des Forsteinheitswertes.
   Liegt der Forsteinheitswert bei S 100.000,– und mehr, dann darf der 10%ige Gewinndurchschnittssatz nicht mehr zur Anwendung kommen. In diesem Falle sieht die Pauschalierungs-

verordnung für den Forstbereich grundsätzlich eine Einnahmen-Ausgabenrechnung vor. Jedenfalls verpflichtend ist dabei die Aufzeichnung der Erlöse (Einnahmen) aus dem Forstbereich. Für die Ausgabenseite stehen bundesländerweise je nach Lage des Forstbetriebes (Berg- oder Talbauerngebiet) sowie je nach der Verkaufsform (Selbstschlägerung oder Verkauf des Holzes am Stock) unterschiedlich hohe pauschale Betriebsausgabensätze zur Verfügung.

Aus dem Einheitswert alpwirtschaftlich genutzter Flächen sind 8 % als Gewinndurchschnittssatz anzusetzen.

Hinzu kommen Einkünfte aus sogenannten „landwirtschaftlichen Nebentätigkeiten" (dazu im Anschluß) sowie ein vereinnahmter Pachtschilling für die Verpachtung von landwirtschaftlichen Nutzflächen zu landwirtschaftlichen Zwecken.

Einkünfte aus dem Gartenbau oder dem Weinbau sind gesondert zu ermitteln und ebenfalls zuzuzählen.

Die Summe der so ermittelten Beträge aus all diesen Teilbereichen wird als Gewinngrundbetrag bezeichnet.

Der Preis, den der vollpauschalierte Landwirt dafür zu zahlen hat, daß er seine Einnahmen grundsätzlich nicht exakt verzeichnen bzw. bekanntgeben muß, ist der, daß er auch nicht alle betrieblich bedingten Ausgaben in Abzug bringen kann, sondern hier in seinen Möglichkeiten begrenzt ist. Vom ermittelten Gewinngrundbetrag können als Betriebsausgaben nämlich nur

- ein bezahlter Pachtschilling,
- Schuldzinsen für die Land- und Forstwirtschaft,
- an die Sozialversicherungsanstalt der Bauern gezahlte Beiträge,
- Ausgedingelasten (laut Pauschalierungsverordnung S 9.000,– pro Person und Jahr oder wenn belegbar in tatsächlicher Höhe) und
- Absetzungen für außergewöhnliche Ernteausfälle und Viehverluste (sofern dafür keine Versicherungsvergütungen vorliegen)

abgezogen werden. Der verbleibende Betrag stellt die „Einkünfte aus Land- und Forstwirtschaft" dar und ist der Besteuerung zu unterziehen.

Beispiel
Land- und forstwirtschaftlicher Einheitswert S 340.000,– (davon landwirtschaftlicher Einheitswert S 240.000,–; forstwirtschaftlicher Einheitswert S 70.000,–; alpwirtschaftlicher Einheitswert S 30.000,–); Landwirteehepaar; je zur Hälfte Miteigentümer; freie Station lt. Übergabevertrag für eine Person; keine Zu- und Verpachtung; Schuldzinsen für landwirtschaftliche Kredite S 11.000,–/Jahr.

Die Direktvermarktung aus steuerrechtlicher Sicht

Berechnung der Einkünfte aus Land- und Forstwirtschaft	
landwirtschaftlicher Einheitswert S 240.000,– x 31 %	= S 74.400,–
forstwirtschaftlicher Einheitswert S 70.000,– x 10 %	= S 7.000,–
alpwirtschaftlicher Einheitswert S 30.000,– x 8 %	= S 2.400,–
Gewinngrundbetrag abzüglich Schuldzinsen Ausgedingelasten für 1 Person pauschal Sozialversicherungsbeiträge	S 83.800,– – S 11.000,- – S 9.000,– – S 57.800,– abzügl. S 77.800,–
Einkünfte aus Land- und Forstwirtschaft gesamt	S 6.000,–
Einkünfte aus Land- und Forstwirtschaft je Person	S 3.000,–

EINKÜNFTE AUS LAND- UND FORSTWIRTSCHAFTLICHER NEBENTÄTIGKEIT

(Aus Vereinfachungsgründen werden im folgenden anstelle der Bezeichnungen „land- und forstwirtschaftliche Nebentätigkeit", „land- und forstwirtschaftliche Haupttätigkeit" bzw. „land- und forstwirtschaftlicher Hauptbetrieb" meist nur die Begriffe „Nebentätigkeit", „Haupttätigkeit" bzw. „Hauptbetrieb" verwendet.)

Als solche bezeichnet das Steuerrecht nicht jede Tätigkeit, die neben der Haupttätigkeit ausgeübt wird. Vielmehr liegt diese Nebentätigkeit nur dann vor, wenn ein **enger Zusammenhang zur Haupttätigkeit** besteht und wenn diese Nebentätigkeit gegenüber der Haupttätigkeit **von untergeordneter Bedeutung** ist. Zur Herstellung des erforderlichen engen Zusammenhanges kann bereits die Verwendung eines Traktors, der im eigenen landwirtschaftlichen Betrieb eingesetzt wird, ausreichen. Die wirtschaftliche Unterordnung muß sowohl hinsichtlich der Zweckbestimmung vorliegen (die Nebentätigkeit darf nicht einen eigenständigen Tätigkeitszweck annehmen, sondern muß als **Ausfluß der land- und forstwirtschaftlichen Tätigkeit** anzusehen sein) als auch hinsichtlich des wirtschaftlichen Umfanges. Zur Beantwortung der Frage der Unterordnung wird meist ein Umsatzvergleich angestellt, wobei in der Regel dann von einer wirtschaftlichen Unterordnung ausgegangen werden kann, wenn die Umsätze aus der Nebentätigkeit höchstens 25 % der Umsätze aus dem Hauptbetrieb betragen. Gehen die Umsätze aus der Nebentätigkeit über diesen Umfang hinaus, sind Gewinne daraus nicht mehr den Einkünften aus Land- und Forstwirtschaft, sondern jenen aus Gewerbebetrieb zuzuordnen.

Wie bereits erwähnt, sind Einkünfte aus Nebentätigkeiten nicht mit dem 31%igen Gewinndurchschnittssatz abgegolten. Dies deshalb, weil es dem Wesen der Gewinnpauschalierung entspricht, daß mit den Durchschnittssätzen grundsätzlich nur Gewinne aus solchen Betriebsvorgängen erfaßt sind, die im Einheitswert des land- und forstwirtschaftlichen Betriebes berücksichtigt sind. Land- und forstwirtschaftliche Nebentätigkeiten (auch als land- und forstwirtschaftliche Nebenerwerbe bezeichnet) sind im Rahmen der land- und forstwirtschaftlichen Einheitsbewertung nicht erfaßt. Eine Einbeziehung in die Durchschnittssätze erscheint nur dann vertretbar, wenn aus dieser Tätigkeit keine nennenswerte Steigerung der Ertragsfähigkeit und des Gewinnes der Land- und Forstwirtschaft erwartet werden kann. Etwa dann, wenn der Nebentätigkeit nur geringfügige Bedeutung zukommt oder diese Nebentätigkeit auf Basis eines reinen Selbstkostenersatzes aufgebaut ist.

Die von Landwirten aus einer Privatzimmervermietung (Urlaub am Bauernhof) erzielten Gewinne sind bei wirtschaftlicher Unterordnung als Einkünfte aus landwirtschaftlichem Nebenerwerb zu behandeln. Die Frage der wirtschaftlichen Unterordnung richtet sich nach den jeweiligen Verhältnissen des Einzelfalles. Eine Zimmervermietung, die sich auf mehr als zehn Fremdenbetten erstreckt, wird nicht mehr als untergeordnet angesehen. Gewinne aus diesem Bereich können grundsätzlich nicht in die Durchschnittssatzbesteuerung einbezogen werden. Bei bis zu fünf Betten unterliegen Gewinne aus der Privatzimmervermietung jedoch der Gewinnpauschalierung, da eine nennenswerte Ertragssteigerung nicht zu erwarten ist.

Eine wirtschaftliche Unterordnung ist ohne Nachweis anzuerkennen, wenn das Ausmaß der land- und forstwirtschaftlich genutzten Grundflächen mindestens 5 ha oder der weinbaulich oder gärtnerisch genutzten Grundflächen mindestens 1 ha beträgt und die Einnahmen aus den Nebentätigkeiten (einschließlich Umsatzsteuer) insgesamt nicht mehr als S 330.000,– betragen. Bei der Ermittlung des Betrages von S 330.000,– sind jedoch Einnahmen aus Privatzimmervermietungen nicht zu berücksichtigen. Gleiches gilt für die auf der Basis eines reinen Selbstkostenersatzes aufgebauten Dienstleistungen und Vermietungen im Rahmen der überbetrieblichen Zusammenarbeit von Land- und Forstwirten.

Der Gewinn aus land- und forstwirtschaftlicher Nebentätigkeit ist durch Einnahmen-Ausgabenrechnung zu ermitteln. Grundsätzlich sind auch die Betriebsausgaben in ihrer tatsächlichen Höhe zu erfassen. Werden die Betriebsausgaben für die einzelnen Nebentätigkeiten nicht nachgewiesen oder glaubhaft gemacht, kommt es diesbezüglich zur Schätzung durch die Abgabenbehörde. Soweit Schätzungsrichtlinien der Finanzlandesdirektion bestehen, sind diese der Schätzung zugrunde zu legen.

DER LANDWIRTSCHAFTLICHE NEBENBETRIEB

Als landwirtschaftlicher Nebenbetrieb (streng zu unterscheiden von der landwirtschaftlichen Nebentätigkeit) gilt ein Betrieb, der dem land- und forstwirtschaftlichen Hauptbetrieb zu dienen bestimmt ist. In der Regel handelt es sich dabei um Betriebe, die, wenn sie ohne Zusammenhang mit der Land- und Forstwirtschaft betrieben würden, als Gewerbebetriebe anzusehen wären. Lediglich infolge ihres inneren betriebswirtschaftlichen Zusammenhanges mit dem land- und forstwirtschaftlichen Betrieb werden sie für steuerliche Zwecke als Nebenbetriebe behandelt. In jedem Fall muß der Nebenbetrieb auf Grund seiner wirtschaftlichen Zweckbestimmung und wirtschaftlichen Bedeutung zur Land- und Forstwirtschaft im Verhältnis eines Hilfsbetriebes stehen. Zu nennen sind beispielsweise Verarbeitungsbetriebe (z.B. ein Sägewerk). Als Verarbeitungsbetriebe werden jene Betriebe bezeichnet, die ausschließlich oder doch überwiegend Rohstoffe verarbeiten, die aus dem land- und forstwirtschaftlichen Hauptbetrieb stammen. Werden Rohstoffe in nicht gerade unbedeutendem Umfang zugekauft, so wird der Verarbeitungsbetrieb stets als gewerblicher Betrieb anzusehen sein. Eine eindeutige Grenzlinie zwischen „unbedeutendem" und „nicht unbedeutendem" Zukauf von Rohstoffen läßt sich kaum ziehen. In der Regel wird man aber bei einem Zukauf bis zu 15 % der insgesamt verarbeiteten Rohstoffe noch einen Nebenbetrieb und bei einem Zukauf von mehr als 25 % einen gewerblichen Betrieb annehmen können. Die dazwischen liegenden Fälle (Zukauf zwischen mehr als 15 und 25 %) sind nach den Verhältnissen des Einzelfalles zu beurteilen.

Als weitere Voraussetzung für die Behandlung als Nebenbetrieb müssen die Eigentumsverhältnisse am Haupt- und am Nebenbetrieb dieselben sein. Zusätzlich darf sich der Nebenbetrieb nicht als selbständiger, vom Hauptbetrieb getrennt verwalteter Wirtschaftskörper darstellen. Auch zu einer Unterbrechung der Produktionskette darf es, zur Beurteilung als Nebenbetrieb, nach derzeitiger Rechtslage nicht kommen.

Im Gegensatz zu landwirtschaftlichen Nebentätigkeiten werden landwirtschaftliche Nebenbetriebe vom Einheitswert erfaßt. Das bedeutet, daß Einkünfte aus diesen Nebenbetrieben ertragsteuerlich gleich zu behandeln sind wie Einkünfte aus dem Hauptbetrieb. Beim pauschalierten Landwirt sind somit Einkünfte aus Nebenbetrieben grundsätzlich mit den Durchschnittssätzen abgegolten.

EINKÜNFTE AUS DEM GARTENBAU

Alle Teile einer wirtschaftlichen Einheit, die dauernd einem gärtnerischen Hauptzweck dienen, zählen zum gärtnerischen Betrieb. Dieser liegt auch dann vor, wenn die gärtnerischen Erzeugnisse unter Glas oder anderen Einrichtungen zur Beeinflussung der natürlichen Ertragsbedingungen gewonnen werden.

Der Gewinn nicht buchführungspflichtiger (auch nicht aus freiwilliger Buchführung) gärtnerischer Betriebe, die ihre Erzeugnisse an Letztverbraucher verkaufen, ist grundsätzlich durch Einnahmen-Ausgabenrechnung zu ermitteln. Grundsätzlich sind die Einnahmen aufzuzeichnen, wobei für die Betriebsausgaben ein Pauschalsatz von 70 % der Betriebseinnahmen (einschließlich Umsatzsteuer) angesetzt werden kann. Neben diesen pauschal ermittelten Ausgaben können noch ein Lohnaufwand lt. Lohnkonto, der Wert der Ausgedingelasten, Sozialversicherungsbeiträge, ein bezahlter Pachtschilling und Schuldzinsen in Abzug gebracht werden.

Erfolgen ausschließlich Lieferungen eigener gärtnerischer Erzeugnisse an Wiederverkäufer, bzw. betragen die Einnahmen aus Lieferungen an Endverbraucher insgesamt nicht mehr als S 20.000,– jährlich, dann wird der Gewinn auf Grund von Durchschnittssätzen pro Quadratmeter gärtnerischer Nutzfläche ermittelt. Bei den unterschiedlichen Quadratmeterpreisen wird einerseits zwischen dem Anbau von Gemüse und Blumen unterschieden und andererseits danach, ob es sich um eine Freilandfläche oder eine überdachte Kulturfläche handelt. Von dem so ermittelten Grundbetrag können mit Ausnahme des Lohnaufwandes die vorhin genannten Betriebsausgaben abgezogen werden.

EINKÜNFTE AUS DEM WEINBAU

Wie bereits erwähnt, sind neben den Einkünften aus dem Gartenbau auch jene aus dem Weinbaubereich gesondert zu ermitteln. Nur wenn die weinbaulich genutzte Grundfläche 60 a nicht übersteigt, kein Buschenschank betrieben wird und kein Bouteillenweinverkauf erfolgt, entspricht die Besteuerung des Weinbaues jener der Landwirtschaft (31 % vom Weinbaueinheitswert). Einnahmen aus einem Buschenschank sowie aus Verkäufen von Wein in Bouteillen sind mit dem landwirtschaftlichen Durchschnittssatz nicht abpauschaliert. Übersteigt die weinbaulich genutzte Grundfläche 60 a, ist der Gewinn aus dem Weinbau grundsätzlich durch Einnahmen-Ausgabenrechnung zu ermitteln. Als Betriebsausgaben können je nach Lage des Weinbaubetriebes pauschale Betriebsausgaben in Höhe von S 60.000,–, S 55.000,– oder S 50.000,– pro ha und Jahr angesetzt werden. Es können jedoch auch tatsächlich anfallende Betriebsausgaben aufgezeichnet und beim Finanzamt geltend gemacht werden. In diesem Falle sind aber die gesamten Betriebsausgaben aus dem Weinbau vom Steuerpflichtigen nachzuweisen.

Wird der Gewinn aus dem Weinbaubereich gesondert ermittelt, dann ist der auf die weinbaulich genutzten Flächen entfallende Teil des Einheitswertes aus der Berechnung auszuscheiden.

Beim Verkauf von Wein in Flaschen sowie im Buschenschank können noch zusätzlich Flaschenfüllkosten bzw. Buschenschankspesen verrechnet werden.

An dieser Stelle sei betont, daß die steuerrechtlichen Ausführungen dieses Buches keinen Anspruch auf Vollständigkeit erheben und naturgemäß nur Grundsätze aufzeigen. Kommende „Gewinn-Pauschalierungsverordnungen" sehen wahrscheinlich andere Regelungen (als 31%, 10% usw.) vor. Schon aufgrund der Kurzlebigkeit von „Steuergesetzen" ersetzt die Lektüre keinesfalls eine individuelle steuerrechtliche Beratung.

DIE TEILPAUSCHALIERUNG

Von dieser „zwei Millionen Schilling-Pauschalierung" (auch Teilpauschalierung genannt) können nichtbuchführende Land- und Forstwirte sowie nichtbuchführende Gärtner Gebrauch machen, wenn der maßgebende Einheitswert S 900.000,– übersteigt und S 2.000.000,– nicht übersteigt. Dabei schließt der maßgebende Einheitswert sämtliche im Rahmen eines land- und forstwirtschaftlichen Betriebes verbundenen Betriebszweige ein. Umfaßt der Betrieb z.B. selbstbewirtschaftete land- und forstwirtschaftliche Grundflächen mit einem Einheitswert von S 600.000,– und selbstbewirtschaftete gärtnerische Grundflächen mit einem Einheitswert von S 400.000,–, dann beträgt der maßgebende Einheitswert S 1.000.000,–.

Bei der Teilpauschalierung ist der Gewinn des land- und forstwirtschaftlichen Betriebes stets durch Einnahmen-Ausgabenrechnung zu ermitteln. Im Rahmen dieser Einnahmen-Ausgabenrechnung sind die Betriebseinnahmen in ihrer tatsächlichen Höhe zu erfassen. Die Betriebsausgaben sind mit 70 % der Betriebseinnahmen (einschließlich Umsatzsteuer) anzusetzen, soweit die Betriebsausgaben in den einzelnen Betriebszweigen sowie beim land- und forstwirtschaftlichen Nebenerwerb nicht abweichend geregelt sind. Dem Land- und Forstwirt bleibt es jedoch unbenommen, die Betriebsausgaben in tatsächlicher Höhe geltend zu machen, indem er sämtliche Betriebsausgaben aus dem land- und forstwirtschaftlichen Betrieb nachweist oder glaubhaft macht. Davon werden die in den einzelnen Betriebszweigen sowie beim land- und forstwirtschaftlichen Nebenerwerb abweichend geregelten Betriebsausgaben nicht berührt. Beispielsweise kann der Land- und Forstwirt von den Schätzungsrichtlinien der Finanzlandesdirektion (FLD) für Betriebsausgaben aus der Forstwirtschaft auch dann Gebrauch machen, wenn er Betriebsausgaben aus der Landwirtschaft nachweist oder glaubhaft macht.

Die Betriebsausgaben aus der Forstwirtschaft sind in der tatsächlichen Höhe anzusetzen. Werden sie nicht nachgewiesen bzw. glaubhaft gemacht, sind sie zu schätzen. Dabei sind die gleichen FLD-Schätzungsrichtlinien zugrunde zu legen, wie sie im Rahmen der Vollpauschalierung gelten. Hat eine Finanzlandesdirektion keine Schätzungsrichtlinien erlassen, bestehen keine Bedenken, wenn die Schätzungsrichtlinien einer der nächstgelegenen Finanzlandesdirektionen herangezogen werden.

Für den Weinbaubereich gilt, daß die bei der Vollpauschalierung vorgesehenen Betriebsausgaben-Pauschalbeträge auch hier angewendet werden können. Neben diesen Pauschalbeträgen sind auch die an das Finanzamt abzuführende Umsatzsteuer und die Getränkeabgabe sowie die mit dem Verkauf von Wein in Flaschen und im Buschenschank verbundenen Ausgaben zu berücksichtigen. Zur Ermittlung der letzten beiden Ausgaben sind die gleichen FLD-Schätzungsrichtlinien heranzuziehen, wie sie bei der Vollpauschalierung gelten.

Auch im Gartenbaubereich kann dieselbe Betriebsausgabenpauschalierung angewendet werden, wie sie bei der Vollpauschalierung gilt. Keinesfalls dürfen die flächenabhängigen Durchschnittssätze angewendet werden. Neben den mittels des 70%igen Durchschnittssatzes berechneten Betriebsausgaben und den Abzugsposten Ausgedingelasten, gezahlte Sozialversicherungsbeiträge, bezahlte Pachtzinse und Schuldzinsen ist überdies der Lohnaufwand lt. Lohnkonto zu berücksichtigen.

WO LIEGT DIE GRENZE ZWISCHEN LANDWIRTSCHAFT UND GEWERBEBETRIEB?

Werden im Rahmen eines landwirtschaftlichen Hauptbetriebes auch Umsätze aus zugekauften Erzeugnissen erzielt, so ist ein einheitlicher landwirtschaftlicher Betrieb auch dann anzunehmen, wenn der Einkaufswert des Zukaufes fremder Erzeugnisse nicht mehr als 25 % des Umsatzes dieses Betriebes beträgt. Abweichend davon ist bei Weinbaubetrieben ein einheitlicher Weinbaubetrieb auch dann anzunehmen, wenn die Einkaufsmenge des Zukaufes nicht mehr als 2.000 kg frische Weintrauben oder insgesamt 1.500 Liter Wein aus frischen Weintrauben jeweils pro ha bewirtschafteter Betriebsfläche beträgt. Gehören zu einem landwirtschaftlichen Betrieb auch Betriebsteile, die gesondert zu bewerten sind (denkbar in den Bereichen Forst, Wein-, Gartenbau), dann sind die genannten Zukaufsregeln auf jeden Betriebsteil gesondert anzuwenden. Übersteigt dieser Zukauf fremder Erzeugnisse die genannten Werte oder Mengen, dann ist hinsichtlich des gesamten Betriebes (oder Betriebsteiles) ein einheitlicher Gewerbebetrieb anzunehmen.

Ein weiteres Abgrenzungskriterium zwischen Landwirtschaft und Gewerbebetrieb gibt es bei der Tierhaltung. Die Zucht oder das Halten von Tieren gilt dann als landwirtschaftlicher Betrieb, wenn zur Tierzucht oder Tierhaltung überwiegend Erzeugnisse verwendet werden, die im eigenen landwirtschaftlichen Betrieb gewonnen worden sind. Das Überwiegen beginnt bei 51 %, wobei der Marktwert der eingesetzten Futtermittel den Berechnungsmaßstab bildet, nicht die Menge.

Auch wenn die zur Tierhaltung verwendeten Futtermittel nicht überwiegend aus eigener Erzeugung stammen, liegt ein landwirtschaftlicher Betrieb vor, sofern bestimmte Tierbestandshöchstgrenzen pro ha nicht überschritten werden. Auch in diesem Falle sind Einnahmen aus der Tierhaltung Einnahmen aus der Land- und Forstwirtschaft. Zu beachten ist allerdings, daß diese Regelung nur für bestimmte Tierarten gilt. Dazu zählen Pferde, Rindvieh, Schafe und Ziegen, Schweine, Kaninchen sowie Geflügel. Für andere Tierarten – beispielsweise Pelztiere – kann nur die eigene Futtergrundlage für die Abgrenzung zwischen Landwirtschaft und Gewerbe maßgeblich sein. Bei nachhaltiger Überschreitung der (bewertungs)rechtlich vorgesehenen Grenzen wird die Tierhaltung zum (steuerrechtlichen, nicht aber gewerbeordnungsrechtlichen) Gewerbebetrieb.

Die Umsatzsteuer

Nichtbuchführungspflichtige Land- und Forstwirte, die Umsätze im Rahmen eines land- und forstwirtschaftlichen Betriebes haben, setzen dafür die Umsatzsteuer – von wenigen Ausnahmen abgesehen – mit 10 % der Bemessungsgrundlage fest. Gleichzeitig werden die diesen Umsätzen zuzurechnenden Vorsteuerbeträge in gleicher Höhe festgesetzt, weshalb in der Regel weder eine Zahllast noch ein Vorsteuerüberhang entsteht. Eine umsatzsteuerliche Erfassung wird dadurch in der überwiegenden Zahl der Fälle entbehrlich. Auch besteht keine Verpflichtung, Aufzeichnungen zu führen.

Ausnahme
Beim Verkauf von Getränken im Buschenschank sowie bei der Lieferung und beim Eigenverbrauch von

- Schnaps,
- Sturm, Fruchtsaft (z.B. Apfelsaft), Sekt und
- Wein, Most, Met aus zugekauften Produkten bzw. wenn diese Getränke selbst zugekauft sind, sind 20 % an Umsatzsteuer in Rechnung zu stellen und ist die Hälfte davon an das Finanzamt abzuführen.

Die Umsatzsteuer beträgt 12 % (derzeit pauschaliert) für Wein aus frischen Weintrauben und andere gegorene Getränke (z.B. Apfelmost, Birnenmost, Ribiselwein, Met), die innerhalb eines landwirtschaftlichen Betriebes im Inland erzeugt wurden, soweit der Erzeuger die Getränke im Rahmen seines landwirtschaftlichen Betriebes liefert oder für Eigenverbrauchszwecke entnimmt.

AUSSTIEG AUS DER UMSATZSTEUERPAUSCHALIERUNG

Der pauschalierte Land- und Forstwirt hat die Möglichkeit, dem Finanzamt schriftlich zu erklären, daß seine Umsätze nicht pauschal, sondern nach den allgemeinen Vorschriften des Umsatzsteuergesetzes (= Regelbesteuerung) besteuert werden sollen. Dieser Antrag auf Regelbesteuerung kann schriftlich jeweils bis zum 31. Dezember noch rückwirkend für das laufende Jahr gestellt werden und bindet den Unternehmer für mindestens fünf Kalenderjahre. Ein beabsichtigter Ausstieg nach Ablauf dieser Zeit ist spätestens bis 31. Jänner eines Jahres zu erklären. Bei Fristversäumnis muß die Regelbesteuerung zumindest für ein weiteres Jahr fortgeführt werden. Während der Zeit der Regelbesteuerung hat der Landwirt die von ihm verrechnete Umsatzsteuer an das Finanzamt abzuführen, erhält jedoch die in seinen Betriebsausgaben enthaltene Umsatzsteuer (= Vorsteuer) rückerstattet. In der praktischen Durchführung bedeutet dies, daß man als optierender Landwirt im Verrechnungszeitraum von einem oder drei Monaten (dann, wenn der Jahresumsatz maximal S 300.000,– beträgt) von den verrechneten Umsatzsteuerbeträgen die gezahlten Vorsteuern abzieht und effektiv nur die Differenz zwischen Umsatzsteuer und Vorsteuer an das Finanzamt abführen muß. Damit verbunden ist die Verpflichtung, Aufzeichnungen über die Umsätze zu machen und monatlich (oder vierteljährlich) eine Umsatzsteuervoranmeldung abzugeben. Am Jahresende ist zusätzlich eine Umsatzsteuerjahreserklärung zu erstellen.

DIE KLEINUNTERNEHMERREGELUNG

Seit 1. Jänner 1994 sind die Umsätze von Kleinunternehmern (maximaler Jahresumsatz grundsätzlich S 300.000,–) in der Form umsatzsteuerbefreit, daß einerseits keine Umsatzsteuer zu verrechnen bzw. abzuführen ist, aber andererseits auch keine Vorsteuern beansprucht werden können. Wurden dennoch Rechnungen mit gesondert ausgewiesener Umsatzsteuer ausgestellt, dann schuldet der Unternehmer die Umsatzsteuer (bis zu einer allfälligen Berichtigung der Rechnung) aufgrund der Rechnung.

Auf die genannte Umsatzsteuer-Befreiung kann auch verzichtet werden, was zur Folge hat, daß einerseits die Umsatzsteuer in Rechnung zu stellen bzw. abzuführen ist und andererseits die Vorsteuern beansprucht werden können. Die Verzichtserklärung ist schriftlich beim Finanzamt abzugeben und bindet den Unternehmer mindestens für fünf Kalenderjahre. Sie kann nur mit Wirkung vom Beginn eines Kalenderjahres an widerrufen werden. Der Widerruf ist spätestens bis zum Ablauf des ersten Kalendermonates nach Beginn dieses Kalenderjahres zu erklären.

Bei der Ermittlung der Umsatzgrenze von S 300.000,– sind die gesamten vereinbarten Beträge sowie der Eigenverbrauch anzusetzen. Bei der Umsatzsteuer-Pauschalierung tritt jedoch (auch beim Nichtüberschreiten der Grenze) grundsätzlich keine Änderung ein. Die unter die landwirtschaftliche Durchschnittssatzbesteuerung fallenden Umsätze sind bei der Prüfung, ob die 300.000-Schilling-Grenze überschritten wird, miteinzubeziehen. Dies ist dann erforderlich, wenn neben einer Landwirtschaft auch ein (steuerlicher) Gewerbebetrieb geführt wird und gleiche Eigentumsverhältnisse vorliegen. Die Einbeziehung der landwirtschaftlichen (pauschalierten) Umsätze in die Kleinunternehmergrenze erfolgt in der Weise, daß 150 % des land- und forstwirtschaftlichen Einheitswertes herangezogen werden.

Liegt der jährliche Umsatz des Gewerbebetriebes zusammen mit dem 1,5fachen Einheitswert nicht über S 300.000,–, dann ist man Kleinunternehmer mit den beschriebenen Konsequenzen.

Liegt dieser Umsatz aber über dieser Grenze (wobei eine einmalige Überschreitung bis S 345.000,– innerhalb von fünf Jahren keine Konsequenzen zur Folge hat), dann unterliegt man der Regelbesteuerung und hat die gesetzlich vorgesehene Umsatzsteuer zu verrechnen sowie abzuführen. Man kann jedoch Vorsteuern vom Finanzamt holen. Der Gewinn aus einer unternehmerischen Tätigkeit (sei sie nun kleinunternehmerisch oder regelbesteuert) ist zu ermitteln und beim Erreichen bzw. Überschreiten der Erklärungsgrenzen anzugeben.

RECHNUNGSAUSSTELLUNG

Auch der pauschalierte Land- und Forstwirt kann Rechnungen ausstellen, auf Verlangen eines vorsteuerabzugsberechtigten Unternehmers ist er dazu verpflichtet. Stellt er eine Rechnung aus, hat diese Rechnung folgendes zu enthalten:

– Name und Anschrift des liefernden und leistenden Unternehmers
– Name und Anschrift des Abnehmers der Lieferung oder des Empfängers der sonstigen Leistung
– Menge und handelsübliche Bezeichnung der gelieferten Gegenstände oder Art und
– Umfang der sonstigen Leistung
– Tag der Lieferung oder der sonstigen Leistung
– Entgelt
– Steuerbetrag

Bei Rechnungen, deren Gesamtbetrag S 2.000,– nicht übersteigt (Kleinbetragsrechnungen), kann der Name und die Anschrift des Empfängers entfallen. Weiters kann das Entgelt und der Steuerbetrag in einer Summe ausgewiesen werden (der Steuersatz muß jedoch auf der Rechnung aufscheinen). Durchschriften und Abschriften von ausgestellten Rechnungen sind sieben Jahre lang aufzubewahren.

Künftige steuerrechtliche Behandlung der Direktvermarktung

Wie bereits in der Einleitung angesprochen, ist für die Direktvermarktung von be- oder verarbeiteten Produkten eine steuerliche Gleichstellung zwischen Landwirtschaft und Gewerbe vorgesehen. Eine genaue Regelung lag bei Drucklegung des vorliegenden Buches leider noch nicht vor.

Es ist damit zu rechnen, daß für be- oder verarbeitete Produkte (nicht für die Urproduktion) Aufzeichnungen zu führen sind. Für die geplante Aufzeichnungspflicht soll es keine Freigrenze geben.

Bis zu einer bestimmten Einnahmengrenze (im Gespräch sind S 330.000,– inklusive Umsatzsteuer) sollen steuerlich Einnahmen aus Land- und Forstwirtschaft vorliegen, wobei diese nicht der Pauschalierung unterliegen. Die Einnahmen aus landwirtschaftlichen Nebentätigkeiten sind (nach jetzigem Informationsstand) bei dieser Grenze zu berücksichtigen, nicht jedoch Einnahmen aus „Urlaub am Bauernhof" und überbetrieblicher Zusammenarbeit. Die Umsatzsteuerpauschalierung soll bis zur genannten Grenze anzuwenden sein.

Beim Überschreiten der Grenze soll es zur Einstufung als „Einnahmen aus Gewerbebetrieb" kommen, das bedeutet einkommensteuerlich, daß diese Einnahmen nicht der Landwirtschaft, sondern den „Einkünften aus Gewerbebetrieb" zuzuordnen sind. Umsatzsteuerlich geht die Pauschalierung verloren und müßte der Regelbesteuerung Platz machen. Damit wäre auch eine umsatzsteuerliche Aufzeichnungspflicht verbunden.

Die Getränkeabgabe

Die Getränkeabgabe zählt zu den „Gemeindesteuern" und ist vom verkaufenden Unternehmer grundsätzlich für alle Getränke (ausgenommen Milch) zu entrichten, die an Letztverbraucher entgeltlich abgegeben werden. Derzeit ist der Ab-Hof-Verkauf von Wein, Apfel-, Birnen-, Ribiselwein und Met dann von der Getränkeabgabe befreit, wenn diese Produkte aus eigener Ernte stammen und nicht ausgeschenkt werden. Ein solcher Ab-Hof-Verkauf liegt nur vor, wenn der Käufer das Getränk vom Hof abholt. Die Getränkeabgabe ist vom Nettopreis zu berechnen und beträgt bei alkoholfreien Getränken 5 % bzw. bei alkoholischen Getränken 10 %.

Die Alkoholsteuer

Für die Herstellung von Branntwein aus selbstgewonnenen alkoholbildenden Stoffen mit einem zugelassenen Brenngerät ist die sogenannte Alkoholsteuer an das zuständige Zollamt zu entrichten. Ein Abfindungsbrenner (Alkoholmenge bzw. Brenndauer sind pauschal nach Maischeart und Maischemenge zu ermitteln) darf pro Jahr grundsätzlich 200 Liter (100%igen) Alkohol erzeugen, wobei für die ersten 100 Liter eine Alkoholsteuer in Höhe von S 54,– je Liter Alkohol und für die weiteren 100 Liter eine solche von S 90,– anfällt. Den Vollerwerbslandwirten und bestimmten Nebenerwerbslandwirten (mindestens 5 ha land- und forstwirtschaftlich genutzte Flächen bzw. 1 ha Wein-, Garten- oder Intensivobstbau; bei darunter liegender Betriebsgröße, wenn der Lebensunterhalt zumindest zu 20 % aus der Landwirtschaft bestritten wird) steht eine Freimenge zu. Diese Freimenge beträgt für den Abfindungsberechtigten selbst – einschließlich Ehegatten – 15 Liter (100 %igen) Alkohol. Hinzu kommen je 3 Liter für Dienstnehmer, Ausgedingeberechtigte mit freier Station bzw volljährige Haushaltsangehörige (bis zu einer Höchstmenge von 27 Liter). In den Bundesländern Tirol oder Vorarlberg sind die Zahlen 3 bzw. 27 durch 6 und 51 zu ersetzen.

Im wesentlichen dürfen folgende selbstgewonnene Stoffe gebrannt werden: Früchte heimischer Art von Stein- und Kernobst, Beeren, Wurzeln, Getreide, Halmrüben, die der Verfügungsberechtigte als Eigentümer, Pächter oder Nutznießer einer Liegenschaft geerntet hat. Weiters wildwachsende Beeren und Wurzeln, die der Verfügungsberechtigte gesammelt hat oder in seinem Auftrag sammeln ließ, sowie Produkte, die dem Weingesetz unterliegen, wie z.B. Trauben- und Obstwein. Die Herstellung von Alkohol aus Getreide oder Halmrüben ist grundsätzlich nur den Bergbauern gestattet, wenn diesen nicht genügend andere alkoholbildende Stoffe zur Verfügung stehen.

Ein Verkauf – sowohl des unter Abfindung hergestellten Alkohols als auch der alkoholsteuerfreien Hausbrandmenge – ist an folgende Personen zulässig: An Letztverbraucher (in Kleingebinden mit einem deutlich sichtbaren Vermerk, daß der Inhalt unter Abfindung hergestellt worden ist); an Gast- und Schankgewerbetreibende (ebenfalls mit Abfindungsvermerk) zur Weiterveräußerung im Gast- und Schankbetrieb sowie an Inhaber eines Alkohollagers (insbesondere für die Lagerung bzw. die Be- und Verarbeitung von Alkohol). Das Verbringen oder das Verbringenlassen des abfindungsweise hergestellten Alkohols außerhalb des Bundesgebietes von Österreich ist ebenso verboten wie der Verkauf an den Handel.

Die auf die Abfindungsmenge entfallende Steuer ist vom Abfindungsberechtigten selbst zu berechnen. Die Steuerschuld entsteht mit Beginn des Brennvorganges, wobei die Steuer bis zum 25. des auf die Entstehung folgenden Kalendermonats zu entrichten ist. Für die Anmeldung, Zulassung, Versteuerung, Überwachung usw. sind die Zollämter zuständig.

Sollte jemand mit den erlaubten Höchstmengen als Abfindungsbrenner nicht das Auslangen finden, besteht die Möglichkeit, eine Verschlußbrennerei zu betreiben. Für Inhaber einer solchen (der erzeugte Alkohol wird exakt gemessen) mit einer jährlichen Erzeugungsmenge bis zu 400 Liter Alkohol gilt der ermäßigte Steuersatz von S 54,– je Liter. Für andere Verschlußbrennereien gilt grundsätzlich der Normalsteuersatz von S 100,– je Liter. Dieser Alkohol darf jedoch auch an Handelsbetriebe abgegeben und exportiert werden.

Welche Prüfungsbefugnisse hat das Finanzamt?

Die Abgabenbehörde hat darauf zu achten, daß alle Abgabepflichtigen nach den Abgabenvorschriften erfaßt, gleichmäßig behandelt und keine Abgaben zu Unrecht verkürzt werden.

In Erfüllung dieser Aufgabe ist die Abgabenbehörde berechtigt, über alle für die Abgabenerhebung maßgebenden Tatsachen Auskunft zu verlangen. Dabei trifft die Auskunftspflicht jedermann, auch wenn es sich nicht um seine persönliche Abgabenpflicht handelt. Die Auskunft ist wahrheitsgemäß nach bestem Wissen und Gewissen zu erteilen und schließt auch die Verbindlichkeit in sich, Urkunden und schriftliche Unterlagen, die für die Feststellung von Bedeutung sind, vorzulegen oder Einsicht in diese zu gestatten. Für Zwecke der Abgabenerhebung kann die Abgabenbehörde bei Personen, die nach abgabenrechtlichen Vorschriften Bücher oder Aufzeichnungen zu führen haben, Nachschau halten. Nachschau kann jedoch auch bei einer anderen Person gehalten werden, wenn Grund zur Annahme besteht, daß gegen diese Person ein Abgabenanspruch gegeben ist. In Ausübung dieser Nachschau dürfen die Organe der Abgabenbehörde Gebäude, Grundstücke und Betriebe betreten und besichtigen, die Vorlage der zu führenden Bücher und Aufzeichnungen verlangen und in diese Einsicht nehmen.

Während oder nach einer normalen Betriebsprüfung kann die Steuerfahndung eingeschaltet werden. Ihre primäre Aufgabe ist die Aufdeckung und Verfolgung von Abgabenhinterziehungen. Die Befugnisse der Beamten der Steuerfahndung sind daher auch weitreichender als jene der Beamten der Betriebsprüfung. So ermöglicht das Finanzstrafgesetz den Beamten der Steuerfahndung z.B. auch die Festnahme des Beschuldigten, die Beschlagnahme von Gegenständen, die Personendurchsuchung, die Hausdurchsuchung usw.

Die Durchführung einer Hausdurchsuchung (oder einer Personendurchsuchung) bedarf grundsätzlich eines mit Gründen versehenen Durchsuchungsbefehles. Die schriftliche Ausfertigung dieses Befehles ist dem anwesenden Betroffenen bei Beginn der Durchsuchung zuzustellen. Ist der Betroffene nicht anwesend, muß der Befehl hinterlegt, d.h. bei der Post, der Gemeinde oder der Behörde selbst zur Abholung bereitgehalten werden. Wurde der Befehl vorerst mündlich erteilt, ist die Ausfertigung innerhalb der folgenden 24 Stunden zuzustellen. Ist wegen Gefahr im Verzug weder die Einholung eines schriftlichen noch eines mündlichen Befehles möglich, so kann ausnahmsweise auch ohne Befehl vorgegangen werden. In diesem Fall sind dem anwesenden Betroffenen die Gründe für die Durchsuchung und für die Annahme von Gefahr im Verzug mündlich bekanntzugeben und in einer Niederschrift festzuhalten. Auf Verlangen des Betroffenen sind der Haus- oder Personendurchsuchung bis zu zwei von ihm namhaft gemachte Personen seines Vertrauens zuzuziehen. Bei einer Hausdurchsuchung in Abwesenheit des Betroffenen ist der Wohnungsinhaber, in dessen Abwesenheit ein Wohnungsgenosse, berechtigt, die Zuziehung der Vertrauensperson zu verlangen.

Welche Finanzvergehen gibt es, und wie werden diese bestraft?

Die leichteste Form eines Finanzvergehens ist die „Finanzordnungswidrigkeit". Einer solchen macht sich bereits schuldig, wer selbst zu berechnende Steuern nicht spätestens am fünften Tag nach Fälligkeit entrichtet und es auch unterläßt, bis zu diesem Zeitpunkt die Höhe und die Gründe dafür bekanntzugeben. Die Finanzordnungswidrigkeit wird mit einer Geldstrafe bis zu S 50.000,– geahndet.

Die schwerste Form eines Finanzvergehens ist die „Abgabenhinterziehung". Dabei handelt es sich um eine vorsätzliche Verkürzung von Abgaben. Vorsatz liegt dann vor, wenn eine Tat mit Wissen und Willen geschieht. Bei der Abgabenhinterziehung ist eine Geldstrafe bis zum Zweifachen des verkürzten Betrages (bzw. Freiheitsstrafe) vorgesehen.

Von der Abgabenhinterziehung zu unterscheiden ist die „fahrlässige Abgabenverkürzung", bei der das Steueraufkommen nicht vorsätzlich, sondern eben fahrlässig verkürzt wird. Dem geringeren Grad des Verschuldens trägt das Gesetz dadurch Rechnung, daß die Strafdrohung nur bis zum Einfachen des Verkürzungsbetrages geht.

Wer sich eines Finanzvergehens schuldig gemacht hat, wird straffrei, wenn er seine Verfehlung rechtzeitig bei der zuständigen Behörde (sachlich und örtlich zuständige Abgabenbehörde oder sachlich zuständige Finanzstrafbehörde) anzeigt. Nach Einleitung eines Strafverfahrens oder wenn die Tat bereits entdeckt und die Entdeckung dem Anzeiger bekannt war, liegt die Rechtzeitigkeit nicht mehr vor und hat eine Selbstanzeige keine strafbefreiende Wirkung. Wird man auf frischer Tat ertappt, ist eine Selbstanzeige grundsätzlich ausgeschlossen. War mit der Verfehlung auch eine Abgabenverkürzung oder ein sonstiger Einnahmenausfall verbunden, tritt die Straffreiheit nur insoweit ein, als der Behörde ohne Verzug die für die Feststellung der Verkürzung oder des Ausfalls bedeutsamen Umstände offengelegt werden. Gleichzeitig sind auch jene Beträge, die der Anzeiger schuldet oder für die er zur Haftung herangezogen werden kann, zu entrichten.

Was ist beim Schriftverkehr mit den Finanzbehörden zu beachten?

Alle für das Finanzamt bestimmten Schriftstücke, insbesondere Steuererklärungen, sollten (im Original; ein Durchschlag verbleibt dem Absender) zumindest eingeschrieben zur Post gegeben werden. Besser ist es jedoch, diese Schriftstücke direkt bei der Einlaufstelle des Finanzamtes abzugeben und auch eine Durchschrift oder Kopie vorzulegen, auf der man sich das Einreichen vom Finanzamt bestätigen läßt. Die Zweitschriften sollten in der Folge zu Beweis- und Kontrollzwecken geordnet aufbewahrt werden.

Gemeinsame Vermarktung

Zunehmend gehen Landwirte in der Vermarktung ihrer Produkte gemeinsame und neue Wege. Der Bogen reicht vom gemeinsamen Bauernladen bis hin zur Miete eines Regales bzw. einer

Ecke im Geschäft eines Kaufmannes. Dort können Landwirte ihre bäuerlichen Produkte anbieten, ohne selbst anwesend zu sein. Die Verkäufer betreuen auch die „Bauern-Regale" mit, weil sie darin einen Kundenfrequenzbringer sehen und höhere Umsätze erwarten. Dabei muß jedoch (nachvollziehbar) sichergestellt sein, daß jedes Produkt im Namen und auf Rechnung des jeweiligen Erzeugers verkauft wird.

Sollte ein Verkauf im Namen und auf Rechnung des Erzeugers nicht möglich sein, ist der Schritt ins Gewerbe oft der einzige Weg, vernünftig zu arbeiten und dabei steuerrechtliche (aber auch andere rechtliche) Probleme in einem geordneten Rahmen zu handhaben.

Oft stellt sich dann die Frage nach einer geeigneten Rechtsform. Jede Gesellschaftsform hat ihre Vor- und Nachteile. Vor einer Entscheidung sollte man daher genau Maß nehmen und neben der steuerrechtlichen Beurteilung auch mögliche allgemein-, sozial- oder förderungsrechtliche Auswirkungen beachten.

GRUNDSÄTZE ZUR BETRIEBSORGANISATION

Jeder Betriebsführer muß bei der Wahrnehmung seiner Verantwortung für den Betrieb und die darin tätigen Menschen folgenden Grundsatz unbedingt befolgen:

Er muß ständig darauf achten, daß mit geringstem Aufwand die gesteckten Ziele erreicht werden.

Nur unter dieser Voraussetzung ist eine wirtschaftliche Betriebsführung möglich. Die ständige Suche nach Verbesserungsmöglichkeiten und die konsequente Beseitigung von Schwierigkeiten und Mängeln, die uns bei der optimalen Erledigung unserer Arbeit behindern, müssen zum Selbstverständnis werden.

Jede Chance einer positiven Veränderung muß genützt werden. Daher muß jeder erfolgreiche Betriebsführer zur grundsätzlichen Einstellung finden, daß der Wandel jeden Tag vollzogen werden muß. Die gesamte Umwelt, die wirtschaftlichen und sozialen Rahmenbedingungen verändern sich ebenso täglich. Folgedessen dürfen wir es uns nicht erlauben, die Beine hochzulagern und uns auf einmal erreichten Erfolgen auszuruhen.

Wer aufhört, besser zu werden, hat aufgehört, gut zu sein!

Die schlimmsten Feinde jeder positiven Entwicklung sind Gewohnheit und Routine. Eine griffige Definition für Routine lautet:

Routine = Tradition minus Hirn

Das bedeutet, daß wir über Tätigkeiten, die uns zur Routine geworden sind, kaum noch nachdenken. Sie werden so und nicht anders erledigt, weil sie immer so erledigt wurden. Niemand kommt auf die Idee, diese Abläufe einmal in Frage zu stellen und Verbesserungsmöglichkeiten zu suchen. Zusätzlich fällt es uns bekanntlicherweise unglaublich schwer, liebgewonnene Gewohnheiten abzulegen und uns zu verändern. Wie oft hört man Aussprüche wie: „Diese Investition mache ich noch, aber dann ist endlich Schluß". Wieviele ehrgeizige Ideen werden nie realisiert und wieviele zukunftsorientierte Projekte werden nicht zu Ende geführt, weil ein Mensch aus unserem Betrieb nicht bereit war, seine Gewohnheiten aufzugeben und ein wertvolles Ziel zu verfolgen.

WER NICHT MIT DER ZEIT GEHT, GEHT MIT DER ZEIT!

Sie sollten sich dieser Grundsätze täglich bewußt sein und im Rahmen Ihrer Familie und bei Ihren Mitarbeitern ein freudiges Klima der Veränderung schaffen.

Alle nachhaltig erfolgreichen Betriebe sind vor allem deswegen erfolgreich, weil sie ständig auf der Suche nach Mängeln sind und diese systematisch abstellen. Jede Schwachstelle, jede Fehlerquelle ist eine Chance zur Verbesserung und Rationalisierung. Je früher ein Fehler entdeckt wird, um so billiger ist seine Beseitigung und um so schneller haben Sie die Möglichkeit, die zugrundeliegende Ursache abzustellen, um eine Wiederholung dieses Fehlers zu vermeiden.

Grundsätze zur Betriebsorganisation

Fehler kosten unglaublich viel Geld. Die folgende Darstellung bringt zum Ausdruck, wie massiv Fehlerkosten ansteigen, wenn sie im Zuge einer Auftragserledigung nicht sofort erkannt und beseitigt werden.

10er Regel (nach TILO PFEIFER)

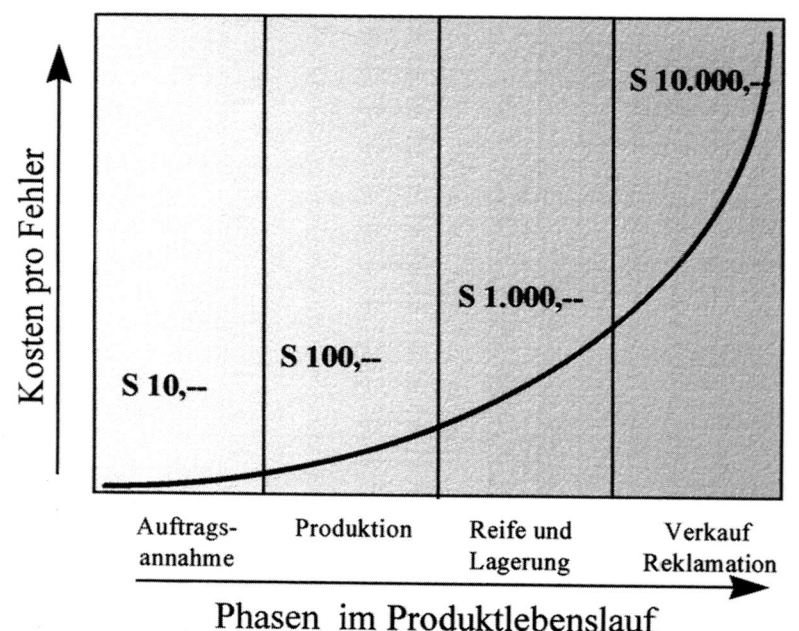

Diagramm: Kosten pro Fehler über Phasen im Produktlebenslauf

- Auftragsannahme: S 10,--
- Produktion: S 100,--
- Reife und Lagerung: S 1.000,--
- Verkauf Reklamation: S 10.000,--

Die Kosten zur Beseitigung von Fehlern steigen um das 10fache (!) von Phase zu Phase des Produktlebenslaufes, also von der Auftragsannahme über die Herstellung bis zum Verkauf. Je höher der Grad der Verarbeitung ist, desto mehr Aufwand (Rohstoffe, Energie, Zeit) wurde in ein fehlerhaftes Produkt investiert.

Beispiel: Sie erzeugen Wurst für die Direktvermarktung. Wenn Sie einen Qualitätsmangel von Speck vor der Bräterzeugung entdecken, können Sie diesen Mangel noch einfach und kostengünstig beseitigen. Wenn das Brät bei der Fehlerentdeckung bereits fertig ist, ist der verursachte Schaden schon wesentlich größer. Ist die Wurst bereits gefüllt, geräuchert und gebrüht, und Sie bemerken den Fehler bei der Verkostung, so haben Sie bereits ein Vielfaches an Schaden. Der schlimmste Fall ist dann eingetreten, wenn Sie die minderwertige Wurst Ihrem Kunden verkaufen und dieser entrüstet reklamiert oder – noch schlimmer – nichts sagt und einfach nicht mehr bei Ihnen einkauft. Der Schaden aufgrund des genau gleichen Fehlers (minderwertiger Speck) ist unermeßlich.

Aus diesem Grund ist eine vorbeugende Handlungsweise zur Verhütung von Fehlern so wichtig. Geben Sie Fehlern keine Chance, entstehen zu können, indem Sie folgende Grundsätze einhalten:
- Bemühen Sie sich, Kundenwünsche so gut wie möglich zu erfassen!
- Planen Sie Ihre Produkte und deren Herstellung sehr sorgfältig mittels Rezepturen, Anleitungen für Herstellung, Reife, Lagerung, Verpackung und Reinigung!
- Prüfen Sie die Qualität der Rohstoffe, Halbfertig- und Fertigprodukte!
- Legen Sie die grundsätzliche Vorgangsweise für Abläufe, die sich ständig wiederholen, von der Methode bis zu den Verantwortlichkeiten fest. Vereinbaren Sie dazu mit Ihrer Familie und Ihren Mitarbeitern gemeinsame Spielregeln!
- Lernen Sie konsequent aus Fehlern und beseitigen Sie deren Ursachen!
- Betrachten Sie eine Kundenreklamation als Riesenchance, einen Stammkunden zu gewinnen und Ihre eigene Vorgangsweise zu verbessern!

Insbesondere solche Betriebe bzw. Betriebszweige, die rasch wachsen (z.B. Neueinsteiger), weil das Geschäft immer besser läuft, laufen Gefahr, daß sie in einem organisatorischen Chaos versinken. Ab einer gewissen Schwelle sind Sie nicht mehr in der Lage, mit Ihrem Wissen, das Sie im Kopf haben, den Überblick zu bewahren. Spätestens dann, wenn Sie das Gefühl haben, daß Sie der Arbeit hinterherlaufen und die Planung und Vorbereitung zu kurz kommen, müssen Sie beginnen, organisatorische Verbesserungen einzuleiten.

Denken Sie **jetzt** intensiv über Ihren eigenen Betrieb nach und prüfen Sie Ihre derzeitige Situation. Nehmen Sie dazu jetzt ein Blatt Papier zur Hand und beantworten Sie folgende Fragen:
Was behindert mich an der optimalen Erledigung meiner Arbeit? Welche Mängel und Schwachstellen verursachen immer wieder Ärger? Was verursacht bei uns unnötige Kosten, unnötigen Zeitaufwand und unnötigen Ärger/Streit?

Fehler/Schwachstelle/Reklamation	Ursache	Gewichtung

Überspringen Sie diese Aufgabe nicht, weil Sie in 15 Minuten erledigt ist und Ihnen wichtige Erkenntnisse über Ihren Alltag bringt. Laden Sie auch Ihre Familienmitglieder und Mitarbeiter zur Beantwortung dieser Fragen ein. Sehr oft stimmen die Einschätzung des Betriebsführers und der übrigen Mitarbeiter nicht überein. Sogar Ehepartner finden meist zu sehr unterschiedlichen Beurteilungen, obwohl sie die gleichen Ziele anstreben müßten.

Grundsätze zur Betriebsorganisation

Bei der Ursachenanalyse sollten Sie nicht einmal, sondern öfters **„Warum?"** fragen, damit Sie auf den echten Kern des Übels stoßen. Der erste Grund ist meist oberflächlich und auch eine Auswirkung von tieferliegenden Schwachstellen. Nur die wahre Ursache gibt Ihnen die Möglichkeit, die richtige Lösung zu finden und die Probleme dauerhaft zu beseitigen.

Gewichten Sie die einzelnen Probleme und beseitigen Sie sie rasch und konsequent. Die folgenden Ausführungen sollen Ihnen Ideen und Hilfestellungen bringen, um gute Lösungen zu finden.

Verantwortlichkeiten und Befugnisse

Die Klärung aller Verantwortlichkeiten in einer Gruppe, die ein gemeinsames Ziel verfolgt, ist eine Grundvoraussetzung, um die Erledigung aller wichtigen betrieblichen Aufgaben sicherzustellen. Diese Festlegung vermeidet tägliche Konflikte, die dadurch entstehen, daß bei Problemen und Fehlern die Schuld hin- und hergeschoben, aber nicht wirklich die Ursache dafür gesucht wird. Eine genaue und vollständige Aufgabenplanung trägt dazu bei, daß einerseits nichts unerledigt bleibt und andererseits keine unnötigen Belastungen entstehen, indem sich zwei Personen für die Erledigung von Arbeiten zuständig fühlen.

Die verantwortlichen Personen sind in der Lage, entsprechend ihrem eigenen Arbeitsstil, die anstehende Arbeit zeitgerecht vorzubereiten und zu erledigen.

Legen Sie sich dazu für jedes Familienmitglied, das aktiv am Arbeitsgeschehen beteiligt ist, und für jeden Mitarbeiter eine Liste an, und schreiben Sie alle Tätigkeiten, die von ihm zu erledigen sind, auf.

Beachten Sie dabei, daß Sie auf keine Aufgabe vergessen und für keine Aufgabe zwei Personen verantwortlich machen!

Folgendes Formular ist geeignet, um diese Festlegung sinnvoll zu treffen:

Aufgabenplanung für:			
Ich bin verantwortlich für...	Wann? Wie oft?	Mich vertritt bei Abwesenheit...	Einschränkung meiner Befugnis
1.	täglich	Opa	keine
2.	bei Bedarf	Franz	bis 10.000,–
3.	monatlich	Junior	keine
4.	jährlich		gemeinsam mit Anna
5.			

Diese Aufgabenplanung leistet einen großen Beitrag zu gegenseitigem Vertrauen und gegenseitiger Wertschätzung und ist innerhalb der Familie ein wichtiges Bindeglied zwischen den Generationen. Jeder ist sich seiner Verantwortung und seines Wertes für den gemeinsamen Erfolg bewußt.

Mindestens einmal jährlich muß diese Festlegung auf Aktualität geprüft und angepaßt werden. Fragen Sie sich dabei immer auch, welche Aufgaben delegiert werden können und sollen, um eine optimale Verteilung der Tätigkeiten sicherzustellen.

Umgang mit der Zeit

Zeit ist unser kostbarstes und das am gerechtesten verteilte Gut! Jeder Mensch hat genau 24 Stunden pro Tag zu seiner freien Verfügung. Das sind genau 1.440 Minuten oder 86.400 Sekunden. Trotzdem behaupten wir immer wieder, keine Zeit zu haben, und fühlen uns ständig unter Zeitdruck. Haben wir wirklich keine Zeit oder besteht unser Problem darin, daß wir unsere Zeit schlecht planen, die Dringlichkeit unserer Aufgaben falsch gewichten und uns die Zeit stehlen lassen? Ja, Zeitdiebe bedrohen uns. Geben Sie acht, sie lauern überall und sind gefährlich!

Sind Ihnen folgende Zeitdiebe schon einmal begegnet?

- Unangemeldete Besuche (Vertreter, Freunde, Bekannte,...)
- Unnütze Telefongespräche
- Öffentliche Verpflichtungen
- Die Pflicht, immer für jeden erreichbar zu sein
- Zuwenig Kenntnisse und Fähigkeiten
- Unfähige Mitarbeiter
- Gespräche und Tätigkeiten aufgrund von Fehlern und Schwierigkeiten
- Behördenprobleme
- Fehlender Zeit- und Arbeitsplan
- Mangelnde Ordnung und Vorbereitung
- Falsche Prioritätensetzung
- Kann nicht „Nein" sagen
- Unfähigkeit zu delegieren
- Aufgeschobene und unerledigte Arbeiten
- Entscheidungen, die immer wieder hinausgezögert werden
- Unzureichende oder schlechte Information

Wenn Ihnen jetzt Ihre persönlichen Probleme bewußt sind, müssen Sie beginnen, sie zu lösen. Folgende Tips sollen Ihnen dabei helfen:

Gute Planung muß schriftlich sein!

Viele behaupten, sie bräuchten keine schriftliche Planung, weil sie auch so ganz genau wüßten, wohin sie wollen und was sie zu tun haben.

Allerdings muß uns bewußt sein, daß wir im Laufe der Zeit Dinge vergessen und wir unsere Pläne ständig weiterentwickeln. Diese Weiterentwicklung kann jedoch nur dann systematisch, vollständig und richtig vollzogen werden, wenn wir uns vollständig mit den alten Plänen auseinandersetzen, um aus der Entwicklung und aus Abweichungen zu lernen.

Die Schriftlichkeit zwingt uns zu wirklich intensivem Nachdenken, bevor etwas festgelegt wird. Mündlich können wir vieles sagen und vereinbaren, und trotzdem bleibt es oft unverbindlich oder stellt sich als Unsinn heraus. In der weiteren Verfolgung unserer Ziele und Pläne führt uns die schriftliche Festlegung zu mehr Selbstdisziplin. Wir tun uns wesentlich schwerer, uns selbst etwas vorzumachen. Unser Kopf ist ständig voll mit unzähligen Gedanken, die auch Unklarheit und Orientierungslosigkeit verursachen können. Schriftliche Planung führt zu Ordnung und systematischem Vorgehen.

Beginnen Sie daher jetzt mit konsequenter, schriftlicher Zeitplanung, wobei es nicht gleich ein sehr teures, professionelles Zeitplanbuch sein muß. Professionelle Zeitplanung ist auch mit einem billigen Kalenderbuch möglich, sofern die Methode richtig ist.

Ein Zeit- und Arbeitsplanbuch

Verwenden Sie grundsätzlich nur ein Zeitplanbuch, in welches Sie **sämtliche** Termine und Tätigkeiten eintragen. Viele Aufgaben werden vergessen und nicht erledigt, weil sie auf einem anderen Kalender oder gar nicht eingetragen wurden.

Tragen Sie daher anfallende Aktivitäten immer auf einen konkreten Termin oder, wenn dies noch nicht möglich ist, auf eine bestimmte Periode (Woche oder Monat) ein. Im Zuge der monatlichen Vorausplanung müssen daraus konkrete Termine werden.

Monatliche und tägliche Vorbereitung und Nachbereitung

Erledige ich die richtigen Arbeiten? Erledige ich die Arbeiten auch richtig?

Diese Fragen müssen Sie regelmäßig prüfen. Der beste Zeitpunkt dafür ist die monatliche bzw. tägliche Planung. Der Zeitaufwand dafür ist mit ca. 1 Stunde pro Monat und 5 bis 15 Minuten täglich unbedeutend. Sie werden diesen Aufwand vielfach zurückgewinnen.

Im Zuge der Monatsplanung betrachten Sie zuerst den abgelaufenen Monat. Finden Sie heraus, was gut und was nicht gut gelaufen ist, und ziehen Sie daraus die erforderlichen Konsequenzen, die in die Vorbereitung des folgenden Monats einfließen.

Übertragen Sie dabei alle geplanten Aktivitäten auf konkrete Termine. Berücksichtigen Sie dabei aus Ihrer Aufgabenplanung auch Tätigkeiten, die sich regelmäßig wiederholen. Nehmen Sie zusätzlich monatlich Ihren Jahreszielplan zur Hand und überwachen Sie die Fortschritte und die erfolgreiche Umsetzung.

Die tägliche Planung sollte nicht am Morgen, sondern abends erfolgen. Zum Abschluß eines Tages nehmen Sie Ihr Zeitplanbuch zur Hand und ziehen Sie Resümee. Sind die geplanten privaten und beruflichen Vorhaben gut oder nicht so gut gelaufen? Habe ich alles erledigt, was ich mir vorgenommen habe? Was ist offen geblieben? Wann werde ich es wieder anpacken? Legen Sie für alle unerledigten Aktivitäten sofort neue Termine fest! Sie sollten **täglich** Ihren Tag bewerten. Dabei bewerten Sie sowohl den beruflichen als auch den privaten Verlauf am besten im Schulnotensystem, also von 1 bis 5. So sind Sie am Ende eines jeden Monats in der Lage, eventuelle Schwierigkeiten, die auf der einen oder anderen Seite entstehen könnten, sofort zu erkennen und wirkungsvoll darauf zu reagieren.

Abschließend werfen Sie noch einen Blick auf den Zeitplan für den nächsten Tag. Damit ist Ihr Unterbewußtsein auch während der Nacht in der Lage, Lösungen und Ideen für die Herausforderungen des nächsten Tages zu finden.

Private und berufliche Planung

Vergessen Sie bei aller Begeisterung für Ihren Betrieb nicht Ihre privaten Bedürfnisse. Arbeitszeit ist Lebenszeit und muß daher immer in einem ausgewogenen Verhältnis zum privaten Zeitaufwand stehen. Viele Betriebsführer klagen darüber, daß sie keine Zeit für die Familie, für Hobbies, Sport, Freunde und die Gesundheit hätten. Dieser Teil unseres Lebens ist genauso wichtig wie die Arbeit, um eine innere Harmonie und Ausgeglichenheit sicherzustellen. Kurzfristig kann die eine oder andere Seite überwiegen, aber auf Dauer muß wieder der Ausgleich geschaffen werden. Wenn dies nicht gelingt, sind Freudlosigkeit, ein Gefühl der inneren Leere, Sinnlosigkeit des Daseins und große Unzufriedenheit und Konflikte eine zwingende Folge. Sie müssen daher monatlich und täglich Ihr Privatleben gut planen und folgende Fragen beantworten:

Was fehlt mir zur Zeit in meinem Privatleben? Was möchte ich unbedingt verändern? Welche Schritte muß ich diesbezüglich setzen? Was tue ich für meine Familie und Partnerschaft? Was tue ich für meine Gesundheit (Sport, Ernährung, Vorsorgeuntersuchung, geistige Fitneß,...)? Welche Hobbies werde ich wann und wie lange ausüben? Welche Freundschaften werde ich pflegen? Welche Wünsche werde ich mir erfüllen?

Prioritäten setzen

Im Zuge der Tagesplanung sollten Sie die einzelnen Aufgaben entsprechend ihrer Wichtigkeit und Dringlichkeit gewichten und reihen. Wir neigen sehr dazu, nicht die wichtigsten Dinge rasch zu erledigen, sondern jene Aufgaben, mit denen wir uns sehr gerne beschäftigen. Das Gefühl, völlig überlastet zu sein, kommt häufig davon, daß wir unangenehme Aufgaben vor uns herschieben. *„Erledige eine unangenehme Sache und Du hältst zehn von Dir fern"*, ist eine geläufige Regel.

Wenn wir schwierige Aufgaben rasch erledigen, sind wir sehr froh und zufrieden über diese Leistung. Unser Kopf ist dann wieder frei für neue Ideen und Gedanken, und wir können wesentlich leichter und fröhlicher an die übrigen Aufgaben herangehen.

Zeit für Unvorhergesehenes

Bei jeder Tagesplanung sollten Sie unbedingt auch Zeit für unvorhergesehene Ereignisse einplanen. Etwa 10 bis 20% der gesamten Arbeitszeit sollten für spontane, unvorhergesehene Aktivitäten geplant sein. Dann werden Sie nicht nervös, wenn Sie von einem Besuch überrascht werden oder wenn sich aus sonstigen Gründen ein plötzlicher Handlungsbedarf ergibt.

Störungsfreie Zeiten vereinbaren

Vereinbaren Sie mit Ihren Familienmitgliedern und Mitarbeitern täglich eine bestimmte Zeit, in der Sie völlig ungestört und konzentriert wichtige Aufgaben (z.B. Planung, Büro, Einkauf, Verkauf etc.) erledigen können. Damit befreien Sie sich für den Rest des Tages vom Gefühl, nichts fertigmachen und abschließen zu können, weil Sie ständig unterbrochen werden.

Aktivitätenpläne

	WAS?	WER?	BIS WANN?	OK?
1.				
2.				
3.				

Sämtliche Aufgaben, die Sie nicht sofort auf einen konkreten Termin übertragen können, sollten Sie auf einem Aktivitätenplan erfassen, der laufend ergänzt werden kann. Legen Sie fest, was zu erledigen ist, wer dafür verantwortlich ist, und bis wann es spätestens zu geschehen hat. Wenn etwas erledigt wurde, haken Sie es ab. Damit stellen Sie sicher, daß Sie absolut nichts mehr vergessen und daß kein Termin mehr übersehen wird. Aktivitätenpläne führen zu einem hohen Maß an Konsequenz und Selbstdisziplin und erleichtern eine vernünftige Verteilung der Aufgaben auf die einzelnen Personen.

Ideenspeicher

„Nichts ist so stark wie eine Idee, deren Zeit gekommen ist!" Damit sich auch Ihre Ideen durchsetzen und vielleicht zur tragenden Marketing- und Betriebsausrichtung führen, sollten Sie auch in diesem Bereich systematisch vorgehen.

Legen Sie sich einen Ordner, einen Block oder einen Abschnitt in Ihrem Zeitplanbuch zurecht, in dem Sie Ideen eintragen und sammeln. Diese Vorgangsweise verhindert einerseits, daß eine gute Idee wieder vergessen wird. Andererseits belastet die weitere Beschäftigung mit der Idee nicht Ihr momentanes Zeitbudget, weil Sie sich später ausführlich damit auseinandersetzen können, ohne zu fürchten, daß in der Zwischenzeit der Gedanke verlorengeht. Diese Vorgangsweise fördert die Qualität Ihrer Zeitplanung und erhöht den Anteil erfolgreicher Umsetzungen von guten Ideen.

Regelmäßige Besprechungen

Mindestens einmal pro Monat sollten Sie mit allen Familienmitgliedern und Mitarbeitern alle Termine sowie die anstehenden Aktivitäten gemeinsam besprechen und koordinieren. Die genannte Monatsplanung ist dafür eine gute Gelegenheit. Nicht nur große Betriebe unterliegen der Notwendigkeit, die innerbetriebliche Kommunikation und die Informationsströme systematisch zu verbessern. Sobald mindestens zwei Personen zusammenarbeiten, ist es nötig, die Zielpläne, Termine und anstehenden Aktivitäten gemeinsam zu besprechen. Sie gewährleisten dadurch eine fehlerfreie Vorgangsweise und vermeiden Mißverständnisse und Konflikte.

Überlegen Sie in diesem Zusammenhang auch die erforderliche Zeit für Planung. Bestimmen Sie im voraus, wann Sie sich aus dem Tagesgeschehen zurückziehen, um zu analysieren, um neue Erkenntnisse zu gewinnen und zu planen.

Das „Büro" im bäuerlichen Betrieb

Wie jedes Unternehmen benötigt auch der bäuerliche Unternehmer außer seinen Produktionsstätten eine funktionierende Verwaltung – eben ein „Büro". Hier finden auch Organisationsarbeit und Management statt.

RÄUMLICHE VORAUSSETZUNGEN

Das Büro sollte als eigener Arbeitsplatz gestaltet und in sich abgeschlossen sein, damit ungestörtes und konzentriertes Arbeiten möglich wird. Einen eigenen Raum als Büro einzurichten, ist die beste Lösung, vielfach ist dies aber aus Platzgründen nicht möglich. Dann muß ein ruhiger Teil des Wohnbereiches zum „Büro" erklärt und entsprechend ausgestattet (Schreibtisch, Regal, Computer und vor allem Telefon) werden.

Sämtliche Unterlagen und Belege befinden sich auf diesem Arbeitsplatz! Chaotische „Zettelwirtschaften" in Küchenladen, auf Wohnzimmertischen und im Handschuhfach gehören nun endgültig der Vergangenheit an. Dann muß ein Formular, das nur mehr zur Post zu bringen ist, auch nicht mehr von der ganzen Familie im ganzen Haus gesucht werden – Zeit, die man wahrlich sinnvoller verbringen kann.

AUSSTATTUNG

Mobiliar

Ein Schreibtisch, ein Arbeitssessel, ein Regal und ein versperrbarer Schrank sind Investitionen, die noch niemanden in den Ruin getrieben haben.

Telefon

Das Telefon (zumindest ein zweiter Apparat des Hausanschlusses oder auch ein Schnurlostelefon) soll am Büroarbeitsplatz zur Verfügung stehen. Auch ist ein Anrufbeantworter heute um wenig Geld zu haben – jeder freut sich, wenn er schon beim ersten Anruf eine Nachricht, z.B. die Bitte um Rückruf, hinterlassen kann.

Telefax

Ein Telefax ist zur schnellen Übermittlung von Unterlagen äußerst nützlich. Ein weiterer wesentlicher Faktor: Eine Nachricht, z.B. eine Bestellung, die über Fax eingeht, hat die Rechtsverbindlichkeit eines eingeschriebenen Briefes! Es ist ja anhand des Faxprotokolls jederzeit nachvollziehbar, wer die Nachricht an wen geschickt hat.

Personal Computer

Moderne Büroorganisation ohne EDV-Anlage (Personal Computer mit Drucker) mit entsprechender Software ist heute undenkbar. Den aufgrund des Preisverfalles für jeden erschwinglichen PCs steht eine – sicher nach gewisser Einarbeitungszeit – ungeheure Vereinfachung, Zeitersparnis und Vielseitigkeit gegenüber. Um wenig Geld erhält man ein Gerät, das als Schreibmaschine, als Buchhaltung, als Taschenrechner, als Telefax und vieles mehr genutzt werden kann. Auch sind die modernen Programme derart vereinfacht und vereinheitlicht, daß man durchaus sagen kann: „Wer sich in einem auskennt, findet auch in jedes andere hinein."

Vor dem Kauf eines Computers und der Software (=Programme) sollten Sie alle Bereiche auflisten, in denen „Daten" verarbeitet werden: Schriftverkehr, Betriebsplanung und Kalkulation, Finanzierungsplan, Anbauverzeichnis, Futterrationsberechnungen u.v.m.

Dann muß überlegt werden, welche dieser Aufgaben durch Computerprogramme unterstützt werden können. Diese Liste dient als Grundlage für die Beratung beim Computerkauf – immer mehrere Angebote einholen!

Büromaterial

Büroarbeit ist zum Großteil Routinearbeit. Die gleichen Abläufe kehren immer wieder.
Ein einfaches **Beispiel:** Ein Brief an einen Kunden. Haben Sie Briefpapier und Kuvert mit dem Firmenkopf, ersparen Sie sich das ständige Schreiben der eigenen Adresse, Telefonnummer usw. Ebenso ersetzt eine Visitenkarte einen „Schmierzettel", auf dem Sie Ihren Namen und Ihre Telefonnummer – in der Regel unleserlich – notiert haben und Ihrem Geschäftspartner übergeben; ein Rechnungsvordruck verhindert Fehler und damit Ärger.

KOMMUNIKATIONSWEGE FESTLEGEN

Das Büro ist zentrale Anlaufstelle für Nachrichten von außen und innen. Kommunikation ist nur möglich, wenn Kommunikationswege festgelegt und auch eingehalten werden. Wie jeder Weg hat auch ein Kommunikationsweg einen Ausgangspunkt und ein Ziel.

Die einfachste Möglichkeit zur Schaffung von Zielpunkten ist die Einrichtung von Nachrichtenfächern – simpler Ablagekörbe im Format A4 aus Plastik in verschiedenen Farben, die in jedem Papierfachgeschäft erhältlich sind. Für jeden Mitarbeiter wird ein solcher „Briefkasten" im Büro eingerichtet. Alle für ihn bestimmten Nachrichten werden nur dort abgelegt: Bestellungen, Post, Telefonnotizen etc. Diese Körbe sind jedoch nur als „Briefkasten" zu verwenden und konsequent aufzuarbeiten (Bestellungen werden erledigt, Rückrufe getätigt etc.). Für besonders wichtige Nachrichten wie Bestellungen, Rechnungen etc. können eigene Postkörbe eingerichtet werden.

Terminverwaltung

Wichtige Termine wie Liefertermine, fixe Zahlungstermine, versprochene Anrufe usw. müssen in einem Kalender vermerkt werden. Am besten ist ein großer Tischkalender, auf den täglich geblickt wird und der für alle Familienmitglieder bzw. Mitarbeiter zugänglich ist.

Datenerfassung, -verwaltung

Die einfachste Form der Erfassung und Verwaltung von Kunden und Lieferantendaten ist das Anlegen einer Kartei: Für jeden Kunden wird eine Karteikarte mit den wichtigsten Daten (Name, Adresse, Telefon, Ansprechperson) angelegt. Auf dieser Karte kann jeder einzelne Geschäftskontakt (Lieferung) vermerkt werden. So entsteht eine vollständige Dokumentation der Geschäftsbeziehung, die jederzeit „mit einem Griff" zugänglich ist.

Natürlich sollten Kundendaten auch in einer Datenbank im Computer erfaßt sein, da diese Daten für Aussendungen (Direct-Mails) in Serienbriefen rationell verwendet werden können. In der Praxis hat sich jedoch gezeigt, daß im täglichen Gebrauch – man braucht eine Telefonnummer, will einen neuen Kunden erfassen usw. – der Umgang mit einem simplen Karteikasten komfortabler ist.

Korrespondenz

Wie schon im Abschnitt „Werbung" erwähnt, dient Ihre Geschäftskorrespondenz nicht nur der Nachrichtenübermittlung, sie ist auch Werbemittel. Darum ist bei jedem Schriftstück auf Erscheinungsbild (Schrift, Aufteilung am Blatt etc.) und Inhalt (richtig, klar, verständlich, freundlich) zu achten. Damit Sie nicht jedesmal „herumtexten" müssen, ist es von Vorteil, verschiedene Musterbriefe (Anfragen, Angebote, Hofportrait) vorzubereiten.

Ablage

Damit alle betrieblichen Informationen für Sie rasch zugänglich sind, ist es nötig, diese systematisch abzulegen. Ablagesysteme gibt es viele, das einfachste ist das Anlegen von Ordnern: Wichtig ist zunächst, verschiedene Belegkreise festzulegen. Die Korrespondenz mit dem Finanzamt hat bei den Briefen an die Kunden nichts zu suchen. Innerhalb der Belegkreise trifft man dann eine nähere Systematisierung: Der Ordner „Buchhaltung" enthält einen Abschnitt Eingangsrechnungen, einen Abschnitt Bankbelege, einen Abschnitt Ausgangsrechnungen usw.

Ein verblüffend einfaches und bewährtes System ist das der „Ordnerfarben": Im roten Ordner die noch zu erledigenden Bestellungen, im blauen die erledigten Bestellungen und die dazugehörigen Ausgangsrechnungen, im gelben die bereits bezahlten Ausgangsrechnungen. Dieser gelbe Ordner wird dann regelmäßig in die Buchhaltung übernommen.

Produktion und Verarbeitung

Eine wichtige Voraussetzung für dauerhaften Verkaufserfolg ist eine möglichst gleichbleibende Produktqualität. Der Kunde vertraut darauf, bei Ihnen immer die erwartete Qualität zu erhalten. Es ist Ihre Aufgabe, ihm diese Sicherheit zu geben und sein Vertrauen zu bestätigen.

WIE KANN ICH EINE GLEICHBLEIBENDE PRODUKTQUALITÄT SICHERSTELLEN?

Indem Sie schriftliche Richtlinien und Standards schaffen, in denen die genaue Vorgangsweise für Tätigkeiten beschrieben ist, die einen Einfluß auf die Qualität Ihrer Produkte und Leistungen haben. Denken Sie an ein Kochbuch mit guten Rezepten. Damit stellen Sie auch das Gelingen einer guten Speise sicher, unabhängig von der Person, die kocht, und unabhängig von der Anzahl der Kochdurchgänge. Einmal gut und immer gut. Das gleiche Grundprinzip hat sowohl bei der Erzeugung Ihrer Urprodukte, wie Getreide, Fleisch und Speck, Obst und Gemüse, Milch etc., als auch bei der Verarbeitung von Produkten Gültigkeit.

Sie sollten daher zumindest für jene Produkte, die Sie im Rahmen der Direktvermarktung anbieten, genaue Produktionsrichtlinien sowie Rezepturen und Herstellanleitungen ausarbeiten. Diese helfen Ihnen nicht nur, die Produktqualität zu sichern, sondern vor allem auch, zahlreiche Produktionsfehler zu vermeiden, die Sie schlußendlich viel Geld kosten. Ein weiterer Vorteil ist eine wesentliche Flexibilisierung Ihres Betriebes, weil diese Tätigkeiten nun von mehreren Personen wahrgenommen werden können und nicht nur von jenen, die alles Wissen und alle Kniffe im Kopf und die ganze Erfahrung haben.

Futterrezepturen

Lassen Sie sich von Ihrem Tierarzt oder einem guten Fachberater genaue Fütterungsrezepturen und Pläne zur Bestandesbetreuung erstellen
- zur Optimierung des Wachstums der Tiere
- zur Optimierung der Produktqualität (Fleisch, Milch, Eier etc.)
- zur Kostenoptimierung.

Dünge- und Pflanzenschutzpläne

Sowohl im Feld- als auch im Gartenbau sind zur erfolgreichen Bestandesführung ein geplanter und gut überlegter Einsatz von Dünge- und Pflanzenschutzmitteln notwendig. Auch hierbei ist eine kompetente Beratung durch Experten nötig.

Kontrollpläne und Checklisten

Einmal erstellte Kontrollpläne und Checklisten können immer wieder verwendet werden, um die Qualität der eigenen Arbeit zu überprüfen. Von verschiedene Institutionen (Versuchsanstalten, Fachschulen, Hochschulen, Interessensvertretungen etc.) werden Hilfsformulare und Checklisten zur Eigenkontrolle angeboten. Damit schaffen Sie sich auch eine wichtige Basis für gesetzlich geforderte Nachweispflichten. Informieren Sie sich bei Fachberatungsstellen, besorgen Sie die nötigen Hilfsmittel und setzen Sie sie konsequent ein.

Grundsätze zur Betriebsorganisation

Rezepturen, Herstell- und Lagerrichtlinien

Eine besondere Bedeutung in der Direktvermarktung haben festgelegte Standards für die Herstellung, Reifung und Lagerung von Halbfertig- und Fertigprodukten. Vermeiden Sie unbedingt, daß Ihre Produkte immer wieder anders schmecken, weil Sie einmal vom Vater, ein andermal vom Sohn und dann wieder von einer dritten Person produziert werden.

Nehmen Sie einige gute Kochbücher zur Hand und suchen Sie eine aussagekräftige Form zur Beschreibung Ihrer Herstellverfahren.

Eine weitere günstige Form einer Ablaufbeschreibung kann mit Hilfe des folgenden Formularvorschlages erfolgen. Die einzelnen Ablaufschritte werden aufgelistet und möglichst genau beschrieben. Zusätzlich wird festgelegt, wer für die Durchführung der Tätigkeiten zuständig ist, und welche Aufzeichnungen, z.B. Zeit, Checkliste abhaken, Temperaturen etc., mitzuführen sind.

	Tätigkeit	Verantwortlich	Aufzeichnung
1	Alle Zutaten entsprechend der Rezeptur vorbereiten	Hans	Checkliste abhaken
2	Rohstoff X mit nn g/kg Gewürz und nn g/kg vermengen und 10 Min. gut kneten	Maria	
3	... Weitere Beschreibung der einzelnen Herstellschritte	Maria	

Erstellen Sie konsequent für alle Produkte Rezepturen und genaue Anleitungen für Verarbeitung, Reifung, Konservierung, Verpackung und Lagerung.

Legen Sie während der Reifung und Lagerung besonderes Augenmerk auf die Lagertemperatur und Luftfeuchtigkeit. Legen Sie, wo nötig, eine Mindestreifedauer fest und eine maximale Lagerdauer unter Berücksichtigung der Haltbarkeit Ihrer Produkte.

Eine wichtige Maßnahme zur Vermeidung von Reife- und Lagerschäden ist die regelmäßige Überprüfung der Meßmittel, die Sie zur Erfassung von Temperatur und Feuchte einsetzen. Sehr häufig verderben Produkte während der Lagerung, weil z.B. Kühlraumsteuerungen wegen eines fehlerhaften Thermometers oder Temperaturfühlers falsch laufen. Sie müssen diese Meßmittel daher mindestens einmal jährlich überprüfen. Ein geeichtes Thermometer ist im einschlägigen Fachhandel für Laborausrüstung erhältlich und kann hierbei wertvolle Dienste leisten. Wenn Ihre Fachberater nicht über eine entsprechende Ausrüstung verfügen, wäre insbesondere für Gemeinschaften die Anschaffung eines kalibrierten, elektronischen Gerätes zur Überprüfung des Raumklimas im Kühl- und Lagerbereich empfehlenswert.

Hygiene- und Reinigungspläne

Für die regelmäßige Reinigung Ihrer Räumlichkeiten und der technischen Ausstattung sollten Sie sich Reinigungspläne erstellen. Eine günstige Form sind auch hier wieder Checklisten, die Ihnen und Ihren Mitarbeitern einerseits als Anleitung und andererseits zur Aufzeichnung und dem Nachweis für die erfolgreiche und ordnungsgemäße Durchführung der erforderlichen Tätigkeiten dienen.

Kennzeichnung

Eine ordentliche Kennzeichnung der Produkte und Chargen während der Verarbeitung trägt wesentlich zu einer besseren Übersicht bei. Schaffen Sie sich ein Beschilderungs- oder Beschriftungssystem, das es Ihnen ermöglicht, während aller Stufen der Verarbeitung, Reifung und Lagerung Ihre Produkte eindeutig erkennen und zuordnen zu können. Verwenden Sie daher einige der folgenden Möglichkeiten, um mehr Übersicht und Transparenz zu schaffen:
- Regalbeschriftungen
- Gebindebeschriftungen
- Klebeetiketten
- Fehlerkennzeichnungen
- Produktbegleitkärtchen (von Stufe zu Stufe der Verarbeitung)
- Verpackungskennzeichnungen
- gekennzeichnete Lagerbereiche
- Warenanhänger oder Stempel

Nicht nur die für die Herstellung und Verarbeitung zuständige Person, sondern auch andere Mitarbeiter müssen mindestens die Art, das Alter, den Verarbeitungsstand und die Lagerdauer der Produkte erkennen können.

Damit vermeiden Sie jegliche Art von Verwechslung während der Produktion und Fehler im Verkauf.

Ordnung und Sicherheit am Arbeitsplatz

Die Gestaltung Ihres Arbeitsplatzes hat maßgeblichen Einfluß auf den gesamten Arbeitsablauf. In Unordnung und Unübersichtlichkeit sind nicht nur viele Zeitdiebe versteckt, sondern auch zahlreiche Gefahren für die Gesundheit.

Es geht Ihnen viel Zeit unnötig verloren, wenn Sie ständig Ihr Werkzeug suchen müssen oder erst dann mit der Instandsetzung von Geräten und Ausrüstung beginnen, wenn Sie diese bereits brauchen würden.

Legen Sie sich daher eine Inventarliste für Ihren Verarbeitungsraum sowie für die Verkaufsräumlichkeiten an. Schaffen Sie immer soviel Ordnung wie nur möglich. Auch während eines Arbeitsablaufes haben Sie die Möglichkeit, die Unordnung in Grenzen zu halten.

Legen Sie sich einen Katalog an wichtigen Ersatzteilen an, die unbedingt vorhanden sein müssen, damit bei eventuellen Schäden die Arbeit nicht gestoppt werden muß. Auch dadurch geht viel Zeit verloren, unter Umständen bezahlen Sie Entgelte für unproduktive Arbeitszeit, und häufig leidet die Qualität der Produkte durch den unnötigen Zeitverzug.

Lassen Sie sich auch von Experten im Bereich der Arbeitssicherheit beraten, die Sie auf unnötige Gefahrenquellen und auf Sicherheitsvorschriften in Ihrem Arbeitsbereich hinweisen können. Jede Arbeitsverletzung hat neben dem körperlichen und persönlichen Leid auch einschneidende Auswirkungen auf den geplanten Arbeitsfluß. Durch den überraschenden Ausfall einer Person kann besonders in landwirtschaftlichen Betrieben eine große Lücke entstehen, die nur sehr schwer zu füllen ist.

Die bekannte Aussage „Ordnung ist das halbe Leben!" könnte man auch so interpretieren, daß mit Ordnung am Arbeitsplatz die Dinge schneller und sicherer von der Hand gehen und Sie sich dadurch die halbe Zeit sparen. Diese Zeit ist wertvolle Lebenszeit, die Sie in angenehmen Stunden verbringen können.

Umgang mit Fehlern und Reklamationen

Eigene Fehler sind große Chancen, besser zu werden, und Kundenreklamationen sind Gelegenheiten, Stammkunden zu gewinnen.

Aus diesem Grund sollten Sie Fehler und deren Folgen nicht einfach beseitigen und vergessen, sondern Sie müssen aus Fehlern lernen, damit diese kein zweites Mal passieren. Aus Fehlern können Sie dann lernen, wenn Sie die genauen Ursachen hinterfragen und diese beseitigen. Versuchen Sie daher, Fehler nicht zu verdrängen, sondern erfassen Sie diese und Kundenreklamationen **schriftlich**. Werten Sie diese Aufzeichnungen regelmäßig aus und suchen Sie die Ursachen. Dann können Sie gute Lösungen finden, die Ihnen eine nachhaltige Verbesserung der Qualität Ihrer Produkte und Ihrer Arbeit ermöglichen.

In der Abwicklung von Kundenreklamationen liegt zusätzliches Potential, um einen neuen Stammkunden zu gewinnen. Beachten Sie folgende Grundsätze, wenn Sie in ein Reklamationsgespräch mit Ihrem Kunden verwickelt werden:

1. Hören Sie Ihrem Kunden gut zu und unterbrechen Sie ihn nicht!
2. Bieten Sie ihm nach Möglichkeit einen Platz zum Hinsetzen und ein Getränk an. Das führt zu einer schnellen Entspannung der Situation.
3. Notieren Sie sich die Reklamation schriftlich! Dadurch fühlt sich der Kunde ernstgenommen.
4. Zeigen Sie Verständnis für seine Erregung („Ich kann Sie verstehen Herr/Frau xy, an Ihrer Stelle wäre ich auch sauer!") und vermeiden Sie jeden Streit. Noch niemals hat jemand einen Streit mit seinem Kunden gewonnen!
5. Sprechen Sie ihn mit seinem Namen an, und stellen Sie sachliche Detailfragen!

6. Fragen Sie ihn: „Gibt es auch sonst noch etwas, das wir verbessern müssen?" Das gibt dem Kunden die Möglichkeit, auf einmal alles auszuräumen (nur ein großes „Minus"), oder er sagt: „Nein, sonst ist alles in Ordnung!" Damit würde er seinen eigenen Ärger relativieren und zu einer positiven Gesamtsicht kommen.
7. Versuchen Sie auf keinen Fall, das Problem zu verniedlichen (z.B. „Das kann schon mal passieren!")!
8. Bitten Sie ihn um Mithilfe bei der Lösung des Problems („Was würden Sie vorschlagen? Wie können wir dieses Problem beseitigen?")!
9. Seien Sie großzügig bei der Ersatzleistung für reklamierte Ware, und zeigen Sie Ihrem Kunden Ihr aufrichtiges Interesse an weiteren Geschäften!
10. Geben Sie Ihrem Kunden niemals die Möglichkeit, schlechte Informationen über Sie zu verbreiten!
11. Wenden Sie das Gespräch zum Positiven, und verabschieden Sie Ihren Kunden mit freundlichem Gruß (Namen nicht vergessen: „Auf Wiedersehen, Herr/Frau xy!").

Bearbeiten Sie Reklamationen immer sehr schnell und zuvorkommend! Erheben Sie Ihren Kunden gegenüber niemals Anschuldigungen, aber klären Sie sie sachlich auf und erteilen Sie jenen, die immer wieder ungerechtfertigt reklamieren, eine klare Absage!

Suchen Sie niemals Ausreden, machen Sie sich selbst nicht schlecht und seien Sie nicht beleidigt!

Während eines Reklamationsgespräches müssen Sie Ihren Kunden wieder zu einer positiven Einstellung führen. Geben Sie ihm die Möglichkeit, Sie nach dieser Reklamation weiterzuempfehlen! Denn..

... Ein zufriedener Kunde teilt dies drei Leuten mit. Ein unzufriedener Kunde informiert zehn von seiner Enttäuschung.

Worauf muß ich im Verkauf besonders achten?

Der Verkauf ist die letzte entscheidende Stufe Ihres Warenflusses. Dabei treten Sie unmittelbar mit dem Kunden in Kontakt. Während dieser Phase können Sie Ihre Kundenbeziehung wesentlich verstärken oder, wenn es schlecht läuft, ruinieren. Aus diesem Grund kann der Vorbereitung und dem Auftreten während des Verkaufs gar nicht genug Bedeutung beigemessen werden. Unabhängig davon, ob der Vertrieb Ihrer Produkte über Hofladen, Bauernmarkt, Verkaufsstand oder über sonstige Wege verläuft, müssen Sie jede Verkaufstätigkeit perfekt vorbereiten. Dabei können Checklisten für wiederholende Tätigkeiten eine wertvolle Hilfe sein. Diese sollten mindestens beinhalten:
- alle Produkte, die Sie benötigen
- Zusatzausrüstung (Verpackungsmaterial, Werkzeug, Geschirr, Preisliste, Hofprospekt, Visitenkarten etc.)
- Kleidung (Art und Sauberkeit)

- Hygienepunkte
- Präsentation der Produkte
- Unterlagen für Aufzeichnungen (Bestellbuch, Kundenkartei etc.)
- Verkaufsraumgestaltung (Ordnung, Sauberkeit, Präsentation, Gestaltung als Imageträger)
- etc.

Geben Sie Ihren Kunden die Chance, jeden Einkauf als positives Erlebnis zu empfinden. Erstellen Sie sich daher Ihren Anforderungen entsprechende Checklisten, und prüfen Sie regelmäßig Ihre Leistungen und Ihre Präsentation.

Jede Kundenbeziehung beruht nicht nur auf sachlichen Elementen (Preis, Produktqualität, Schmackhaftigkeit etc.), sondern vor allem auf emotionalen Faktoren. Gefühle, ob angenehm oder unangenehm, entscheiden darüber, ob Sie Ihren Kunden je wiedersehen oder nicht.

In der bäuerlichen Direktvermarktung werden von den meisten Kunden nicht der Speck, der Aufstrich, die Wurst und der Saft gekauft, sondern in erster Linie qualitativer und emotionaler Nutzen, wie Gesundheit, Frische, Tradition, Natur, Bäuerlichkeit, das Bodenständige.

Die Nachfrage nach diesem qualitativen Nutzen wird durch die derzeitige Entwicklung der Gen- und der Konservierungstechnologie sowie den Fast-Food-Tendenzen im Nahrungsmittelbereich sicher noch stark steigen.

Richten Sie daher Ihr Hauptaugenmerk nicht auf Ihre ausgezeichneten Produkte, sondern vermitteln Sie durch die Art Ihres Gespräches, Ihrer Präsentation und Ihrer Produktgestaltung diesen wichtigen und entscheidenden emotionalen Zusatznutzen.

Versuchen Sie in jedem Verkaufsgespräch herauszufinden, worauf Ihr Kunde großen Wert legt, und überfordern Sie Ihn nicht mit Ihrer eigenen Begeisterung für Ihr Produkt. Stellen Sie besser gezielte Fragen, und lassen Sie Ihren Kunden reden. Sie wissen ja: „Der Köder muß dem Fisch schmecken und nicht dem Angler!"

Die besondere Kunst, die emotionale Beziehung zu Ihren Kunden stark zu entwickeln, ist nach Meinung des deutschen Verkaufsprofis und Managementberaters Edgar K. GEFFROY das Schlüsselelement für zukünftige Verkaufserfolge.

INVESTITION UND FINANZIERUNG

Allgemeines

Was immer Sie zum Einstieg in die Direktvermarktung bewegen mag, sei es die Freude an der Verarbeitung und Vermarktung des eigenen Produktes, sei es die Erwartung einer höheren Wertschöpfung und damit die Steigerung Ihres Einkommens oder eine Vielzahl anderer Motivationen – Sie sollten dabei stets bedenken, daß Ihr Erfolg vorrangig davon abhängt, wie genau Sie Ihr Vorhaben planen. Die konkrete und detaillierte Vorstellung dessen, was Sie erreichen wollen, hilft Ihnen, im voraus mögliche Fehlerquellen auszuschließen.

Neben technischen und organisatorischen Fragen ist vielfach die Frage der Wirtschaftlichkeit und Finanzierbarkeit geplanter Investitionen von großer Bedeutung. Letztlich geht es darum, daß Ihr Einsatz an Arbeit und Geld honoriert werden soll. Im Rahmen dieses Abschnittes werden Sie erkennen, wie sehr Sie selbst auf ein erfolgreiches Gelingen Ihres Vorhabens Einfluß nehmen können. So kann beispielsweise eine falsche Finanzierungsform eine erhebliche Mehrbelastung nach sich ziehen und eine durchaus sinnvolle Investition ins schiefe Licht rücken.

Nun, was ist zu tun? Vorerst sollten Sie Ihr Vorhaben ausführlich und bis ins letzte Detail planen. Dabei sollten Sie sich genau fragen, welche Ziele Sie damit erreichen möchten. Die gedankliche Vorwegnahme des erreichten Zieles hilft Ihnen, Ihr Vorhaben besser zu verwirklichen. Fragen Sie sich daher, wie Sie Ihr Ziel am bestmöglichen erreichen können. Die Antwort liefert Ihnen genaue Vorgaben für Ihre Planung. Allmählich werden Sie erkennen, welche Voraussetzungen für Ihren Erfolg gegeben sein müssen, und Sie werden sehen, wie Ihre Vorstellungen in Gedanken- und Papierform konkrete Formen annehmen. All dies wird Sie zu einer Auflistung sämtlicher notwendiger Investitionen führen.

Aus den notwendigen Investitionen können Sie deren Kosten ableiten, die Ihnen einen Überblick über den voraussichtlichen Kapitalbedarf liefern werden. Wenn Sie wissen, wieviel Kapital Sie für Ihr Vorhaben benötigen, so fragen Sie sich, wieviel an Erträgen Sie mit Ihrer Aktivität im Bereich der Direktvermarktung erwirtschaften werden. Mittels dieser beiden Kenngrößen erhalten Sie einen ersten Überblick über die Wirtschaftlichkeit und Sinnhaftigkeit Ihres Vorhabens. Sollten Sie bei der ersten Prüfung erkennen, daß Ihr Vorhaben wirtschaftlich nicht sinnvoll ist, lassen Sie sich nicht entmutigen! Vielfach liegt das Problem in Ihrem Ansatz. Bedenken Sie, daß Sie nur solche Vorhaben verwirklichen sollten, die Ihnen Zufriedenheit und das Gefühl Ihrer persönlichen Bestätigung zusichern. Wenn dem so ist, lassen Sie sich nicht entmutigen. Planen Sie nochmals, planen Sie gründlicher, und finden Sie Ihren Weg!

Sofern Sie in der Planungsphase eine wirtschaftlich sinnvolle Variante entdeckt haben, müssen Sie sich fragen, ob Ihr Vorhaben auch finanzierbar ist. Wieweit stehen Eigenmittel zur Verfügung? Bis zu welchem Ausmaß können Förderungen in Anspruch genommen werden? Wieviel Fremdkapital muß ich aufnehmen, und in welcher Form finanziere ich damit? All diese Fragen führen Sie zur Erkenntnis, daß Sie eine Reihe von Maßnahmen setzen können, um Ihre Investitionen kostengünstiger zu bewältigen. Spielen Sie mit den Möglichkeiten. Sie befinden sich ja noch immer in der Planungsphase. Sie werden erkennen, daß Sie sich durch die Planung sehr intensiv mit Ihren Wünschen und Erwartungen auseinandersetzen. Dabei lernen Sie sich auch besser kennen und Ihre wahren Beweggründe zu verstehen.

Nachdem Sie die Planungsphase abgeschlossen haben und zu einem für Sie günstigen Ergebnis gelangt sind, können Sie sich an die Arbeit machen und Ihr Vorhaben realisieren. Sie werden erkennen, daß Sie neben einer exakten Arbeitsplanung auch eine genaue Zeitplanung hinsichtlich Ihrer finanziellen Gebarungen benötigen. Speziell die Durchführungsphase Ihres Vorhabens birgt das Problem in sich, daß zwar eine Menge an Rechnungen zu bezahlen ist, die im Rahmen der Planung ermittelten Einkünfte jedoch noch ausbleiben. Geld wird benötigt, Geld muß vorhanden sein, und wenn nicht Ihr eigenes, so müssen Sie sich rechtzeitig um das nötige Fremdkapital kümmern. Dabei ist nicht nur die günstigste Form der Finanzierung zu beachten, sondern auch die termingerechte Verfügbarkeit. Dadurch ist gewährleistet, daß Sie durch rechtzeitige Zahlung die Vorzüge von Rabatten, Skonti und sonstigen Preisnachlässen beanspruchen können.

Die beste Planung und Durchführung Ihres Vorhabens bleiben jedoch stets eine halbe Sache, wenn Sie sich nicht die Zeit nehmen, Ihr Vorhaben, nachdem es realisiert worden ist, auch ständig zu kontrollieren. Dabei sollten Sie besonderes Augenmerk darauf legen, ob die von Ihnen genannten Ziele während der Planungsphase erreicht wurden, ob die Erträge den Erwartungen entsprechen, ob die Rückzahlung Ihrer Verbindlichkeiten mit dem Finanzierungsplan übereinstimmt. Durch eine gewissenhafte Kontrolle gelingt es Ihnen, auf nicht erwartete bzw. unvorhergesehene Probleme rasch und effizient zu reagieren. Dadurch setzen Sie einen weiteren Schritt in Richtung Ihres betrieblichen Erfolges.

Im Rahmen des vorliegenden Kapitels sollen Sie einen Überblick über die notwendigen Schritte der Investition und Finanzierung erhalten. Neben einer fachlichen Information wird Ihnen auch anhand von Arbeitsunterlagen eine Reihe von Hilfsstellungen angeboten, anhand derer Sie Ihr eigenes Vorhaben analysieren können.

Planung

Am Anfang jeden Erfolges steht die Idee. Nichts ist so mächtig wie der Gedanke, den Sie in Ihrem Kopf tragen. Selten gibt es jedoch Schwierigeres, als diesen Gedanken in die Realität umzusetzen. Warum? Die meisten Menschen neigen dazu, Ihre Ideen als nebulöse Möglichkeiten mit sich herumzutragen. Die Vorstellungskraft reicht vielfach nicht aus, sich die Idee als konkret realisierbares Ereignis auszumalen, sie Schritt für Schritt zu entwickeln. Die Planung ist jenes Instrument, das Ihnen bei der Konkretisierung Ihrer Wünsche zur Seite steht.

Die Erfahrung zeigt, daß es selten an der Phantasie und Kreativität der Menschen, sondern, zum überwiegenden Teil, an der Systematik und an den mangelnden Grundkenntnissen der Planung liegt, die eine Verwirklichung des Vorhabens in der Anfangsphase oftmals scheitern lassen.

Die richtige Vorgangsweise muß daher lauten, einen Schritt um den anderen in Richtung Realisierung Ihres Vorhabens voranzuschreiten. Der wohl wichtigste Schritt ist dabei, daß Sie sich Ihr Ziel konkret vor Augen halten. Fragen Sie sich, weshalb Sie im Bereich der Direktvermarktung Ihr Wohl suchen bzw. weshalb Sie, wenn Sie Direktvermarkter sind, eine weitere Investition planen. Analysieren Sie dabei vor allem den Grund, aus dem Sie Ihr Vorhaben verwirklichen wollen. Dabei werden Sie die eigentliche Ursache Ihrer Motivation erkennen. Dies hilft Ihnen, sich mit Ihrem Problem insofern auseinanderzusetzen, als Sie es erkennen und definieren.

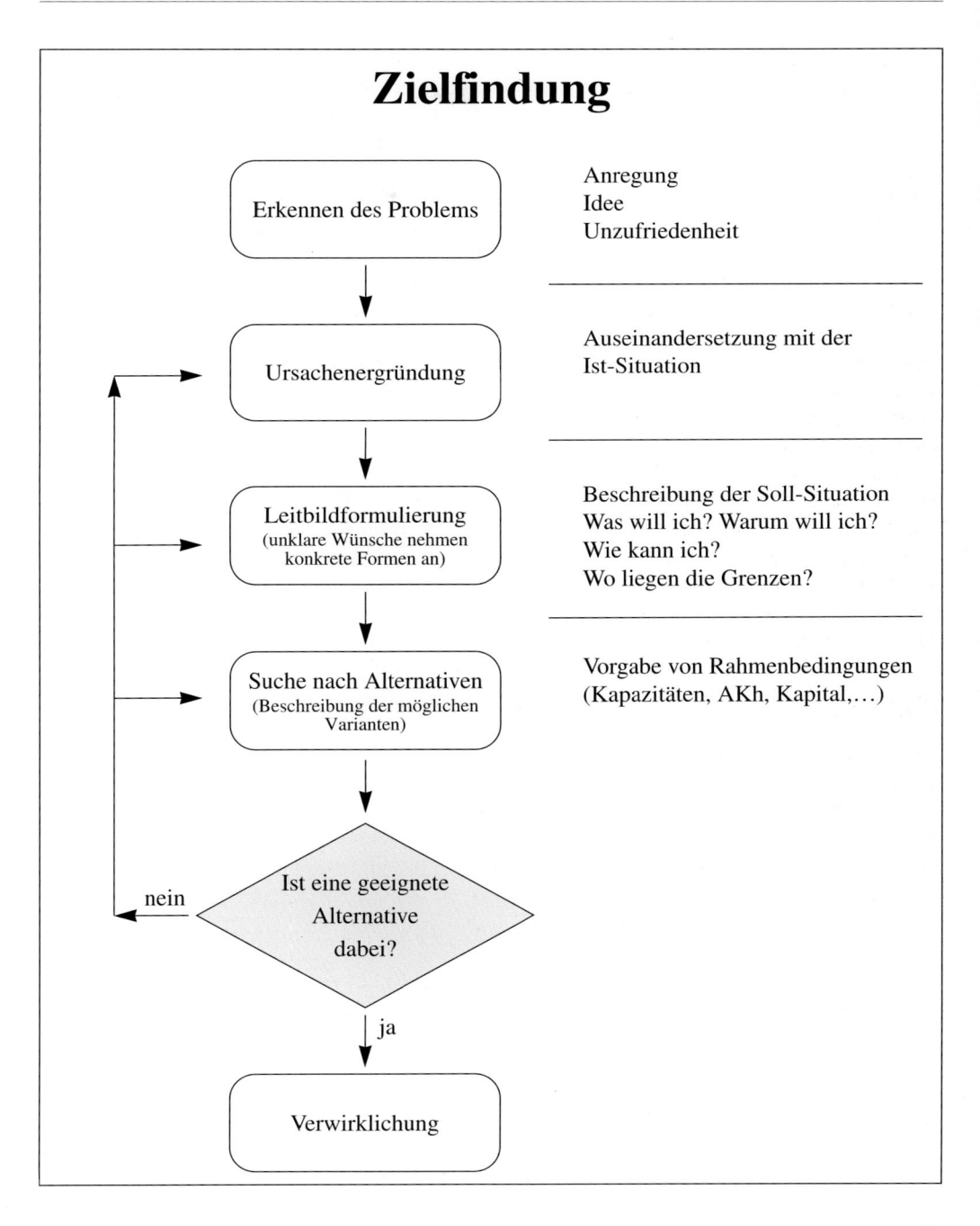

Zielfindung

Erkennen des Problems	Anregung Idee Unzufriedenheit
↓	
Ursachenergründung	Auseinandersetzung mit der Ist-Situation
↓	
Leitbildformulierung (unklare Wünsche nehmen konkrete Formen an)	Beschreibung der Soll-Situation Was will ich? Warum will ich? Wie kann ich? Wo liegen die Grenzen?
↓	
Suche nach Alternativen (Beschreibung der möglichen Varianten)	Vorgabe von Rahmenbedingungen (Kapazitäten, AKh, Kapital,…)
↓	
◇ **Ist eine geeignete Alternative dabei?** — nein → (zurück zu Ursachenergründung / Leitbildformulierung / Suche nach Alternativen)	
↓ ja	
Verwirklichung	

Der dargestellte Zielfindungsprozeß will Ihnen vor Augen führen, wie Sie zu einem für Sie akzeptablen Investitionsvorhaben gelangen. Dabei ist es wesentlich, daß Sie Ihr zugrunde liegendes Problem erkennen. Denken Sie stets daran, daß ein Problem nichts Negatives ist, sondern lediglich die Lücke zwischen einem Ist- und dem gewünschten Soll-Zustand. Probleme entstehen durch Ideen, die Ihnen zufallen, durch Anregungen, die Sie von außen erhalten, bzw. durch Unzufriedenheit mit dem jeweiligen Ist-Zustand. Ihre Aufgabe lautet daher, die Lücke zwischen Ist und Soll zu schließen.

Um dies zu gewährleisten, müssen Sie sich mit dem Ist-Zustand sachlich auseinandersetzen. Finden Sie die Ursachen, weshalb Sie sich eine Änderung des gegenwärtigen Zustandes wünschen. Analysieren Sie den Sachverhalt sowohl auf der betrieblich-ökonomischen Seite als auch in Anbetracht Ihrer persönlichen Motive.

Im Anschluß daran formulieren Sie ein Leitbild. Darin sollten Sie kurz und prägnant jene Situation darstellen, die Ihren Vorstellungen am besten entspricht. Im Zuge der Formulierung ist es wesentlich, daß Sie die Rahmenbedingungen Ihres geplanten Vorhabens klar definieren. Erfolgreich ist letztlich der, der seine Grenzen kennt.

Wenn Sie Ihr Leitbild niedergeschrieben haben, beginnen Sie nach Alternativen zu suchen. Jedes mögliche Investitionsvorhaben hat neben seinen Vorteilen auch Schattenseiten. Prüfen Sie anhand Ihres Leitbildes, welche Investition am besten in Ihr Unternehmenskonzept paßt. Setzen Sie Kenngrößen fest, die die jeweilige Alternative erfüllen muß.

Findet sich unter den von Ihnen entdeckten Varianten eine, die Ihren klaren Vorstellungen entspricht, machen Sie sich auf den Weg, und beginnen Sie mit der Verwirklichung. Ist keine zufriedenstellende Alternative darunter, treten Sie erneut in die Suchphase bzw. prüfen Sie, ob Sie die Ursachen Ihres Problems deutlich genug analysiert haben und ob Ihre Leitbildformulierung den gegenwärtigen Möglichkeiten entspricht.

Eines sollten Sie jedoch stets bedenken: Sosehr Sie Ihre Ziele konsequent verfolgen müssen, so sollten Sie sich doch stets ein großes Maß an Flexibilität bewahren. Schließlich geht es darum, jene Alternative zu suchen, die die angestrebten Ziele mit den zur Verfügung stehenden Mitteln am besten erreicht.

Planung ist Vorausschau. Durch Veränderungen der betrieblichen Umwelt bzw. Verbesserung Ihrer Information ist die Planung ständig zu kontrollieren. Starres Festhalten an Plänen kann problematisch sein.

Formulieren Sie Ihr eigenes Ziel!

Welches grundsätzliche Ziel verfolge ich mit meiner geplanten Direktvermarktungsaktivität?	
Welche Motivation liegt meiner Zielvorstellung zugrunde?	
Was möchte ich mit meinem Vorhaben erreichen?	
Im nächsten Jahr?	
In drei Jahren?	
In fünf Jahren?	

ANALYSE DES GEPLANTEN VORHABENS

In weiterer Folge wollen wir bei der Betrachtung von Wirtschaftlichkeit und Finanzierung davon ausgehen, daß Sie ein konkretes Vorhaben, das Sie im Rahmen eines Zielfindungsprozesses als richtig erkannt haben, auf Sinnhaftigkeit und Rentabilität überprüfen. Sie befinden sich noch immer in der Planungsphase, d.h., Ihnen stehen noch immer keine realen Zahlen zur Verfügung. An dieser Problematik erkennen Sie, wie wichtig eine umfangreiche Informationssammlung ist, da sie letztlich Garant dafür ist, die Lücke zwischen Kalkulation und Realität so gering wie möglich zu halten.

Investitionsarten

Bevor Sie sich mit der Frage der anstehenden Investitionskosten befassen, sollten Sie sich grundsätzlich einen Überblick darüber beschaffen, um welche Art von Investition es sich bei Ihrem Vorhaben handelt. Je nach Investitionsart verfolgen Sie nämlich ein unterschiedliches Investitionsziel, und auch das Investitionsrisiko ist von Investition zu Investition verschieden.

Darstellung der Investitionsarten

Merkmal \ Investitionsart	Ersatzinvestition	Rationalisierungs-investition	Erweiterungs-investition	Neuinvestition
Investitionsursache	Abnützung	Nutzung des techn. Fortschritts	Vergrößerung	Innovation
Investitionsziel	Erneuerung	Verbesserung der Produktions-bedingungen	Erweiterung	Eröffnung eines neuen Betriebs-zweiges
Investitionsrisiko	gering	überschaubar	mittel	hoch

Anhand der Darstellung sehen Sie, daß sich die einzelnen Investitionsarten hinsichtlich ihrer Investitionsursache, des Investitionsziels als auch des Investitionsrisikos unterscheiden lassen.

Die einfachste Art der Investition stellt die Ersatzinvestition dar. Hiebei handelt es sich um eine Investitionsart, bei der eine bereits bestehende Anlage durch eine neue ersetzt wird. Die Ursache dieses Austausches liegt darin begründet, daß sich die bestehende Anlage durch den Betrieb abgenützt hat. Zeigt sich, daß die Fortführung des betreffenden Betriebszweiges dennoch von wirtschaftlicher Bedeutung ist, so werden Sie eine derartige Anlage wieder ersetzen. Ihr Ziel liegt in der Erneuerung dieser Anlage. Ein allfälliges Investitionsrisiko ist gering, da Sie einerseits durch die Kalkulation der Abschreibung den Wert der Anlage bereits angespart haben, andererseits durch Ihre Erfahrung im Bereich dieses Betriebszweiges sehr genau abschätzen können, wie riskant eine Erneuerung ist.

In den meisten Fällen geht mit einer Ersatzinvestition eine Rationalisierungsinvestition einher. Bei der Rationalisierungsinvestition nehmen Sie bestimmte Mehrkosten der Investition in Kauf, um den technischen Fortschritt, der sich in der Zwischenzeit ergeben hat, zu nutzen. In den meisten Fällen betrifft die technische Weiterentwicklung auch eine Verbesserung Ihrer Arbeitsbedingungen. Neben dem Investitionsziel der Erneuerung tritt das eigentliche Ziel einer Verbesserung der Produktionsbedingungen. Auch in diesem Fall ist das Investitionsrisiko gering bzw. überschaubar, zumal Sie auch im Bereich der Rationalisierungsinvestition über einen großen Erfahrungsschatz verfügen.

Im Rahmen der Erweiterungsinvestition ändern Sie Ihren Produktionsumfang bzw. passen Ihre Produktion an geänderte Markt- und/oder Betriebsbedingungen an. Erweiterungsinvestitionen erfolgen zusätzlich zu bereits bestehenden Anlagen. Daher erwachsen Ihnen zusätzliche Investitionskosten, die noch durch keine Abschreibungen angespart worden sind. Sie sollten daher in diesem Fall Ihr Ziel einer Erweiterung gewissenhaft prüfen und die gegebenen Marktbedingungen sowie die daraus resultierenden Konsequenzen erarbeiten und in Ihre Überlegungen mit einbeziehen. Das Investitionsrisiko bei Erweiterungsinvestitionen wächst gegenüber den beiden vorher genannten Investitionen erheblich.

Die wohl schwierigste Investitionsart stellt die Neuinvestition dar. Sofern Sie erst einen Einstieg in die Direktvermarktung planen, sind Sie mit dieser Art der Investition konfrontiert.

Neuinvestition heißt, daß Sie einen neuen Betriebszweig eröffnen. Es stehen Ihnen weder Erfahrungswerte hinsichtlich Produktion und Vermarktung noch Erfahrungswerte hinsichtlich Ihres Marktes zur Verfügung. Ihr Unternehmerrisiko ist in diesem Fall am höchsten. Speziell im Bereich von Neuinvestitionen sollten Sie daher eine vorsichtige und äußerst umfangreiche Planung ins Auge fassen. Die Inanspruchnahme externer Beratungskräfte ist in diesem Fall ratsam, da Sie durch Ihre Begeisterung an neuen Betriebszweigen – von denen Sie ja letztlich überzeugt sind – dazu neigen, Ihre Kalkulationen zu euphorisch zu gestalten.

Allgemein sollten Sie bezüglich der Investitionsarten folgenden Grundsatz befolgen:

Je höher das Investitionsrisiko, desto größer sollte der Eigenkapitalanteil an den Investitionskosten sein.

Prüfen Sie Ihr Investitionsvorhaben!

Um welche Investitionsart handelt es sich bei Ihrem Vorhaben?	
Welches Investitionsziel verfolgen Sie?	
Wie groß ist Ihre Erfahrung im Bereich Ihres Vorhabens?	
Wissen Praxis Kenntnisse Qualifikationen	
Wie hoch beurteilen Sie Ihr Investitionsrisiko?	

Abschätzung der Investitionskosten

Sei es die Gestaltung eines Verkaufsraumes, die Errichtung eines Be- und Verarbeitungsraumes oder der Einstieg in einen neuen Betriebszweig zum Zwecke der Direktvermarktung – stets tritt die Frage nach den Investitionskosten an Sie heran. Was immer Sie auch planen, Sie benötigen fundierte Informationen über die daraus resultierenden Kosten. Je nach Art der Anschaffung gestaltet sich die Informationssuche.

Dabei stehen Ihnen folgende Informationsquellen zur Verfügung:

Anlagen, technische Geräte:	Einholung von Kostenvoranschlägen
	Informationssammlung durch Fachliteratur,
	Messebesuche, ...
Gebäude und bauliche Anlagen:	Einholung von Kostenvoranschlägen
	Baukostenrichtpreise lt. ÖKL
	(Österreichisches Kuratorium für Landtechnik)
	Informationsgespräche mit Beratern

Die Erfahrung zeigt, daß bei umfangreicheren Investitionen die Gesamtkosten zumeist unterschätzt werden. Dafür sind grundsätzlich zwei Ursachen verantwortlich. Einerseits werden, dem Bestreben der Sparsamkeit folgend, vielfach Kosten unterschätzt bzw. bei größeren Investitionen nicht berücksichtigt, andererseits werden die Eigenleistungen zu hoch bewertet. Die Ermittlung der Gesamtkosten einer Investition ist daher unbedingt erforderlich. Letztlich benötigen Sie die Gesamtinvestitionskosten einerseits für die Ermittlung der Wirtschaftlichkeit und Sinnhaftigkeit Ihres Vorhabens, andererseits leiten Sie daraus Ihren Fremdkapitalbedarf ab.

Neben der Kenntnis der Investitionskosten ist es wesentlich, daß Sie sich auch mit dem Zeitpunkt der Investition beschäftigen. Vor allem bei umfangreicheren Investitionen erstreckt sich die Durchführung über mehrere Jahre. Es empfiehlt sich daher, einen Investitionsplan zu erstellen, der Ihnen einen exakten Überblick über den Kapitalbedarf des jeweiligen Jahres vermittelt.

Investitionsplan

Beispiel: **Errichtung eines Verkaufsraumes**
in weiterer Folge Erweiterung auf Vollsortiment
und Einführung eines Zustelldienstes

Investitionsplan					
Kapitalbedarf			**Investitionskosten pro Jahr**		
			1. Jahr	**2. Jahr**	**3. Jahr**
I N V E S T I T I O N E N	Maschinen und Geräte	Kühlzelle	55.000,–		
		geeichte Waage	15.000,–		
		Kühlvitrine		40.000,–	
		Kleintransporter			170.000,–
		EDV-Anlage		35.000,–	
	Gebäude und baul. Anlagen	Umbau Verkaufsraum	60.000,–		
		Umbau Lagerraum		40.000,–	
	sonstige	Einrichtung	55.000,–		
außerordentliche Ausgaben					
Kapitalbedarf			185.000,–	115.000,–	170.000,–

Der auf diese Weise ermittelte Kapitalbedarf zeigt Ihnen, mit welchem Finanzierungsvolumen Sie im jeweiligen Jahr zu rechnen haben. Neben der Aufteilung auf die einzelnen Jahre ist vor allem die Auseinandersetzung mit der Frage, wieviel Eigenleistung Sie aufzubringen imstande sind, von eminenter Bedeutung. Die prozentuale Auflistung der Eigenleistung zeigt Ihnen bereits, wie realistisch Ihre Annahme ist bzw. wieweit Sie etwaigen Wunschvorstellungen unterliegen. Speziell bei der Errichtung von Gebäuden und baulichen Anlagen ist die Frage der Eigenleistung sehr stark von Ihrer arbeitswirtschaftlichen Situation abhängig. Prüfen Sie daher, wieweit Sie in der Lage sind, bauliche Aktivitäten von Spitzenarbeitszeiten fernzuhalten.

Investition und Finanzierung

Erstellen Sie Ihren eigenen Investitionsplan!

Investitionsplan						
Kapitalbedarf			Investitionskosten pro Jahr			
			1. Jahr	2. Jahr	3. Jahr	4. Jahr
I N V E S T I T I O N E N	Maschinen und Geräte					
	Gebäude und baul. Anlagen					
	sonstige					
außerordentliche Ausgaben						
Kapitalbedarf						

Wirtschaftlichkeit von Investitionen

Eine Investition gilt dann als wirtschaftlich, wenn sie über die Nutzungsdauer hinweg eine höhere Leistung erbringt, als sie Kosten verursacht.

Der Nutzungsdauer fällt dabei eine zentrale Stellung zu. Je kürzer Sie die Nutzungsdauer ansetzen, desto höher sind die jährlichen Kapitalkosten, und um so größer muß die Leistung der Investition sein, um wirtschaftlich zu sein. Je länger die Nutzungsdauer, desto geringer sind zwar die jährlichen Kapitalkosten, aufgrund der Zinseszinsbelastung werden die Gesamtkosten aber höher. Bei der Ermittlung der Wirtschaftlichkeit ist daher von einer durchschnittlichen Nutzungsdauer auszugehen.

Leistung einer Investition

Ein wirksames Instrument der Leistungsbeurteilung von Investitionen stellt die Deckungsbeitragsrechnung dar. Der Deckungsbeitrag errechnet sich aus dem Rohertrag der jeweiligen Aktivität abzüglich der variablen, d.h. der Produktion eindeutig zuzuzählenden Kosten.

Der Deckungsbeitrag kann einerseits als Gesamtdeckungsbeitrag Ihres Betriebes bzw. als Deckungsbeitrag einer einzelnen Aktivität ermittelt werden. Sofern Ihr Vorhaben im Bereich der Direktvermarktung ein in sich abgeschlossener Bereich ist, reicht die Ermittlung des jeweiligen Deckungsbeitrages zur Berechnung der Wirtschaftlichkeit aus.

Rohertrag	= erzeugte Menge x Preis	neben dem jeweiligen Hauptprodukt Ihrer Aktivität zählen auch all jene Nebenprodukte bzw. Dienste zum Rohertrag, für die Sie einen Ertrag erwirtschaften bzw. einen innerbetrieblichen Nutzen erlangen
– variable Kosten	= Aufwandsmenge x Preis	der Produktion direkt zuzählbare Kosten, z.B. Materialkosten, Instandhaltungskosten, Energiekosten, Hilfsstoffkosten, sonst. Nebenkosten
= Deckungsbeitrag		

Kosten einer Investition

Zu den Kosten einer Investition zählen die Abschreibung der Anlagen und der Zinsanspruch. Abschreibung und Zinsanspruch werden auch als Kapitalkosten bezeichnet.

Im Rahmen der Kostenkalkulation wird die durch Abnützung bzw. technische und wirtschaftliche Veralterung entstehende Wertminderung von Gebäuden, baulichen Anlagen sowie Maschinen und Geräten als Abschreibung bezeichnet. Im Rahmen der zeitabhängigen Ermittlung der Abschreibung werden die Anschaffungskosten durch die voraussichtliche Nutzungsdauer dividiert.

> **Zeitabhängige Abschreibung** = $\dfrac{\text{Anschaffungskosten}}{\text{voraussichtliche Nutzungsdauer in Jahren}}$

Der Zinsanspruch ergibt sich aus dem entgangenen Nutzen einer anderen, möglichen Verwendung des Kapitals. Sofern Eigenkapital zur Finanzierung herangezogen wird, ermittelt sich der Zinsanspruch aus einer vergleichbaren Veranlagung des Kapitals. Wird eine langjährige Nutzungsdauer unterstellt, so gilt für den Zinsanspruch des Eigenkapitals jener Zinssatz, den Sie durch eine mehrjährige festverzinsliche Bindung Ihres Geldes erwirtschaften könnten.

Bei Fremdkapitalfinanzierung gelten die tatsächlich zu bezahlenden Zinsen inklusive Spesen und sonstiger Kreditkosten als Zinsanspruch.

Darüber hinaus sollten Sie auch das zu erwartende Risiko Ihres Vorhabens in die Kostenkalkulation mit einbeziehen. Sollte sich bei Ihrem Vorhaben ein hohes Investitionsrisiko ergeben, so ist der Zinsanspruch bei der Ermittlung der Wirtschaftlichkeit dementsprechend zu erhöhen.

Ermittlung der Wirtschaftlichkeit anhand der Annuitätenmethode

Als Annuität bezeichnet man die gleichbleibende Summe von Kapitaltilgung und Verzinsung. Bei der Frage nach der Ermittlung der Wirtschaftlichkeit geht es darum, die Investitionskosten auf die Nutzungsdauer unter Berücksichtigung der anfallenden Zinsen aufzuteilen.

Zum besseren Verständnis stellen Sie sich vor, Sie würden ein Darlehen über öS 100.000,– auf 10 Jahre rückzahlbar mit 10 % Zinsen aufnehmen.

Nach der Annuitätenmethode gerechnet, würden Sie über den Zeitraum von 10 Jahren einen jährlich gleichbleibenden Betrag bezahlen, in dem sowohl Zinsen als auch Kapitaltilgung enthalten sind. Diesen gleichbleibenden Betrag bezeichnet man als Annuität.

Sobald Sie die Investitionskosten, die Nutzungsdauer und die Verzinsung kennen, können Sie nach den Methoden der Finanzmathematik die Annuität ermitteln. Die einfachere Form der Ermittlung erfolgt anhand von Annuitätenfaktoren, die Sie aus Tabellensammlungen entnehmen können.

Auszug aus einer Annuitätentabelle

Jahre	Annuitätenfaktor							
	p=4%	p=5%	p=6%	p=7%	p=8%	p=9%	p=10%	p=11%
1	1,04000	1,05000	1,06000	1,07000	1,08000	1,09000	1,10000	1,11000
2	0,53020	0,53781	0,54544	0,55309	0,56077	0,56847	0,57619	0,58393
3	0,36035	0,36721	0,37411	0,38105	0,38803	0,39506	0,40212	0,40921
4	0,27549	0,28201	0,28859	0,29523	0,30192	0,30867	0,31547	0,32233
5	0,22463	0,23098	0,23740	0,24389	0,25046	0,25709	0,26380	0,27057
6	0,19076	0,19702	0,20336	0,20980	0,21632	0,22292	0,22961	0,23638
7	0,16661	0,17282	0,17914	0,18555	0,19207	0,19869	0,20541	0,21222
8	0,14853	0,15472	0,16104	0,16747	0,17402	0,18067	0,18744	0,19432
9	0,13449	0,14069	0,14702	0,15349	0,16008	0,16680	0,17364	0,18060
10	0,12329	0,12951	0,13587	0,14238	0,14903	0,15582	0,16275	0,16980
15	0,08994	0,09634	0,10296	0,10980	0,11683	0,12406	0,13147	0,13907
20	0,07358	0,08024	0,08719	0,09439	0,10185	0,10955	0,11746	0,12558
25	0,06401	0,07095	0,07823	0,08581	0,09368	0,10181	0,11017	0,11874
30	0,05783	0,06505	0,07265	0,08059	0,08883	0,09734	0,10608	0,11503

Berechnung der Annuität

Investitionskosten x Annuitätenfaktor = **Annuität**

Im genannten Beispiel beträgt der Annuitätenfaktor bei 10 % und 10 Jahren Laufzeit 0,16275. Daraus ergibt sich folgende Annuität:

Annuität = 100.000,– x 0,16275 = 16.275,–

Dieser Betrag entspricht Ihren Kapitalkosten, da er sowohl die Kapitaltilgung bzw. die Abschreibung als auch die anfallenden Zinsen berücksichtigt.

Sofern Sie unterschiedliche Zinssätze unterstellen (beispielsweise durch teilweise Finanzierung mit Eigen- und Fremdkapital), berechnen Sie den jeweiligen Investitionsbetrag mit unterschiedlichen Annuitätenfaktoren und addieren die so ermittelten Annuitäten.

Bei der Ermittlung der Wirtschaftlichkeit stellen Sie die Kapitalkosten der erwarteten Leistung Ihres Vorhabens (errechnet als Deckungsbeitrag) gegenüber.

Unterziehen Sie abschließend Ihr geplantes Vorhaben einer Wirtschaftlichkeitsanalyse

Ermittlung der Leistung Ihres Vorhabens
ROHERTRÄGE   (Menge x Preis)
SUMME ROHERTRAG
VARIABLE KOSTEN
Materialkosten   (inkl. Ausgangsprodukte und Zutaten)
Betriebskosten   Instandhaltung   Energiekosten   Hilfsstoffkosten (Verpackung,…)   Nebenkosten (Löhne, Telefon,…)
SUMME VARIABLE KOSTEN
DECKUNGSBEITRAG   (Rohertrag – variable Kosten)
Kapitalkosten der Investition (Annuitätenmethode)
WIRTSCHAFTLICHKEIT   (Deckungsbeitrag – Summe der Kapitalkosten)

ERSTELLUNG EINES FINANZIERUNGSPLANES

Die Frage der Wirtschaftlichkeit muß losgelöst von der Frage der Finanzierbarkeit betrachtet werden. Eine Investition kann durchaus wirtschaftlich und dennoch nicht finanzierbar sein. Der Grund hiefür liegt darin, daß die Laufzeit des Darlehens, das Sie für Ihre Investition beanspruchen, zumeist kürzer ist als die unterstellte Nutzungsdauer und daß somit die jährlich zu erwartende finanzielle Belastung höher ist, als Ihnen ausreichende Geldmittel zur Verfügung stehen.

Andererseits ist eine Investition aus Eigenmitteln selbst dann finanzierbar, wenn sie auch nicht wirtschaftlich ist, da das benötigte Geld ja von vornherein vorhanden ist.

Ihr Bestreben sollte jedoch unbedingt sein, daß Ihr Vorhaben sowohl wirtschaftlich als auch finanzierbar ist, denn nur so macht Ihre Investition Sinn und führt zum Erfolg.

Die Finanzierbarkeit von Investitionen ist dann gegeben, wenn Sie für die geplante Investition ausreichend Geldmittel bereitzustellen in der Lage sind. In diesem Zusammenhang gilt es, den Begriff der Liquidität näher zu betrachten.

Beurteilung der Liquidität

Unter Liquidität versteht man die Fähigkeit, den anfallenden Zahlungsverpflichtungen termingerecht nachzukommen.

Sie sehen also, daß Ihre betrieblichen Entscheidungen nicht bloß vom Gesichtspunkt der Wirtschaftlichkeit heraus betrachtet werden können, sondern daß Sie auch die jeweils gegebenen Zahlungsverpflichtungen und Zahlungsmöglichkeiten zu beachten haben.

Im Zusammenhang mit der Liquidität ist es erforderlich, den gesamten Betrieb bzw. dessen finanzielle Lage in die Betrachtung mit einzubeziehen. Wenn Sie im Zusammenhang mit Ihrem Investitionsvorhaben an die Form der Fremdfinanzierung denken, gilt es, zum Zeitpunkt der Ratenfälligkeit ausreichend Geldmittel bereitzustellen.

Die Liquidität, d.h. Ihre Zahlungsfähigkeit, errechnet sich wie folgt:

> Kassenbestand zum Zeitpunkt der Zahlungsverpflichtung
> + Bankbestand zum Zeitpunkt der Zahlungsverpflichtung
> = **Barliquidität zum Zeitpunkt der Zahlungsverpflichtung**

Soferne Sie Forderungen von Vertragspartnern bis zum Zeitpunkt der Zahlungsverpflichtung erwarten, können Sie diese für die Ermittlung Ihrer Liquidität mit einbeziehen.

Ihre Zahlungsfähigkeit ist dann gegeben, wenn die errechnete Liquidität höher ist als die Zahlungsverpflichtung, der Sie nachkommen müssen.

Die zu erwartende Zahlungsverpflichtung für einen bestimmten Zeitpunkt ermitteln Sie am besten aus einem Finanzierungsplan, den Sie für Ihr Vorhaben unbedingt erstellen sollten.

Aufbau des Finanzierungsplanes

Der Finanzierungsplan hilft Ihnen, den aus dem Investitionsplan ermittelten jährlichen Kapitalbedarf mit dem jährlich verfügbaren Eigenkapital und dem erforderlichen rückzahlbaren Fremdkapital abzustimmen.

Beispiel eines Finanzierungsplanes

Finanzierungsplan

	betriebliche Kennzahlen	S pro Jahr		
		1. Jahr	2. Jahr	3. Jahr
Ermittlung des verfügbaren Eigenkapitals	Vortrag aus Vorjahr bzw. Anfangsstand	20.000	0	38.000
	Einkünfte aus Land- u. Forstwirtschaft	290.000	260.000	240.000
	Abschreibungen	95.000	90.000	90.000
	Nebeneinkommen	60.000	40.000	20.000
	außerordentliche Einnahmen:			
	Einkünfte aus Direktvermarktung	20.000	110.000	180.000
	Holzverkauf		100.000	
	Summe I	485.000	600.000	568.000
	Lebenshaltungskosten	350.000	370.000	400.000
	sonstige Zahlungsverpflichtungen	0	0	
	Risikozuschlag (10% d. Eink. aus LuF)	29.000	26.000	24.000
	Kapitaldienste aus bestehenden Krediten:			
	AIK	31.000	31.000	31.000
	Darlehen für Direktvermarktung		20.000	20.000
	Summe II	410.000	447.000	475.000
Verfügbares Eigenkapital (Summe I minus Summe II)		75.000	153.000	93.000
– Kapitalbedarf laut Investitionsplan		185.000	115.000	170.000
Fremdkapitalbedarf (–) bzw. Kapitalvortrag (+)		– 110.000	38.000	– 77.000

Einen Finanzierungsplan erstellen Sie, um Ihren jährlichen Fremdkapitalbedarf zu ermitteln. Die Höhe Ihres Fremdkapitalbedarfes können Sie jedoch nicht mehr ausschließlich auf Ihr geplantes Vorhaben beschränkt betrachten, sondern Sie müssen die finanzielle Situation Ihres gesamten Betriebes – inklusive etwaiger außerbetrieblicher Einkünfte – in die Erstellung Ihres Finanzierungsplanes mit einbeziehen.

Die erforderlichen betriebswirtschaftlichen Daten hiefür sind:
- das land-und forstwirtschaftliche Einkommen
- etwaige Nebeneinkünfte
- außerordentliche Einnahmen (z.B. Anlagenverkauf, Holz,...)

Die daraus ermittelte Summe stellt das jährlich verfügbare Einkommen dar. Sofern Sie innerhalb der nächsten Jahre mit keinen größeren Ersatzinvestitionen rechnen, können Sie auch einen Teil der Abschreibungen des Anlagevermögens (= Gebäude, bauliche Anlagen, Maschinen,...) zur Finanzierung Ihres Vorhabens heranziehen.

Um aus dem jährlich verfügbaren Einkommen die Höhe des verfügbaren Eigenkapitals zu berechnen, müssen Sie
- die Lebenshaltungskosten Ihrer Familie
- sonstige Zahlungsverpflichtungen und vor allem
- die Annuitäten vorhandener Fremdkapitalmittel

von der Summe Ihres jährlich verfügbaren Einkommens abziehen. Darüber hinaus sollten Sie stets einen Betrag als Risikominderung kalkulatorisch in Rechnung stellen.

Nachdem Sie Ihr jährlich verfügbares Eigenkapital ermittelt haben, bringen Sie Ihren Kapitalbedarf aus Ihrem geplanten Investitionsvorhaben in Abzug. Solange der daraus resultierende Endbetrag positiv ist, besteht kein zusätzlicher Fremdkapitalbedarf, d.h. Sie können die geplante Investition aus Eigenmitteln bzw. aus den Erträgnissen Ihres Betriebes heraus finanzieren.

Ein negativer Endbetrag zeigt Ihnen, wie hoch der jährlich anfallende Fremdkapitalbedarf ist, den Sie sich durch Aufnahme von Darlehen bzw. Krediten verschaffen müssen.

Investition und Finanzierung

Erstellen Sie einen Finanzierungsplan für Ihr geplantes Vorhaben!

Finanzierungsplan

betriebliche Kennzahlen		S pro Jahr		
		1. Jahr	2. Jahr	3. Jahr
Ermittlung des verfügbaren Eigenkapitals	Vortrag aus Vorjahr bzw. Anfangsstand			
	Einkünfte aus Land- u. Forstwirtschaft			
	Abschreibungen			
	Nebeneinkommen			
	außerordentliche Einnahmen:			
	Einkünfte aus Direktvermarktung			
	Holzverkauf			
	Summe I			
	Lebenshaltungskosten			
	sonstige Zahlungsverpflichtungen			
	Risikozuschlag (10% d. Eink. aus LuF)			
	Kapitaldienste aus bestehenden Krediten:			
	AIK			
	Darlehen für Direktvermarktung			
	Summe II			
Verfügbares Eigenkapital (Summe I minus Summe II)				
– Kapitalbedarf laut Investitionsplan				
Fremdkapitalbedarf (–) bzw. Kapitalvortrag (+)				

Verwirklichung

Mit der Erstellung eines Finanzierungsplanes ist die Planungsphase vorerst abgeschlossen. Nun müssen Sie darangehen, Ihr Vorhaben auch zu verwirklichen. Diesbezüglich hat die geeignetste Finanzierungsform einen sehr wesentlichen Einfluß auf die Wirtschaftlichkeit Ihrer Aktivität.

FORMEN DER FINANZIERUNG

Neben dem Einfluß auf die Wirtschaftlichkeit Ihres Vorhabens wirken sich die einzelnen Finanzierungsformen auch auf die Liquidität Ihres Betriebes aus. Auf die termingerechte Bereitstellung von Kapital zur Tilgung von Außenständen ist besonders zu achten.

In diesem Abschnitt erfahren Sie, welche Form der Finanzierung für welchen Zweck am besten geeignet ist. Darüber hinaus bleibt jedoch die Höhe der jeweiligen Kreditkosten das entscheidendste Kriterium bei der Wahl der günstigsten Finanzierungsform.

Grundsätzlich unterscheidet man folgende Formen der Finanzierung:

- Finanzierung mit Eigenkapital
- Finanzierung mit Fremdkapital
  - nichtgeförderte Finanzierungsformen
    Kontokorrentkredit
    Hypothekarkredit
    Lieferantenkredit
  - geförderte Finanzierungsformen im Bereich Landwirtschaft
    Investitionszuschüsse
    Agrarinvestitionskredite

Finanzierung mit Eigenkapital

Sofern Sie genügend Eigenkapital angespart haben und auch in der Lage sind, es für die Finanzierung Ihres Vorhabens bereitzustellen, stellt diese Finanzierungsform die günstigste Variante dar. Eigenkapitalfinanzierung bietet folgende Vorteile:
- die Verzinsung und damit die Kapitalkosten sind kalkulatorische Größen
- die kalkulatorischen Kapitalkosten sind in der Regel niedriger als bei Fremdkapitalfinanzierung
- die Kapitalrückgewinnung ist an keine fixen Termine gebunden, dadurch können keine Liquiditätsprobleme entstehen

In Gesprächen mit Landwirten taucht vielfach das Argument auf, Eigenkapital bräuchte man in einer Kalkulation überhaupt nicht in Rechnung stellen. Es sei einfach da, und somit wäre es bei der Finanzierung eines Investitionsvorhabens nicht zu berücksichtigen.

Versuchen Sie nicht, dieser Argumentation zu folgen! Setzen Sie sich damit auseinander, daß auch die Finanzierung mit Eigenkapital den Regeln der Wirtschaftlichkeit folgen muß. Dies aus mehreren Gründen:

Geld ist ein begrenzender Faktor. Es ist das Wesen begrenzender Faktoren, daß sie dort zum Einsatz gelangen sollten, wo sie am wirksamsten sind, d.h. wo sie die größten Renditen erbringen.

Geld bietet viele Möglichkeiten der Veranlagung. Wenn Sie es nicht zur Finanzierung von Investitionen verwenden, können Sie damit in anderer Form Zinserträge erwirtschaften (z.B. langfristige Bindung auf einem Sparbuch, Ankauf festverzinslicher Wertpapiere, ...). Aus dieser Fragestellung heraus resultiert die Überlegung des Zinsanspruches von Eigenkapital.

Darüber hinaus besteht jederzeit die Möglichkeit, neben Ihrer geplanten Direktvermarktungsaktivität eine andere Investition zu tätigen. Der Einsatz von Eigenkapital erfordert daher eine Prüfung, durch welche Investition Ihr Geld am günstigsten gebunden wird.

Letztlich ist die Frage zu stellen, ob eine Finanzierung mit Fremdkapital nicht günstiger wäre. Dies könnte dann der Fall sein, wenn Ihr Vorhaben in den Rahmen geförderter Kredite fällt, deren Zinsaufwände geringer sind, als Sie durch eine Veranlagung Ihres Eigenkapitals erwirtschaften.

Finanzierung mit Fremdkapital

In vielen Fällen reicht Ihr vorhandenes Eigenkapital nicht aus, geplante Investitionen durchzuführen. Dann müssen Sie zur Form der Fremdfinanzierung greifen. Wie Sie im Zusammenhang mit der Wirtschaftlichkeitsanalyse gesehen haben, ist die Wirtschaftlichkeit dann gegeben, wenn die Leistung der Investition größer ist als deren Kosten. Die verschiedenen Einflüsse auf die Höhe der Kreditkosten werden im nachfolgenden Abschnitt im Zusammenhang mit dem Kreditkostenvergleich besprochen.

Nichtgeförderte Finanzierungsformen

Vorweg sollten Sie sich mit den einzelnen Formen der Fremdkapitalfinanzierung auseinandersetzen. Dabei ist darauf zu achten, welche besonderen Merkmale die jeweilige Finanzierungsform beinhaltet und für welchen Finanzierungszweck sie geeignet ist.

• Kontokorrentkredit

Der Kontokorrentkredit wird auch als Kredit in laufender Rechnung bezeichnet. Kennzeichnend für ihn ist der Umstand, daß Sie kein eigenes Kreditkonto eröffnen müssen, sondern daß Ihnen auf Ihrem Betriebskonto ein vereinbarter Kreditrahmen gewährt wird. Innerhalb dieses Rahmens können Sie jederzeit Geldbeträge in Anspruch nehmen. Die Rückzahlung erfolgt nicht zu vereinbarten Terminen, sondern Sie entscheiden über Zeitpunkt und Höhe der Rückzahlung.

Kennzeichen: Für die Einräumung eines Kreditrahmens auf Ihrem Betriebskonto zahlen Sie in der Regel eine Bereitstellungsgebühr, die sich nach der Höhe des Rahmens richtet. Stimmen Sie daher den Rahmen auf Ihren betriebseigenen Bedarf ab!
Innerhalb des Rahmens zahlen Sie die banküblichen Zinsen, die sich an jene eines Normalkredites anlehnen.

Auf eine Überziehung Ihres Kreditrahmens werden Sie nicht aufmerksam gemacht. Für die Dauer der Überziehung werden Ihnen automatisch zu den üblichen Zinsen Verzugszinsen verrechnet. Die Überziehung des Kreditrahmens ist eine der teuersten Finanzierungsarten.

Vorteile: Sie verfügen Ihrem Rahmen gemäß jederzeit über Geldmittel. So können Sie beispielsweise den Vorteil von Skonti nützen bzw. kurzzeitige Zahlungsschwierigkeiten überwinden.
Eine Ausnützung Ihres Kreditrahmens bedingt neben den anfallenden Zinsen keine weiteren Spesen bzw. Gebühren.
Die Kapitalbeschaffung erfolgt rasch und unbürokratisch.

Nachteile: Die Zinsen für den Kontokorrentkredit sind in der Regel höher als bei anderen Formen der Fremdfinanzierung.
Selbst wenn Sie den Kreditrahmen nicht beanspruchen, zahlen Sie eine Bereitstellungsgebühr.

Der Kontokorrentkredit eignet sich bestens zur Überbrückung kurzfristiger Zahlungsengpässe. Er findet vor allem bei der Finanzierung von Betriebsmitteln Anwendung und wird auch häufig als „Betriebskredit" bezeichnet.
Auf keinen Fall sollten Anlagen und Investitionen mit einer längerfristigen Kapitalbindung über Kontokorrentkredite finanziert werden, weil die Kapitalkosten durch die hohe Zinsbelastung unnötig erhöht werden.

- **Hypothekarkredit**

Der Hypothekarkredit stellt eine Finanzierungsform dar, bei der Sie den erforderlichen Fremdkapitalbetrag auf einmal ausbezahlt bekommen und nach vorab vereinbarten Raten zu bestimmten Zeitpunkten und über eine bestimmte Laufzeit hin abzahlen.
Im Gegensatz zum „Normalkredit" kommt es beim Hypothekarkredit zu einer grundbücherlichen Besicherung, d.h. Ihr Geldinstitut sichert sich das Recht, bei Nichtrückerstattung des Kapitals sich an Ihrer Liegenschaft bzw. an Teilen Ihrer Liegenschaften schadlos zu halten. Die Besicherung erfolgt durch Eintragung ins Lastenblatt des Grundbuches.
Die gebräuchlichste Form des Hypothekarkredites ist das Darlehen.

Kennzeichen: Durch Erarbeitung eines Tilgungsplanes werden Laufzeit und Rückzahlungsform auf Ihre persönlichen Verhältnisse abgestimmt.
Darlehen können in Form von gleichen Jahresraten, d.h. in Form von Annuitäten, sowie in ungleichen Jahresraten (Berechnung der Zinsen vom fallenden Kapital) getilgt werden.
Eine wiederholte Ausnützung der bereits zurückgezahlten Darlehensbeträge ist nicht möglich.

Vorteile: In der Regel günstiger Zinssatz durch hypothekarische Besicherung.

Wahl der Rückzahlungshäufigkeit: monatlich, viertel-, halbjährig und jährig.
Es besteht die Möglichkeit einer tilgungsfreien Anlaufzeit.

Nachteile: Für die Bereitstellung eines Darlehens werden Spesen berechnet. Häufig werden diese von der vereinbarten Darlehenshöhe abgezogen, so daß nicht der volle Betrag zur Auszahlung gelangt.

Außer den Spesen müssen Sie auch Kreditsteuer bezahlen.

Darlehen sind mittel- bis langfristig gebundene Finanzierungsarten und eignen sich daher besonders zur Finanzierung von Investitionen. Die individuelle Gestaltung der Laufzeit ist beim Darlehen von großer Bedeutung. Dabei gilt folgendes zu bedenken: Je kürzer die Laufzeit, desto höher ist der jährliche Kapitaldienst; je länger die Laufzeit, desto größer die gesamte Zinsbelastung. Eine optimale Abstimmung von Kreditlaufzeit und Nutzungsdauer Ihrer Investition ist daher unbedingt erforderlich.

• **Lieferantenkredit**

Im Regelfall bezeichnet man einen Lieferantenkredit als jene Finanzierungsform, bei der Ihnen Ihr Geschäftspartner eine Ware bzw. eine Anlage auf Zeit überläßt. Für die Dauer des Zahlungsziels werden vertraglich Zinsen festgesetzt. Weiters besteht die Möglichkeit der Ratenzahlung. Auch hiefür werden Zinsen verrechnet. Üblicherweise sind Lieferantenkredite teurer als Angebote von Bankinstituten.

Um innerhalb des Mitbewerberkreises zu einem Geschäftsabschluß zu kommen, sind viele Firmen bereit, Ihnen günstige Zahlungskonditionen einzuräumen. Es hängt von Ihrem Verhandlungsgeschick ab, wieweit Sie in der Lage sind, günstigere als die banküblichen Bedingungen auszuhandeln.

Es gilt jedoch zu bedenken, daß Lieferantenkredite lediglich kurz- bis mittelfristige Finanzierungsformen darstellen. Nach einer anfänglichen Ausnützung des Lieferantenangebotes ist daher eine weitere Finanzierung in Form eines Darlehens ins Auge zu fassen.

In weiterer Folge sollten Sie sich über die Förderungswürdigkeit Ihres Investitionsvorhabens Gedanken machen. Innerhalb der Landwirtschaft – und im speziellen im Bereich der Direktvermarktung – steht Ihnen eine Reihe von Förderungen offen. Allen gemeinsam ist jedoch der Umstand, daß eine Förderungsbewilligung an die Wirtschaftlichkeit und Finanzierungssicherheit geknüpft ist.

Geförderte Finanzierungsformen

Die Förderungspolitik der Europäischen Union sieht für den Bereich Landwirtschaft im Rahmen der sogenannten „Ziel 5"-Regelung weitreichende Förderungsmöglichkeiten vor. Die Bereitstellung der Förderungsgelder teilen sich EU, Regierung und Länder nach festgesetzten Quoten. Dabei gilt es grundsätzlich, zwischen zwei Förderungssparten zu unterscheiden:

Ziel 5a

Darunter versteht man den Bereich der einzelbetrieblichen Förderung landwirtschaftlicher Betriebe. Ziel dieser Förderung ist die Stärkung und Stabilisierung des jeweiligen landwirtschaftlichen Unternehmens. Durch die Gewährung von Förderungsmitteln soll die Umsetzung von erforderlichen Investitionen auf Ihrem Betrieb erleichtert werden und somit zur Sicherung Ihrer Existenzgrundlage beitragen.

Ziel 5b

Das vorrangige Ziel der 5b-Förderungen ist die Stärkung und Stabilisierung strukturschwacher Regionen. Während die Förderungen nach 5a an keine Gebietsbeschränkung gebunden sind, gibt es im Rahmen der 5b-Förderungen exakt definierte Gebiete bzw. Regionen, auf die die Förderungsrichtlinie beschränkt ist.

Um in den Genuß einer 5b-Förderung zu kommen, muß der wirtschaftliche Nutzen auf mehrere Betriebe verteilt sein, d.h. es können nur Gemeinschaftsprojekte gefördert werden. Als Gemeinschaftsprojekt gilt ein Vorhaben, wenn mindestens zwei, in manchen Fällen mindestens drei Personen bzw. Personenvereinigungen daran beteiligt sind.

Ihre Ansprechpartner bezüglich der Förderungswürdigkeit Ihres Investitionsvorhabens sind die Landwirtschaftskammern der einzelnen Bundesländer auf Bezirksebene bzw. die jeweils zuständigen Abteilungen der Landesregierung sowie eigens dafür eingerichtete Regionalmanagements (soweit sie in den einzelnen Bundesländern vorhanden sind), die für die Abwicklung der 5b-Förderung zuständig sind.

Die genauen Förderungsrichtlinien und Förderungshöhen erfragen Sie bei den oben genannten Stellen. Grundsätzlich stehen Ihnen für Investitionen im Bereich der Direktvermarktung zwei Förderungsmöglichkeiten offen:

- **Investitionszuschüsse**

Ausgehend von der ermittelten und mit Kostenvoranschlägen bzw. Baukostenrichtsätzen veranschlagten Gesamtinvestitionssumme (incl. Eigenleistungen) sehen die Förderungsrichtlinien nach 5a und 5b direkte Investitionszuschüsse vor. Darunter versteht man einen nichtrückzahlbaren Anteil der Gesamtinvestitionssumme, der Ihnen als Förderung gewährt wird. Die Richtlinien definieren den Zuschuß als Prozentsatz von der Gesamtinvestitionssumme. Zuschüsse von 10 bis 40 % gemäß 5a bzw. bis 50 % gemäß 5b sind möglich.

Erfolgt die Antragstellung mit Kostenvoranschlägen bzw. nach Baukostenrichtsätzen, also aufgrund von Planungsunterlagen, so wird die Auszahlung des Zuschusses nach Vorlage der tatsächlich vorhandenen Rechnungsbelege (incl. Eigenleistungsaufzeichnungen) unter Voraussetzung einer Bewilligung seitens der Förderungsabwicklungsstelle durchgeführt.

Hinsichtlich der Erstellung eines Finanzierungsplanes müssen Sie bedenken, daß die Auszahlung der Investitionszuschüsse nicht sofort erfolgt bzw. daß Sie die Geldmittel auf jeden Fall vorfinanzieren müssen. Planen Sie für die Zuzählung des Zuschusses einen Zeitraum von einem halben bis einem Jahr nach Vorlage der Rechnungsbelege ein.

- **Agrarinvestitionskredite (AIK)**

Zusätzlich zur Beantragung von Investitionszuschüssen haben Sie die Möglichkeit, für Ihr Investitionsvorhaben einen Agrarinvestitionskredit zu beantragen. Diese Form der Förderung besteht jedoch nur im Rahmen der „Ziel 5a"-Regelung. Ihre Kontaktstelle hiefür ist die örtlich zuständige Landwirtschaftskammer auf Bezirksebene.

Agrarinvestitionskredite sind ihrem Wesen nach Hypothekardarlehen mit mittel- bis langfristiger Laufzeit. Für die Antragstellung eines AIK müssen sich Bankinstitute bereit erklären, Darlehen zu einem halbjährlich vereinbarten „Bruttozinssatz" anzubieten. Dieser Bruttozinssatz ist in der Regel günstiger als der Zinssatz für herkömmliche Darlehen.

Gemäß der jeweiligen Investitionsrichtlinie wird das Darlehen mit einem bestimmten Prozentsatz vom Bruttozinssatz gefördert.

Beispiel: Bruttozinssatz 7 %
Zuschuß 50 %

In diesem Fall würden Ihnen 50 % des Bruttozinssatzes bezuschußt, d.h. tatsächlich bezahlen Sie für das Darlehen lediglich 3,5 % und liegen somit unter dem kalkulatorisch festgelegten Zinsanspruch Ihres Eigenkapitals.

Die Auszahlung eines Agrarinvestitionskredites erfolgt frühestens nach Antragstellung bei der örtlich zuständigen Landwirtschaftskammer. Bezüglich Ihres Finanzierungsplanes müssen Sie bedenken, daß Sie erst ab dem Datum der Bewilligung Ihres Investitionsvorhabens mit einem Zinsenzuschuß rechnen können. Dieser Zinsenzuschuß wird allerdings auch frühestens nach Vorlage Ihrer Rechnungsbelege bzw. Fertigstellung Ihres Investitionsvorhabens, dann jedoch rückwirkend bis zum Bewilligungsdatum, seitens der Förderungsabwicklungsstelle direkt an das Bankinstitut ausbezahlt.

Im Rahmen der 5a-Regelung haben Sie darüber hinaus die Möglichkeit, die Form des Investitionszuschusses mit der Beantragung eines Agrarinvestitionskredites zu kombinieren.

Keinesfalls sollten Sie die Gelegenheit, Förderungsmittel zu beantragen, verabsäumen und sich daher rechtzeitig im Rahmen eines Beratungsgespräches bei der jeweils zuständigen Förderungsstelle erkundigen.

KREDITKOSTENVERGLEICHE

Der angegebene Zinssatz alleine reicht nicht aus, um zu beurteilen, welches Ihrer Kreditangebote am wirtschaftlich günstigsten ist. Darüber hinaus gibt es eine Reihe von banküblichen zusätzlichen Kreditkosten, die unter dem Begriff „Kreditspesen" zusammengefaßt werden. Für die Bezeichnung der Kreditspesen sind zahlreiche Begriffe gebräuchlich, u.a.:

- Bearbeitungsgebühr
- Abschlußgebühr
- Schreibgebühr
- Provisionen

Bei Darlehen wird auch eine Kreditsteuer in Rechnung gestellt. Sofern es sich um ein Hypothekardarlehen handelt, werden zusätzlich zu den sonstigen Kreditspesen auch noch Einschreibgebühren für die grundbücherliche Sicherstellung einbehoben.

All diese Spesen wirken sich auf die tatsächlichen Kreditkosten aus. Um zu entscheiden, welches Kreditangebot Sie wählen sollten, sind daher die genannten Faktoren zu berücksichtigen.

Darüber hinaus gibt es noch eine Vielzahl weiterer Faktoren, die Einfluß auf die tatsächlichen Kreditkosten ausüben:

Basis der Zinsverechnung

Verzinsung vom fallenden Kapital

Mit jeder Rate, die Sie zurückbezahlen, tilgen Sie einen Teil des aufgenommenen Kapitals. Bei der Verzinsung vom fallenden Kapital werden die Zinsen lediglich vom noch aushaftenden Betrag berechnet.

Verzinsung vom stehenden Kapital

Hier erfolgt die Berechnung der Zinsen stets vom ursprünglich aufgenommenen Kreditbetrag, egal, wieviel Sie schon zurückbezahlt haben. Diese Form der Verzinsung ist unbedingt zu vermeiden.

Zeitpunkt der Zinsverrechnung

Antizipative Zinsenverrechnung

Die Fälligkeit der Zinsen erfolgt am Anfang der Verzinsungsperiode.

Dekursive Zinsenverrechnung

Die Fälligkeit der Zinsen erfolgt am Ende der Verzinsungsperiode.

Bei gleichem Zinssatz und sonstigen gleichen Bedingungen ist die dekursive Verrechnung für Sie günstiger, da die Dauer der Zinsanlastung kürzer ist.

Häufigkeit der Zinsverrechnung

In diesem Zusammenhang müssen Sie bedenken, daß mit der Höhe der Rückzahlungshäufigkeit auch die Verrechnung von Gebühren und sonstigen Spesen steigt. Je seltener eine Tilgung erfolgt, desto günstiger wird es für Sie. Von einer monatlichen Tilgung ist überwiegend abzuraten, eine jährliche Tilgung kann unter Umständen Liquiditätsengpässe verursachen. Die Form der halbjährlichen Tilgung stellt die weitgehend praktikabelste Lösung dar.

Auszahlungshöhe

Wie Sie bereits wissen, kann mit der Beantragung eines Darlehens eine Reihe von Spesen anfallen. Nun ist es entscheidend, wie die Form der Spesenabrechnung erfolgt.

Einerseits besteht die Möglichkeit, die Summe der Spesen vom beantragten Darlehensbetrag abzuziehen, d.h. Sie bekommen nicht den gesamten Betrag ausbezahlt; andererseits kann die Summe der Spesen dem beantragten Kreditbetrag hinzugezählt werden. Dies bedingt jedoch eine erhöhte Darlehenssumme und erhöht somit die Zinsbelastung.

Investition und Finanzierung

Die in Prozenten ausgedrückte Differenz zwischen der beantragten Kredithöhe und dem tatsächlich ausbezahlten Betrag bezeichnet man als „Disagio".

Die Basis Ihrer Entscheidung für oder gegen ein Kreditangebot muß sämtliche genannten Faktoren berücksichtigen. Aus finanzmathematischer Sicht erhebt sich die Frage, wie all die Spesen und sonstigen Kreditkosten im Rahmen eines Kreditkostenvergleiches berücksichtigt werden können.

Ermittlung des effektiven Zinssatzes

Als „effektiven Zinssatz" bezeichnet man jenen Zinssatz, der die anfallenden Spesen und sonstigen Kreditkosten derart berücksichtigt, als würden sie zum angegebenen Zinssatz hinzugezählt. Jeder Anfall von Spesen erhöht demnach den laut Angebot bezeichneten Zinssatz.

Die finanzmathematische Ermittlung ist sehr kompliziert und für Ungeübte langwierig. Zur Prüfung Ihrer Kreditangebote reicht eine in der Praxis übliche Annäherungsformel, um den effektiven Zinssatz mit einer ausreichenden Genauigkeit festzustellen. Sie lautet:

$$\text{effektiver Zinssatz} = \frac{\text{Normalzinssatz} + \dfrac{\text{Disagio (in \%)}}{\text{mittlere Laufzeit (in Jahren)}}}{\text{Auszahlung (in \%)}} \times 100$$

Anhand eines **Beispiels** soll Ihnen die Prüfung von Kreditangeboten verdeutlicht werden. Folgende Daten dienen als Grundlage:

    Darlehenshöhe   500.000,–
    Laufzeit   10 Jahre

Zur Auswahl stehen zwei Kreditangebote:

Investition und Finanzierung

Kostenart	Angebot 1	Angebot 2
Zinssatz	8,5 % dekursiv	8,5 % dekursiv
Bearbeitungsgebühr	3 % vom aufgenommen Betrag	1 % vom aufgenommenen Betrag
Risikoprovision	keine	1 % vom aufgenommenen Betrag, einmalig
Kreditsteuer	0,8% vom aufgenommenen Betrag	0,8 % vom aufgenommenen Betrag
Grundbucheintragungsgebühr	1,1 % vom eingetragenen (= aufgenommenen) Betrag	1,1% vom eingetragenen (= aufgenommenen) Betrag
Kapitalbeschaffungskosten	1,1 % vom aufgenommenen Betrag einmalig	keine
Kreditversicherung	keine	5.000,– einmalig

Daraus errechnen sich folgende Werte:

Kostenart	Angebot 1	Angebot 2
Auszahlungsbetrag absolut Auszahlungsbetrag in % Disagio in %	470.000,– 94 % 6 %	475.500,– 95 % 5 %

Unter Anwendung der Formel für die Berechnung des effektiven Zinssatzes gelangen Sie zu folgendem Ergebnis:

	Angebot 1	Angebot 2
effektiver Zinssatz	10,3 %	10,0 %

Sofern es sich bei den Spesen und sonstigen Kreditkosten nicht um einmalige, sondern um jährlich wiederkehrende Kosten handelt, müssen Sie diese zur jährlich anfallenden Annuität hinzuzählen, damit Sie den effektiven Zinssatz ermitteln können.
Die Vorgangsweise soll anhand des folgenden **Beispiels** dargestellt werden:

Investition und Finanzierung

Kostenart	Angebot 1	Angebot 2
Bereitstellungsgebühr	1 % pro Jahr	keine
daraus errechnen sich die jährlichen Kosten		
Annuität: 500.000,– x 0,15241 (8,5%/10 J.)	76.205,–	76.205,–
Bereitstellungsgebühr	5.000,–	–
jährliche Kosten gesamt	81.205,–	76.205,–
Annuitätenfaktor = jährliche Kosten/ Auszahlungsbetrag	81.205/470.000 = 0,17278	76.205/475.000 = 0,16043
effektiver Zinssatz – abgelesen in der Annuitätentabelle (Laufzeit 10 Jahre)	11,5 %	10,0 %

Wie Sie sehen, ergibt sich laut Beispiel infolge der einzelnen Spesen eine relativ starke Erhöhung des effektiven Zinssatzes. Bei gleichem Nominalzinssatz und ähnlicher Spesenhöhe erscheint das Angebot 2 letztlich doch erheblich günstiger.

Die exakte Prüfung Ihrer Kreditangebote ist daher auf jeden Fall ratsam. Lassen Sie sich durch scheinbar niedrige Zinssätze nicht in die Irre führen, und vermeiden Sie im Rahmen Ihrer Kreditverhandlungen – wenn möglich – unübersichtliche Spesenvereinbarungen.

Abschließend vergleichen Sie Ihre konkreten Kreditangebote:

Kostenart	Angebot 1	Angebot 2
Zinssatz Bearbeitungsgebühr Risikoprovision Kreditsteuer		
Grundbucheintragungs- gebühr Kapitalbeschaffungskosten Kreditversicherung		

Kostenart	Angebot 1	Angebot 2
Auszahlungsbetrag absolut Auszahlungsbetrag in % Disagio in %		
effektiver Zinssatz		

FINANZIERUNGSFEHLER

Erfolg oder Mißerfolg Ihrer betrieblichen Aktivitäten sind selten von einem einzigen Faktor abhängig. In den meisten Fällen ergibt sich ein Mißerfolg als Resultat einer Summe kleiner Fehlentscheidungen bzw. Fehlhandlungen.

Abschließend sollten Sie sich daher Gedanken über mögliche Fehlerquellen machen.

Nichtinanspruchnahme von Förderungen

Eine Finanzierung ohne Berücksichtigung von Förderungen kommt Sie teuer zu stehen. Die jährlichen Kapitalkosten steigen unnötig in die Höhe, es kommt oftmals zu Liquiditätsengpässen, und Ihr Investitionsvorhaben erleidet dadurch vermeidbare Schwierigkeiten.

Dazu ein Beispiel:

Investitionssumme	500.000,-
Eigenkapital	200.000,-
mögliche Förderung	20% Investitionszuschuß
	200.000,– AIK mit 3,5% Verzinsung
Laufzeit	10 Jahre
Alternative	Darlehen 9,0%

Im Beispiel soll nur der tatsächlich anfallende Kapitaldienst gegenübergestellt werden. Die kalkulatorische Eigenkapitalverzinsung bleibt aus Gründen der Übersichtlichkeit unberücksichtigt.

Investition und Finanzierung

	ohne Förderungsanspruch	mit Förderungsanspruch
Investitionssumme abzüglich Eigenkapital abzüglich Investitionszuschuß	500.000,– 200.000,–	500.000,– 200.000,– 100.000,–
erforderliches Fremdkapital	300.000,–	200.000,–
jährlicher Kapitaldienst (= Annuität) Laufzeit 10 Jahre; 9,0 bzw. 3,5 %	46.746,–	24.048,–

Eine Nichtberücksichtigung von Förderungsansprüchen verdoppelt in diesem Beispiel nahezu den jährlichen Kapitaldienst. Damit wird die Wirtschaftlichkeit der Investition unnötig gefährdet.

Eine weitgehende und tiefgreifende Auseinandersetzung mit allen denkbaren Förderungsansprüchen sollte daher bei der Planung Ihres Investitionsvorhabens das vordergründigste Anliegen sein.

Unzureichender Investitionsplan

Eine unzureichende Investitionsplanung bedingt häufig das Außerachtlassen wesentlicher Investitionspositionen. Bedenken Sie, daß Sie während der Zeit Ihrer Kapitalbeschaffung und Einholung von Darlehensangeboten von einem voraussichtlich zu erwartenden Kapitalbedarf ausgehen.

Sollte sich zu einem späteren Zeitpunkt herausstellen, daß Sie weitere Geldmittel benötigen, ist eine zusätzliche Fremdkapitalbeschaffung oft teurer. Planen Sie daher vorausdenkend und stets unter Berücksichtigung eines Risikofaktors!

Die optimale Größe Ihrer Anlagen bzw. die Kapazität Ihres geplanten Vorhabens sollten Ihnen primäre Anliegen sein. Sehr häufig stellt sich schon nach kurzer Zeit heraus, daß Sie Ihr Vorhaben zu klein dimensioniert haben. Eine zusätzliche Erweiterungsinvestition ist stets teurer als die Realisierung eines Investitionsvorhabens mit optimaler Kapazität. Prüfen Sie daher Ihr Marktvolumen und dessen Entwicklungspotential, und stimmen Sie Ihr Vorhaben schon zu Beginn auf die Erfordernisse des Marktes ab!

Überbewertung von Eigenleistungen

Vor allem im Bereich der Errichtung von Gebäuden und baulichen Anlagen neigen viele dazu, ihre Eigenleistung zu überschätzen. Dadurch wird der geplante Kapitalbedarf reduziert. Falsche Hoffnungen bedingen eine ungenügende Absicherung des Vorhabens mit Fremdkapital. Ergibt sich zu einem späteren Zeitpunkt ein unerwarteter Kapitalbedarf, wird die Geldbeschaffung unnötig erschwert und verteuert.

Prüfen Sie daher, ob Sie tatsächlich in der Lage sind, diverse Eigenleistungen zu erbringen. Selbst wenn Sie die Qualifikation und die Fertigkeit besitzen, müssen Sie sich fragen, ob Sie zeitlich in der Lage sind, Eigenleistungen termingerecht zu erledigen. Häufig werden Bauvorhaben unnötig verzögert, weil termingebundene Arbeiten aus Zeitmangel nicht eingehalten werden können. Dadurch verlängert sich die Bauzeit, und Erlöse bleiben länger aus.

Mangelnde Prüfung von Anboten

Um verschiedene Anbote vergleichen zu können, muß die Gesamtleistung, die Sie erwarten, die gleiche sein. Das setzt jedoch voraus, daß Sie genau und detailliert wissen müssen, was Sie in welchem Umfang und mit welcher Qualität benötigen. Unterschiedlichen Anboten liegen häufig unterschiedliche Leistungsumfänge zugrunde. Ein günstiges Anbot kann dann teuer werden, wenn sich im nachhinein herausstellt, daß gewisse Leistungen nicht erfragt wurden, bzw. die Qualität der Leistung in einer Art und Weise angegeben ist, die Ihren Vorstellungen nicht entspricht.

Bevor Sie Anbote einholen, sollten Sie daher genau definieren, welche Leistung Sie vom jeweiligen Anbieter erwarten. Stellt sich im Zuge des Beratungsgespräches heraus, daß sich der Leistungsumfang ändert, müssen Sie dies auch bei anderen, eventuell bereits vorliegenden Anboten berücksichtigen.

Falsche Finanzierungsform

Die Finanzierungsmöglichkeit mittels eines Kontokorrentkredites, also die Überziehung des Girokontos, stellt lediglich eine kurzfristige Finanzierungsform dar. Dabei wird vielfach die Überschreitung des vereinbarten Überziehungsrahmens nicht bedacht. Für mittel- bis langfristig erforderlichen Kapitalbedarf sollte unbedingt die Form des Darlehens gewählt werden.

Ergibt sich im Zuge der Erstellung Ihres Finanzierungsplans eine kurzfristige Finanzierungslücke, für die eine Darlehensaufnahme nicht erforderlich ist, so stimmen Sie den Kreditrahmen Ihres Kontos rechtzeitig auf den erforderlichen Bedarf ab. Eine Überziehung des Rahmens verursacht einen unnötig hohen zusätzlichen Zinsaufwand und kommt Sie teuer zu stehen.

Mangelnde Abstimmung zwischen Laufzeit und Nutzungsdauer

Eine kurze Laufzeit bedingt zwar eine Reduktion der Gesamtkapitalkosten, der jährliche Kapitaldienst wird dabei jedoch erhöht. Dies verursacht häufig Kapitalkosten, die höher als die Leistung sind, die Sie mit Ihrer Aktivität erzielen. Dadurch gefährden Sie die Wirtschaftlichkeit und letztlich auch die Finanzierung Ihres Vorhabens.

Prüfen Sie daher Ihre finanzielle Lage genau, und stimmen Sie die Laufzeiten von Darlehen und die Nutzungsdauer optimal aufeinander ab. Keinesfalls darf die Laufzeit länger sein als die wirtschaftlich vertretbare Nutzungsdauer!

Mangelnde Kenntnis des Betriebserfolges

Dem Prinzip des ordentlichen Kaufmannes folgend, dürfen Sie sich zwar ärmer darstellen als Sie sind, aber niemals reicher. In der Realität neigen viele jedoch dazu, die zu erwartenden Erlöse höher und die zu erwartenden Kosten geringer einzuschätzen, als sich im nachhinein herausstellt. Dies führt unweigerlich zu Finanzierungsproblemen und gefährdet den Betriebserfolg.

Die Kenntnis Ihres Betriebserfolges ist daher für eine dauerhafte und verantwortungsbewußte Betriebsführung von größter Bedeutung. Den Betriebserfolg erfahren Sie jedoch nur unter Anwendung eines Buchführungssystems, das Sie über mehrere Jahre hindurch konsequent betreiben. Ob es sich dabei um die einfache Einnahmen-Ausgabenrechnung oder um die doppelte Buchführung handelt, ist nicht von entscheidender Bedeutung. Wichtig sind die gewissenhafte Aufzeichnung und die Verwertung der gewonnenen Daten für die zukünftige betriebliche Ausrichtung.

Nehmen Sie sich die Zeit, Ihren Betriebserfolg exakt zu bestimmen. Sie gewinnen dadurch Daten, die Ihnen im wirtschaftlichen Alltag Entscheidungen wesentlich erleichtern.

Bedenken Sie, daß das Ziel Ihrer wirtschaftlichen Aktivitäten die Schaffung eines ausreichenden Einkommens für Sie und Ihre Familie ist. Der Erfolg liegt nur selten im Großen. Zumeist sind es die kleinen Schritte, die ihn ausmachen. Im Bereich der Investition und Finanzierung haben Sie eine Fülle von Möglichkeiten, kleine Beträge durch umsichtiges und verantwortungsbewußtes Wirtschaften zu sparen. In Summe ergibt sich jedoch nicht selten ein ordentlicher Gewinn.

DIE VERMARKTUNG

Was bedeutet eigentlich „Marketing"?

Die vergangenen Jahrzehnte zeigten einen entscheidenden Wandel in der Verkaufsstrategie. In der unterversorgten Nachkriegszeit bis hinein in die beginnenden siebziger Jahre stand beinahe jedem Angebot eine entsprechende Nachfrage gegenüber. Während dieser Zeit dominierten die Verkäufer die Märkte und konnten es sich erlauben – vereinfacht ausgedrückt – auf die Kunden zu warten, weil ausreichend Nachfrage gegeben war. Mit sogenannter „Reklame" wurde auf das Produkt aufmerksam gemacht, und schon konnte man sich über gute Verkaufserfolge freuen.

Je anspruchsvoller die Konsumenten wurden und je vielfältiger und größer sich das Angebot entwickelte, desto schwieriger wurde es, ein Produkt auf dem Markt zu plazieren.

Die Zeiten, in denen die Kunden dem Produkt angepaßt werden, sind offensichtlich vorbei. Die Strategie – entsprechend dem Motto „Produkt such dir deinen Kunden" – wurde längst abgelöst. Um heute Erfolg zu haben, ist es notwendig, dem Konsumenten ein maßgeschneidertes Produkt anzubieten. Dieses muß geeignet sein, einen besonderen Nutzen zu bieten und individuelle Bedürfnisse zu befriedigen. Aus diesem Grund begeben sich immer mehr Betriebsführer auf die Suche nach Marktnischen, um aus der verwechselbaren Masse der Anbieter auszuscheiden und etwas ganz besonderes, etwas ganz anderes als die anderen anzubieten.

Marketing bedeutet also nicht nur, besonders kreativ zu sein, neue tolle Produkte zu finden und die Produktion laufend zu verbessern. Erfolgreiches Marketing ist geprägt von einer konsequenten und systematischen Vorgangsweise zur Erhebung der Kundenbedürfnisse und eine gezielte Anpassung der eigenen Produkte und Leistungen an die Wünsche, Bedürfnisse und Gewohnheiten der Kunden.

Marketing erfordert gezielte Planung von Strategien und Maßnahmen sowie die Bearbeitung und Pflege des Marktes mit dem Einsatz zahlreicher Instrumente. Zu diesen Instrumenten zählen
- eine auf die Zielgruppe ausgerichtete Sortiments- und Produktgestaltung
- eine verbraucherorientierte Festlegung der Vertriebswege
- eine faire und angemessene Preisgestaltung
- alle Möglichkeiten der Werbung, Öffentlichkeitsarbeit und Verkaufsförderung.

Diese Philosophie der konsequenten Ausrichtung des Betriebes **vom** Markt **auf** den Markt bezeichnen wir als „Marketing".

Welche Gefahren drohen dem bäuerlichen Direktvermarkter?

Die eigenen Stärken und Schwächen sind nicht bewußt

Viele Bauern beginnen mit der Direktvermarktung, ohne sich vorher genau zu überlegen, wo ihre persönlichen und betrieblichen Stärken bzw. Schwächen liegen. Aus diesem Grund sind sie nicht in der Lage, die richtigen Produkte und die richtigen Zielgruppen festzulegen. Vielmehr wird intuitiv „aus dem Bauch heraus" gearbeitet. Dabei besteht die große Gefahr, daß man sich für Produkte entscheidet, die sich kaum oder gar nicht vom Angebot der Mitbewerber unterscheiden. Der mangelnde Nutzen für den Käufer und die Austauschbarkeit mit dem nächstgelegenen Direktvermarkter führen zu einem unausweichlichen Preiskampf. Immer dann, wenn ich mit meinem Produkt und meiner Dienstleistung austauschbar bin, wird sich der Kunde am Preis orientieren.

Daraus resultieren z.B. folgende Angebote und Aussagen, wie man sie leider immer wieder sieht und hört:

Zu jedem Liter Milch gibt es ein Ei gratis. Nach einiger Zeit gibt es ein zweites Ei, weil der Nachbar auch schon ein Ei dazuschenkt.

Die Zustellung von Produkten wird nicht verrechnet, da der Verkaufspreis gleich dem Ab-Hof-Preis ist.

„Die Arbeitszeit darf ich nicht rechnen, sonst kommt unter dem Strich nichts raus!"

„Maschinen, Geräte und Räumlichkeiten kalkuliere ich nicht, denn die sind ohnehin vorhanden!"

All das sind Zeichen von krassen Marketingfehlern, die den Erfolg des Betriebszweiges Direktvermarktung verhindern. Nur wenn ich meine echten Stärken nutze und darauf mein Angebot ausrichte, kann ich besser sein als meine Mitbewerber und meine Kunden begeistern.

Die Zielgruppen für die einzelnen Produkte sind nicht festgelegt

„Der Köder muß dem Fisch schmecken und nicht dem Angler!"

Diesen Grundsatz sollten Sie bei jeder Sortiment- und Produktgestaltung unbedingt beachten. Nur wenn die Zielgruppen genau festgelegt und deren Bedürfnisse und Gewohnheiten bekannt sind, können die Produkte richtig gestaltet, die richtigen Vertriebswege gefunden, ein angemessener Preis festgelegt und eine konzentrierte Werbung und Öffentlichkeitsarbeit betrieben werden.

Nicht der bäuerliche Direktvermarkter ist der Maßstab dafür, ob ein Produkt gut oder schlecht ist. Nur der Kunde entscheidet darüber und wird seine Einkaufsentscheidung dementsprechend fällen.

Es wird alles und nichts produziert

Viele Direktvermarkter entwickeln sich so, daß, ausgehend von einer schmalen Produktpalette, immer mehr Produkte angeboten werden. Hier und dort sieht man etwas Schönes, Gutes, Lustiges oder Interessantes und versucht, es auch selbst anzubieten, weil es einem eben gefällt.

Diese Vorgangsweise birgt eine große Gefahr in sich, weil man sich nicht unmittelbar an der Zielgruppe, sondern an den eigenen Vorstellungen orientiert und dann nicht den gewünschten Verkaufserfolg erzielt.

Zusätzlich führt eine zu breite Produktpalette zu einer häufig beklagten Arbeitsüberlastung mit folgenden Auswirkungen:
- Die ursprünglichen Produkte haben nicht mehr die gewohnt hohe Qualität, weil die Herstellung aus Zeitgründen nicht mehr so sorgfältig erfolgt und Produktionsfehler gemacht werden.
- Die Lagerdauer verlängert sich, weil sich nicht alle Produkte gleich rasch absetzen lassen. Das führt erstens zu hohen Lagerkosten und zweitens zu minderwertigen oder gar verdorbenen Produkten, die weggeworfen werden müssen oder Ihren Kunden furchtbar verärgern.
- Sie finden nicht die Zeit für ein gutes und angenehmes Verkaufsgespräch, und der Kunde fühlt sich schlecht betreut.
- Sie verlieren die Freude an der Arbeit, weil Sie dem andauernden Druck nicht gewachsen sind.
- Sie verlieren Ihre Stammkunden und deren persönliche Empfehlung.

Ein zufriedener Kunde teilt dies drei Leuten mit. Ein unzufriedener Kunde informiert zehn von seiner Enttäuschung. Das bedeutet, um einen schlechten Eindruck wieder auszugleichen, müssen Sie ein Vielfaches an positiven Erlebnissen bieten.

Sie setzen die Werbemittel nicht geplant und konzentriert ein

Wenn Sie keine konsequente Marketingstrategie verfolgen, in der Ihre Zielgruppe und die Produkte genau festgelegt sind, wissen Sie nicht genau, wie Sie die zur Verfügung stehenden Werbemittel einsetzen müssen, um den größtmöglichen Nutzen zu erzielen.

Wen soll ich mit Werbung ansprechen? In welcher Form soll ich Öffentlichkeitsarbeit betreiben? Welche Kunden will ich mit meinen Verkaufsförderungsaktionen erreichen? Auf welchen Messen soll ich präsentieren? Welche Kunden muß ich besonders gut betreuen?

Eine unklare Antwort auf all diese Fragen führt dazu, daß Kommunikationsmittel nicht konzentriert eingesetzt werden. Dort ein wenig Werbung und da ein wenig Verkaufsförderung, und die wahllose Verteilung und Versendung von Informationsunterlagen führt zu einer sehr großen Kostenbelastung und einem völlig unzureichenden Erfolg.

Was kann man tun, um diese Fehler zu vermeiden?

Es gibt kein Patentrezept für erfolgreiches Marketing. Doch mit einer systematischen Vorgangsweise haben Sie die besten Chancen, die richtigen Entscheidungen zu treffen und Fehler zu vermeiden.

Lesen und arbeiten Sie sich durch die folgenden Seiten und Arbeitsblätter, und Sie werden Ihren persönlichen Weg finden, der Sie zu begeisterten Kunden und zu einem erfolgreichen Direktvermarktungsbetrieb führt. Das erfordert Zeit und Mühe. Doch zum Erfolg führt eben keine

Rolltreppe, sondern Sie müssen die Stiege benützen! Je weiter Sie diese Stiege hinaufsteigen, um so mehr werden Sie daran Freude finden. Ihre konsequente und zielorientierte Arbeit wird unglaubliche Energie in Ihnen freisetzen und Sie zu persönlichem und beruflichem Erfolg führen. Viel Spaß!

Der Marketingplan

DIE ELEMENTE DES MARKETINGPLANES

Situationsanalyse
1. Derzeitiges Produkt- und Leistungsprogramm
2. Derzeitige Vertriebswege und Preisgestaltung
3. Derzeitige Kommunikationsmittel (Werbung, Verkaufsförderung, Öffentlichkeitsarbeit)
4. Wichtigste Mitbewerber bei den einzelnen Produktgruppen

Stärken/Schwächen – Chancen und Gefahren
1. Mitbewerberanalyse
2. Betriebs-/Mitarbeiteranalyse
3. Herausarbeiten der Kernkompetenzen
4. Positionierung der Produktlinien gegenüber Ihren Mitbewerbern
5. Chancen und Gefahren erkennen

Zukünftiges Produkt- und Leistungsprogramm
1. Produktlinien und Zielgruppen festlegen
2. Merkmale der Zielgruppen definieren
3. Kundenwünsche und -bedürfnisse erheben
4. Angebot auf die Kunden abstimmen

Marketing-Mix
Produkt- und zielgruppenbezogene Festlegung von:
1. Produkt- und Leistungsgestaltung, Begeisterungselemente
2. Preispolitik
3. Verkaufswege
4. Kommunikations-Mix

Marketingziele und Zielverfolgung

Situationsanalyse

Der erste Schritt in der Erstellung eines Marketingplanes ist die Analyse der derzeitigen Situation. Dabei analysieren Sie Schritt für Schritt Ihre derzeitige Betriebsausrichtung und hinterfragen konsequent jede Tätigkeit auf positive und negative Ausprägungen. Wir leiden alle unter dem Problem der Betriebsblindheit, weil wir eben so in unsere Betriebe verliebt sind. Doch um erfolgreich zu sein, müssen wir selbstkritisch immer wieder den Finger auf unsere Wunden legen, unsere Stärken weiter ausbauen und diszipliniert an unseren Schwächen arbeiten.

Derzeitiges Produkt- und Leistungsprogramm

Legen Sie in folgendem Raster Ihr derzeitiges Produkt- und Leistungsprogramm fest. Versuchen Sie dabei, die einzelnen Produktlinien eindeutigen Zielgruppen zuzuordnen. Unter Zielgruppe verstehen wir jene Kundenschicht oder Kundengruppe, die Sie vorrangig mit Ihren Produkten beliefern. Nicht jene Kunden, die hin und wieder vorbeikommen, um irgendetwas zu kaufen, sondern jene, die einen wesentlichen Anteil am Produktumsatz bedingen und auf die Sie bei der Gestaltung Ihres Produktes Rücksicht nehmen.

Listen Sie dazu alle Ihre Kunden auf und versuchen Sie sie in Gruppen mit gleichen Eigenschaften einzuteilen. Woher kommen sie? Wie alt sind sie? Welcher Berufsgruppe gehören sie an? Welche Institutionen, z.B. Schulen, Kindergärten, Krankenhäuser etc. beliefern sie? Verdienen sie eher viel oder eher wenig? Wie ist ihr Bildungsgrad? Gibt es unterschiedliche Kundenmerkmale in Abhängigkeit davon, auf welchem Vertriebsweg Sie sie erreichen (Ab-Hof oder Bauernladen/-markt oder Türverkauf)?

Aus diesen Gruppen wählen Sie jene aus, die Ihren Geschäftserfolg am meisten beeinflussen und tragen Sie sie in die Tabelle unten ein.

Nur wenn zu jedem Produkt auch die Zielgruppe festgelegt ist, können Sie die weitere Analyse gezielt fortsetzen.

	Produkt bzw. Produktgruppe	Zielgruppe (Wunschkunde)
A		
B		
C		
D		
E		
F		
G		
H		

Die Vermarktung

Derzeitige Vertriebswege und Preisgestaltung

Überlegen Sie jetzt genau, auf welchen Verkaufswegen (Ab-Hof, Markt, Hauszustellung, Versand, Zwischenhandel etc.) Sie mit Ihren Produkten die jeweiligen Zielgruppen erreichen und schreiben Sie es in die Tabelle zu den festgelegten Produktlinien. Anschließend prüfen Sie, wie Sie bisher Ihre Preise gestalten. Tragen Sie dazu die festgelegten Produktpreise ein und zusätzlich eventuelle Rabatte und Nachlässe. Wie groß ist die Gewinnspanne? Kennen Sie die genauen Herstellkosten? Kalkulieren Sie auch die Fixkosten (Maschinen, Geräte, Räume, Versicherung etc.) und die Arbeitszeit?

	Verkaufswege	Preisgestaltung
A		
B		
C		
D		
E		
F		
G		
H		

Kommunikationsmittel und wichtigste Mitbewerber

Ihre nächste Aufgabe besteht darin, daß Sie Ihre Standortbestimmung mit den eingesetzten Kommunikationsmitteln ergänzen. Dazu zählen sämtliche Werbemaßnahmen, Präsentationsmittel (Prospekte, Folder etc.), Öffentlichkeitsarbeit (Presse, Rundfunk, Hoffeste, Hofbesichtigungen etc.) und Verkaufsförderungsaktivitäten (Gutscheine, Preisausschreiben, Vorführungen, Nachlässe, Schulungen, kostenlose Proben, Rückerstattungsangebote bei Unzufriedenheit etc.).

Anschließend suchen Sie zu jeder Produktlinie Ihre ein bis drei wichtigsten Mitbewerber. Diese Kenntnis benötigen Sie, um eine sinnvolle Mitbewerberbeobachtung betreiben zu können.

Stärken/Schwächen – Chancen/Gefahren

Mitbewerberanalyse

Sie müssen unbedingt eine Austauschbarkeit mit Ihren Mitbewerbern vermeiden. Dies würde unweigerlich in eine Preisschlacht führen. Damit Sie sich von Ihren wichtigsten Konkurrenten abheben können, müssen Sie diese sehr genau kennen. Nutzen Sie daher sämtliche Informationsquellen, und halten Sie dieses Wissen schriftlich fest.
Auf folgenden Wegen könnten Sie interessante Informationen erhalten:

- Beobachtung
- Besuche vor Ort
- Prospekte
- Direkte Anfragen
- Probekäufe
- Werbemaßnahmen
- Veröffentlichungen in der Presse
- Fachmessen
- Kunden
- Lieferanten
- Andere Mitbewerber
- Berater
- etc.

Sammeln Sie vollständig zu allen Themen aus der vorherigen Tabelle (Produkte, Service, Zielgruppen, Verkaufswege, Preisgestaltung, Kommunikation, Kooperationen, sonstige Besonderheiten) soviel Information wie nur möglich.

Betriebs-/Mitarbeiteranalyse

Betrachten Sie Ihren eigenen Betrieb, und prüfen Sie genau Ihre Voraussetzungen für den Betriebszweig „Direktvermarktung". Überprüfen Sie dabei auch gezielt die Einstellung, die Motivation und die Fähigkeiten Ihrer Familienmitglieder und Mitarbeiter für diesen besonderen Betriebszweig.

In Hinblick auf folgende Kriterien ist mein Betrieb sehr oder schlecht geeignet, ein erfolgreicher Direktvermarktungsbetrieb zu sein:

Die Vermarktung

a) Lage des Betriebes/Nähe zum Kunden

1 . . . . . . .2 . . . . . . .3 . . . . . . .4 5
sehr geeignet   schlecht geeignet

Begründung: . . . .
. . . .

b Zeit- und Arbeitskapazität für die Direktvermarktung

1 . . . . . . .2 . . . . . . .3 . . . . . . .4 5
sehr geeignet   schlecht geeignet

Begründung: . . . .
. . . .

c) Derzeitige Produkt- und Leistungsausrichtung

1 . . . . . . .2 . . . . . . .3 . . . . . . .4 5
sehr geeignet   schlecht geeignet

Begründung: . . . .
. . . .

d) Technische Ausstattung des Betriebes

1 . . . . . . .2 . . . . . . .3 . . . . . . .4 5
sehr geeignet   schlecht geeignet

Begründung: . . . .
. . . .

e) Geeignete Räumlichkeiten für Herstellung, Lagerung und Verkauf

1 . . . . . . .2 . . . . . . .3 . . . . . . .4 5
sehr geeignet   schlecht geeignet

Begründung: . . . .
. . . .

f) Derzeitiges Fachwissen für Produktion und Verkauf

1 . . . . . .2 . . . . . . .3 . . . . . . .4 5
sehr geeignet   schlecht geeignet

Begründung: ....
....

g) Finanzielle Situation

1 . . . . . .2 . . . . . . .3 . . . . . . .4 5
sehr geeignet   schlecht geeignet

Begründung: ....
....

h) Marktsituation/Mitbewerber

1 . . . . . .2 . . . . . . .3 . . . . . . .4 5
sehr geeignet   schlecht geeignet

Begründung: ....
....

i) Hofgestaltung/Sauberkeit/Ordnung/Freundliches Hofbild

1 . . . . . .2 . . . . . . .3 . . . . . . .4 5
sehr geeignet   schlecht geeignet

Begründung: ....
....

j) Einsatzbereitschaft der Familie und Mitarbeiter für die Direktvermarktung

1 . . . . . .2 . . . . . . .3 . . . . . . .4 5
sehr geeignet   schlecht geeignet

Begründung: ....
....

Die Vermarktung

k) Sonstiges:

1 . . . . . . .2 . . . . . . .3 . . . . . . .4 5
sehr geeignet   schlecht geeignet

Begründung: . . . .
. . . .

Herausarbeiten der echten Kernfähigkeiten

Sie sind jetzt infolge der intensiven Datensammlung in der Lage, Ihre besonderen Stärken und Schwächen herauszufiltern. Ziehen Sie immer den Vergleich zu Ihren Mitbewerbern, und überlegen Sie sich, in welchen Bereichen und Faktoren Sie wirklich besser oder schlechter sind. Schauen Sie sich die obigen Tabellen und Daten aus der Mitbewerberanalyse einige Male durch und erkennen Sie Ihre besonderen Vorteile und auch Ihre Nachteile gegenüber Ihren festgelegten Mitbewerbern. Denken Sie an Produktqualität, Fachwissen, Freundlichkeit, Präsentation, Serviceleistungen, Verkaufsfähigkeiten usw.

Stärken	Rang	Schwächen	Rang

Anschließend bewerten Sie beide Kategorien und finden Sie Ihre drei größten Stärken und Schwächen. Fragen Sie sich, welche Punkte aus dieser Liste Sie ganz besonders von Ihren Mitbewerbern unterscheiden. Was zeichnet Sie ganz besonders aus? Was hebt Sie wirklich entscheidend vom Mitbewerber ab?

Mit Ihren größten Stärken haben Sie Ihre Kernfähigkeiten gefunden. Diese sollen sich dadurch auszeichnen, daß Sie von Ihren Mitbewerbern innerhalb von 2-3 Jahren nicht kopiert werden können. Diese Fähigkeiten müssen Ihnen glasklar bekannt sein, weil Sie Ihre weiteren Maßnahmen darauf aufbauen und ausrichten.

Sie müssen ständig an einer Weiterentwicklung dieser besonderen Kernfähigkeiten und einer Reduzierung Ihrer Schwächen arbeiten.

Beispiele für Kernfähigkeiten sind: Besondere Fähigkeiten in Herstellung und/oder Verkauf, Lage des Betriebes (z.B. Kundennähe), Beziehungen zu bestimmten Kundengruppen, hervorragende Verkaufswege, perfekte Hofgestaltung, besonders motivierte und herzliche Mitarbeiter, Kreativität in der Werbung und Präsentation, ein Betriebszweig, der sich sehr gut ergänzt, etc.

Positionierung der Produktlinien gegenüber Ihren Mitbewerbern

Sie haben nun zahlreiche Informationen über sich und Ihre Mitbewerber gesammelt. Jetzt stellt sich die Frage, was Sie mit diesen Informationen anfangen und wie Sie sie weiter nutzen können.

Die aus Ihrer Mitbewerberanalyse gewonnenen Kenntnisse ermöglichen Ihnen eine klare Abgrenzung. Dazu müssen Sie sich so positionieren, daß eine Austauschbarkeit Ihrer Leistung für Ihre Zielgruppe nicht möglich ist. Um diese Ausrichtung zu finden, verwenden Sie ein sogenanntes Positionierungskreuz. Zur Benennung der Achsen haben Sie dabei mehrere Möglichkeiten. Das kann zum Beispiel in der Waagrechten ein niedriges/hohes Preisniveau und in der Senkrechten ein niedriges/hohes Leistungsangebot oder eine niedrige/hohe Exklusivität Ihres Produktes sein.

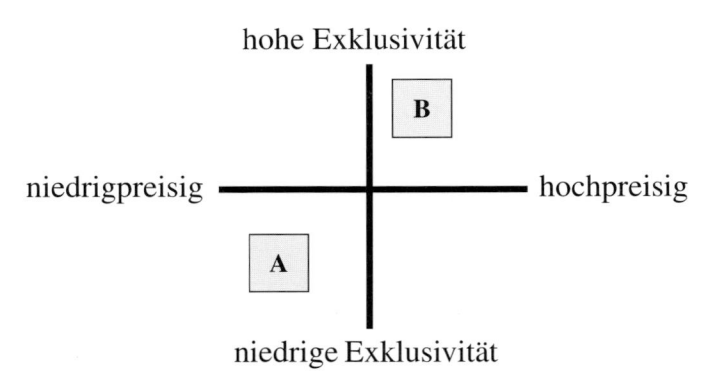

```
                hohe Exklusivität
                       │
                     ┌─┴─┐
                     │ B │
                     └───┘
                       │
niedrigpreisig ────────┼──────── hochpreisig
                       │
                     ┌───┐
                     │ A │
                     └─┬─┘
                       │
               niedrige Exklusivität
```

In dieses Positionierungskreuz ordnen Sie alle Ihre Mitbewerber zu einer bestimmten Produktlinie ein und am Ende Ihren eigenen Betrieb. Für jede Produktlinie erstellen Sie ein eigenes Positionierungskreuz.

Nehmen wir als Beispiel einmal Edelbrände an. Ein Mitbewerber von Ihnen bietet Brände in der Literflasche zu einem günstigen Preis an. In diesem Fall positionieren Sie ihn links unten. Ein weiterer Mitbewerber erstellt sehr schöne Geschenkpakete aus einer besonderen Flasche in besonderer Aufmachung zu einem hohen Preis. Im Positionierungskreuz wird er einen Platz eher rechts von der Mitte und eher oben einnehmen.

Die Vermarktung

Wenn Ihre eigene Position sich nun mit keinem Ihrer Mitbewerber deckt, können Sie sich glücklich schätzen und so weiter machen wie bisher. Sollte sich Ihre Position allerdings mit der eines anderen überschneiden, ergibt sich ein Handlungsbedarf, und Sie müssen eine neue Soll-Position einnehmen, in der Sie keine Berührung mit den Mitbewerbern haben.

Zum Beispiel können Sie die Exklusivität Ihres Produktes erhöhen und dafür etwas teurer werden. Oder Sie versuchen die Dienstleistung rund um Ihr Produkt weiter auszubauen und trotzdem noch ein bißchen günstiger zu werden.

Immer wenn Sie austauschbar sind, sind Sie besonders anfällig für heftige Preisschlachten.

Im Anschluß an diese Grobpositionierung verwerten Sie die Erkenntnisse aus der Markt- und Mitbewerberbeobachtung zusätzlich in einer sogenannten **Portfolio-Matrix.**

Die Kriterien in dieser Matrix sind einerseits die Marktattraktivität, und andererseits Ihre relativen Wettbewerbsvorteile (relativ bedeutet in diesem Zusammenhang immer im Vergleich zu Ihren Mitbewerbern). In diese Matrix ordnen Sie alle Produktlinien ein, unter Berücksichtigung sämtlicher Informationen, die Ihnen zur Verfügung stehen.

Die wichtigsten Kriterien zur Bestimmung der **Marktattraktivität** sind
– die Marktgröße und das Marktwachstum
– die Möglichkeit, gute Preise zu erzielen.

Die Hauptkriterien für die **relativen Wettbewerbsvorteile** (Ihre Stärken) sind
– Ihre Marktposition im Verhältnis zu Ihren Mitbewerbern
– Ihre Produktions- und Vertriebsmöglichkeiten im Verhältnis zu Ihren Mitbewerbern
– Ihre Kenntnisse und Fähigkeiten im Verhältnis zu Ihren Mitbewerbern

Portfolio-Matrix

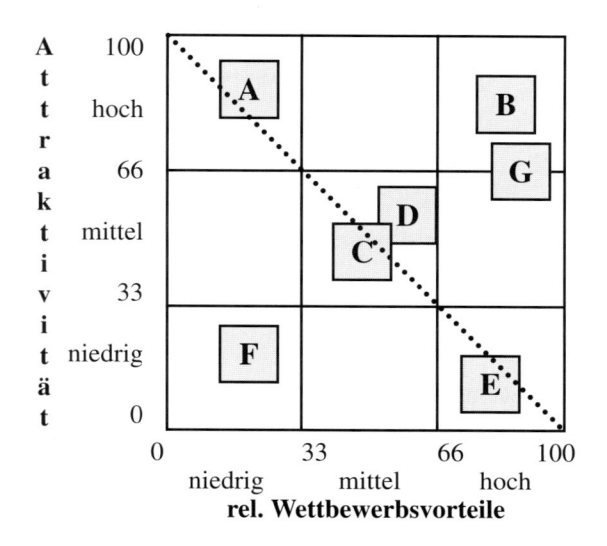

Diese Schritte der Grobpositionierung und der Analyse Ihrer Produktlinien bezüglich der Attraktivität des Marktes und Ihrer besonderen Stärken gegenüber Ihren Mitbewerbern sollten Sie mit großer Aufmerksamkeit und gut überlegt vornehmen, denn daraus können Sie Ihre zukünftigen Chancen und Gefahren für Ihr Produktsortiment erkennen.

Beispiel: Bleiben wir beim vorhergenannten Beispiel mit den Schnäpsen und nehmen wir an, daß Sie eine exklusive Abfüllung Ihres besten Tropfens in einer eleganten Flasche mit professionellem Etikett zu einem gehobenen Preis herstellen.

Sie müssen jetzt eine Positionierung in der obigen Matrix vornehmen. Im ersten Schritt schätzen Sie die Attraktivität des Marktes ein, das heißt die Größe des Marktes und sein Wachstum. Wie groß ist die Nachfrage nach Edelbränden? Ist sie eher steigend oder eher im Sinken? Wieviele Flaschen werde ich an wen verkaufen können?

Anschließend schätzen Sie, ob Sie die Möglichkeit haben, gute Preise zu erzielen. Welchen Preis werden meine Kunden bereit sein, dafür zu zahlen? Ist das ein guter oder eher ein schlechter Preis?

Wenn Sie diese Fragen für Ihr Produkt und Ihre Situation beantwortet haben, setzen Sie einen Punkt in der Matrix weit oben bei hoher und eher unten bei niedriger Attraktivität.

Als nächstes beschäftigen Sie sich mit den relativen Wettbewerbsvorteilen. Das heißt, Sie vergleichen Ihre Stärken aus Ihrer jetzigen Marktposition bei der Herstellung und beim Vertrieb von exklusiven Schnäpsen sowie Ihre benötigten Kenntnisse und Fähigkeiten mit denen der Mitbewerber. Verkaufe ich zur Zeit mehr oder weniger? Beherrsche ich die Produktion besser oder schlechter? Verfüge ich über bessere oder schlechtere Vetriebswege? Nutze ich die Vertriebsmöglichkeiten besser oder schlechter? Habe ich mehr Kenntnisse und Fähigkeiten für die Produktlinie Edelbrand oder nicht? Wenn Sie in keinem Punkt besser sind als Ihre Mitbewerber, müssen Sie eine Einstufung links in der Matrix vornehmen. Doch je mehr Vorteile Sie erkennen können, um so weiter rechts müssen Sie Ihren Punkt in die Matrix setzen.

Aus diesen beiden Einschätzungen(Marktattraktivität und Wettbewerbsvorteile) ergibt sich nun die Positionierung Ihres Edelbrandes.

Die gleichen Schritte müssen Sie jetzt für alle weiteren festgelegten Produktlinien gehen, um eine vollständige Positionierung Ihres Sortiments vorzunehmen. Dann erkennen Sie einerseits Ihre erfolgreichen zukünftigen Produkte und, andererseits, jene Teile Ihres Sortiments, die nur Ihre Kapazitäten belasten und nichts zum finanziellen Erfolg des Betriebszweiges Direktvermarktung beitragen.

Chancen und Gefahren erkennen

Ihre besonderen Chancen liegen in jenen Produktlinien, die rechts oberhalb der gestrichelten Diagonallinie liegen. In diesen Bereichen ist einerseits der Markt sehr erfolgsversprechend, und andererseits kommen hier Ihre Stärken besonders zur Geltung. Diese Produktlinien sollten unbedingter Bestandteil Ihres zukünftigen Sortiments sein. In diese Produktlinien lohnt es sich, zu investieren.

Prüfen Sie zusätzlich intensiv, ob irgendwelche Einflüsse die positive Entwicklung dieser Produktbereiche gefährden könnten. Sollten solche Gefahren existieren, müssen Sie sich entsprechende Gegenmaßnahmen überlegen, um für den Fall des Falles gewappnet zu sein. Diese vorausschauende Handlungsweise zeichnet den erfolgreichen Betriebsführer aus, der einerseits mit gutem Fingerspitzengefühl und andererseits mit systematischer Planung sein Betriebskonzept entwickelt und konsequent in die Tat umsetzt.

Auf jene Produktfelder, die eher links unten positioniert sind, sollten Sie sich nicht zu stark stützen. Vielleicht sind Sie zur Zeit noch wichtig für Ihr Gesamtgeschäft, aber keinesfalls können Sie damit die erfolgreiche Entwicklung Ihres Betriebes sicherstellen. Überlegen Sie sich, wie Sie Schritt für Schritt aus diesen Produktfeldern aussteigen können, und in welcher Form Sie die frei werdenden Kapazitäten bestmöglich nutzen.

Zukünftiges Produkt- und Leistungsprogramm

Produktlinien und Zielgruppen festlegen

Nach all diesen Analysen und Positionierungen sind Sie jetzt in der Lage, Ihre besonders erfolgsversprechenden Zielgruppen/Zielmärkte und die dazugehörenden Produkte zu erkennen. Viele Direktvermarkter meinen immer noch, daß es nicht möglich sei, die Zielgruppen genau festzulegen. Sie sind der Ansicht, daß es immer andere Leute seien, die bei Ihnen einkaufen, und daß eigentlich jedermann herzlich willkommen sei. Nebenbei haben Sie Angst davor, eine bestimmte Kundengruppe auszuschließen.

Diese Bedenken sind natürlich ernstzunehmen, haben aber in einem erfolgreichen Marketingplan aus folgenden Gründen keinen Platz:

Erstens ist kein Mensch in der Lage, es einem jeden Recht zu tun! Sie können unmöglich ein Sortiment anbieten, das alle Menschen in gleichem Maße anspricht. Sie haben einige Produkte für die eine und andere Produkte für eine andere Schicht von Kunden.

Zweitens müssen Sie wissen, wen Sie mit Ihren Produkten und Leistungen aktiv mittels Werbung, Öffentlichkeitsarbeit und Verkaufsförderungsaktivitäten ansprechen wollen. Die gesamte Gestaltung Ihres Marketing-Mix ist von den besonderen Bedürfnissen und Merkmalen Ihrer Zielgruppe abhängig.

Drittens schließt eine konkrete Zielgruppe in Ihrem Marketingkonzept natürlich niemanden aus. Jeder Kunde, der auch zufällig bei Ihnen vorbeischaut, wird erstklassig bedient. Der Unterschied liegt darin, daß die laufende Betreuung Ihrer festgelegten Zielgruppe intensiver gestaltet sein wird als bei Kunden, die vielleicht nur zufällig hier eingekauft haben.

Die folgende Tabelle dient zur Festlegung Ihres zukünftigen Produktsortiments mit den jeweiligen Zielgruppen, die von Ihnen bevorzugt bedient und betreut werden.

Produkt bzw. Produktgruppe	Zielgruppe		
	A	B	C
A			
B			
C			
D			
E			
F			
G			
H			

Gewichten Sie die von Ihnen festgelegten Zielgruppen/Zielmärkte entsprechend der Bedeutung für Ihren Betrieb (A, B oder C), wobei unter A jene Kundengruppe stehen soll, von der Sie sich den größten Verkaufserfolg erwarten, weil Ihr Produkt genau dafür maßgeschneidert ist.

Merkmale der Zielgruppe definieren

Stellen Sie sich folgende Fragen, um Ihre Zielgruppe genau kennenzulernen. Nur dann können Sie Ihre Marketingmaßnahmen optimal gestalten und die größte Wirkung erzielen.

Aus welchem Gebiet/Umkreis kommen die Leute? Wie alt sind sie? Welcher Einkommensschicht gehören sie an? Sind einzelne Berufsschichten besonders vertreten? Nehmen meine Kunden die Kinder zum Einkauf mit? Welches Bildungsniveau haben meine Kunden? Welche besonderen Wünsche und Bedürfnisse haben sie?

Von diesen Kriterien sind die genaue Produktgestaltung, die Verkaufswege, die Preisgestaltung und Art und Weise Ihrer Kundenkommunikation abhängig.

Kundenwünsche und -bedürfnisse erheben

„Der Köder muß dem Fisch schmecken und nicht dem Angler!" Um diesem Grundsatz gerecht zu werden, müssen Sie erst einmal wissen, was dem Fisch wohl schmeckt. Das heißt, umgelegt auf die Direktvermarktung, daß Sie genau wissen müssen, was sich Ihre Kunden von Ihnen wünschen, und wie sie von Ihnen bedient werden wollen.

Dabei ist nicht nur Ihr gutes Produkt ausschlaggebend, sondern auch Ihre Dienstleistungsqualität. Der Umgang mit dem Kunden, die Wartezeit, das Kundengespräch, die persönliche Präsentation, die Serviceleistungen, das freundliche Wort, das offene Ohr für die Sorgen und Wünsche des Kunden sowie Ihr Lächeln beeinflussen die Kaufentscheidung in den meisten Fällen wesentlich mehr als das Produkt an sich.

Welche Möglichkeiten haben Sie, um die Wünsche Ihrer Kunden zu erheben?

Die erste Möglichkeit ist das persönliche Gespräch. Nutzen Sie die Gelegenheit des Einkaufs, Ihre Kunden in angenehmer Weise zu befragen, ob sie mit Ihren Produkten und Ihrer Leistung zufrieden waren. Befragen Sie sie, ob sie nach dem letzten Einkauf zufrieden waren, ob ihnen etwas besonders geschmeckt/gefallen hat, und was Sie besser machen sollten. Nutzen Sie die Gelegenheit, um herauszuhören, warum Ihre Kunden zu Ihnen kommen und nicht zum Mitbewerber gehen.

Mit **Fragebögen oder „Smiley-Karten"** können Sie in schriftlicher Form und systematisch die Bedürfnisse und die Einschätzung Ihrer Kunden erheben. Legen Sie solche Karten auf Ihren Verkaufstisch und bitten Sie Ihre Kunden, eine ehrliche Rückmeldung über Ihre Leistung zu geben. Bei der Gestaltung sollten Sie darauf achten, daß viele Kunden auf eine anonyme Beurteilung Wert legen. Daher würde sich ein Postkartenformat anbieten. Diese Karten können Sie mit der Bitte in die Einkaufstasche legen, sie ausgefüllt an Sie zurückzusenden, wobei die Postgebühr natürlich beim Empfänger einzuheben ist.

Um die Anzahl der Rückmeldungen zu erhöhen, können Sie sich ein Preisausschreiben einfallen lassen. Aus den zurückgesandten Karten werden dann einige glückliche Gewinner von attraktiven Direktvermarktungsprodukten gezogen.

Nutzen Sie Ihre Phantasie und Kreativität, um eine ansprechende und für Ihre Zwecke passende Form der Kundenbefragung zu finden.

Die Vermarktung

Beispiel:

Kundenbefragungsbogen			
Bitte bewerten Sie folgende Kriterien:	☺	😐	☹
Qualität der Produkte	○	○	○
Preis/Leistungsverhältnis	○	○	○
Produktauswahl	○	○	○
Freundliche Bedienung	○	○	○
Präsentation der Waren	○	○	○
Gestaltung des Verkaufsraumes	○	○	○
Sauberkeit und Ordnung	○	○	○
Hofgestaltung	○	○	○
Etiketten, Logo, Prospekte	○	○	○
Hinweisschilder zum Hof	○	○	○

An diesem Bauernhof schätze ich besonders: ─────────────

───

Ich habe folgende Verbesserungswünsche: ─────────────

───

Werden Sie uns weiterempfehlen?　　○ Ja　　○ Weiß nicht　　○ Nein

Name/Anschrift: ─────────────

　　　　　　　　　　　　　　Herzlichen Dank für Ihre Mühe!

Die Vermarktung

Notieren Sie sich anschließend die wesentlichen Aussagen in Ihrer Kundenkartei, um sich auf den speziellen Kunden besonders gut einstellen zu können und um regelmäßig alle bedeutenden Kundenaussagen systematisch auszuwerten.

Unterschätzen Sie nicht den Wert einer gut geführten Kundenkartei. Sie dient einerseits dazu, um kundenspezifische Informationen festzuhalten, die es Ihnen ermöglichen, jeden Ihrer Kunden sehr persönlich zu betreuen. Andererseits gibt sie Ihnen die Möglichkeit, regelmäßig die erfaßten Daten auszuwerten und wichtige Erkenntnisse über Ihre Produkte und Ihre Kundengewohnheiten zu gewinnen.

Angebot auf die Kunden abstimmen

Sie müssen ständig bestrebt sein, Ihre Produkte und Leistungen individuell auf Ihre Kunden abzustimmen. Prüfen Sie regelmäßig kritisch Ihr Angebot und überlegen Sie sich, welche Anpassungen notwendig sind, um die Qualität und den Nutzen für Ihre Kunden zu erhöhen. Orientieren Sie sich dabei bei jeder Produktlinie an Ihrer wichtigsten Zielgruppe. Deren Bedürfnisse sind für die weitere Ausrichtung der Produkte und Leistungen ausschlaggebend.

Versuchen Sie nicht, es allen recht zu tun! Sie können nicht allen Menschen mit Ihrem Angebot eine große Freude machen.

Bedienen Sie Ihre wichtigste Zielgruppe besser als alle anderen, und der Erfolg ist Ihnen nicht mehr zu nehmen.

Marketing-Mix

Jetzt wird es richtig interessant. Im folgenden Abschnitt entwickeln Sie für jede Produktlinie die eigene Erfolgsstrategie, den eigenen Marketing-Mix. Dieser basiert im wesentlichen auf vier Bereichen:
1. Produktgestaltung
2. Verkaufswege und Vertrieb
3. Preisgestaltung
4. Kommunikation mit den Kunden (Werbung, Öffentlichkeitsarbeit, Verkaufsförderung)

Diese vier Punkte sind für jede Produktgruppe zu überlegen und speziell auf die Hauptkunden abzustimmen.

PRODUKTGESTALTUNG

Bei der Gestaltung der Produkte müssen Sie das Ziel verfolgen, daß sich Ihre Produkte von denen der Konkurrenz abheben. Das beginnt bei der Produktqualität, weil sie die Basis für jeden erfolgreichen Verkauf ist. Stellen Sie mit geeigneten organisatorischen Maßnahmen sicher, daß Ihre Produktqualität nicht schwankt und Ihre Kunden genau wissen, was sie bei Ihnen beziehen können. Dadurch vermeiden Sie unnötige Enttäuschungen, beispielsweise durch unerwartete Geschmacksveränderungen. Die Produktqualität sollten Sie nur dann verändern, wenn Sie sicher sind, daß die neue Variante die Bedürfnisse Ihrer Zielgruppe besser befriedigt. Den neuen Standard müssen Sie allerdings wieder konsequent halten.

Überlegen Sie sich weiters die Produkt- bzw. Verpackungsgröße, die Verpackungseinheiten sowie die Art der Verpackung. Jede Verpackung erfüllt eine Reihe von Aufgaben:
- Schutz vor Beschädigung und Verschmutzung
- Verschönerung der äußeren Gestaltung
- Kennzeichnung und Informationsträger
- Tragehilfe

Die Marke (der Name eines Produktes) gewinnt immer mehr an Bedeutung. Damit haben Sie die Möglichkeit, ein wirklich einzigartiges Produkt zu schaffen und sich von den Mitbewerbern abzuheben. Nutzen Sie auch hier Ihre Phantasie und befragen Sie vor der Festlegung eines Produktnamens auch Ihre Kunden, wie sie unterschiedliche Vorschläge beurteilen. Mit einer originellen Marke können Sie die Erinnerungsfähigkeit der Kunden an Ihre Produkte wesentlich erhöhen.

Weiters müssen Sie überlegen, in welchem Ausmaß Sie Serviceleistungen in Ergänzung zu Ihren Produkten anbieten wollen. Beispiele für zusätzlichen Service sind: Zerlegung und Aufschneiden von Fleisch und Fleischwaren, Vorbereitung von Buffetplatten, Zustellung, Vorbestellung, Geschenksverpackung, Vorkochen, Würzen, Brötchen vorbereiten etc.

Ein weiterer wichtiger Punkt ist die Sortimentgestaltung. Die einzelnen Produkte stehen nicht für sich allein da, sondern sind meist Teil eines umfangreichen Angebotsprogrammes (Sortiment). Aufgrund der vorherigen Analyse sollte dieses Programm für Sie bereits feststе-

Die Produktgestaltung hat das Ziel, die eigenen Produkte von jenen der Konkurrenz abzuheben

hen. Dennoch sollten Sie darüber nachdenken, ob Sie zwei oder mehrere Produkte im Verbund anbieten sollten. Solche Kombinationspakete würden sich einerseits als originelle Geschenksideen (z.B. Geschenkskorb, Schmankerlkiste, Überraschungspaket etc.) eignen und könnten andererseits den Absatz und die Einführung neuer Produkte verbessern.

VERKAUFSWEGE

Ab-Hof-Verkauf

Praxis/Situation

Der Ab-Hof-Verkauf ist heute die häufigste Vertriebsform in der bäuerlichen Direktvermarktung.
Bewährt hat sich der Ab-Hof-Verkauf für:
- **Produkte mit hoher Wertschätzung:** Wein, Edelbrände, Raritäten besonderer Art. Da hier der Kauf besondere Vertrauenssache ist, sind Kunden bereit, auch einige hundert Kilometer Anfahrt in Anspruch zu nehmen
- **Frischprodukte:** Milch, Obst und Gemüse. ...Dafür ist der Kunde im allgemeinen bereit, nur einige Kilometer in Kauf zu nehmen.
- **Produkte mit längerer Haltbarkeit,** wie z.B. Kürbiskernöl, Knabberkerne, Selchwaren, Erdäpfel,... Für diese Produkte sind Kunden bereit, 10 bis 30 km zu fahren. Die Mengen pro Einkauf sinken mit der Zunahme der Kleinhaushalte und der Abnahme an geeigneten Lagermöglichkeiten im Haushalt.
- **Verarbeitungsprodukte mit entsprechender Herstellungsdauer und kurzer Lagerfähigkeit,** wie z. B. Frischfleisch, Bauernbrot, Milchfrischprodukte. Meist werden fixe Verkaufszeiten vereinbart (jeden Freitag ab 14 Uhr beispielsweise) oder die Produkte nur auf Vorbestellung angeboten.

Anforderungen

- **Standortanforderungen:** Ideal sind folgende Voraussetzungen: Der Hof liegt sehr zentral in einem Wohn- oder Tourismusgebiet, ist ein beliebtes Ausflugsziel oder ist verkehrsmäßig gut erschlossen.
- **Hofbild:** Der Hof muß für Kunden einladend wirken und einen gepflegten Eindruck ausstrahlen. Die befestigte Hofzufahrt, das befestigte Hofumfeld, eine naturnahe Gestaltung des Außenraumes und eine regionaltypische bäuerliche Bauweise der gesamten Hofanlage sind von Vorteil. Auch alle Unfallsicherheitsvorkehrungen sind am Hof zu treffen. Eine freiwillige Prüfung vom Unfallsicherheitsdienst ist von Vorteil. Weiters sollte auf sachgerechte Sammlung und Entsorgung von Abfällen am Hof besonderer Wert gelegt werden. Schließlich erwartet der Kunde vom heimischen Bauern in allen Umweltbereichen eine Vorbildhaltung.

Die Vermarktung

Schon das Hinweisschild läßt auf den Betrieb schließen und muß daher entsprechend gestaltet sein

- **Atmosphäre:** Der Kunde muß von jedermann am Hof willkommen sein. Kunden haben immer Vorrang. Sie müssen zuerst betreut werden. Wenden Sie während des Verkaufsgespräches die volle Aufmerksamkeit auf Ihre Kunden. Erst wenn der Kunde wieder den Hof verläßt, kann die Verkaufstätigkeit als abgeschlossen betrachtet werden.
- **Verkaufszeiten:** Fixe Verkaufszeiten sind unerläßliche Voraussetzung für eine gute Kundenbeziehung. Der Kunde kann sich darauf verlassen, daß er zu diesen festgelegten Zeiten am Hof ein gern gesehener Gast ist und vom Angebot her „aus dem vollen" schöpfen kann. Wann die optimalen Verkaufszeiten sind, hängt in erster Linie von den Bedürfnissen der Kunden ab. Überlegen Sie sich, wann Ihre Kunden bzw. Ihre gewünschten Kunden am besten Zeit haben und wann Sie Ihre Produkte am dringendsten brauchen. Als bäuerlicher Direktvermarkter sind Sie nicht an das „Ladenöffnungsgesetz" der Lebensmittelhändler gebunden. Nutzen Sie diesen Vorteil. Weiters sollten Sie überlegen, wie lange Sie maximal die wöchentliche Verkaufszeit ausdehnen möchten. Welche Aufgaben kann die Arbeitskraft nebenbei machen – wenn Verkaufszeit ist, aber gerade kein Kunde zu bedienen ist?

- **Orientierung zum Hof und am Hof:** Ist Ihr Hof für Nicht-Ortskundige auffindbar? Sorgen Sie für eine ausreichende Beschilderung. An öffentlichen Straßen ist die Aufstellung einer Beschilderung genehmigungspflichtig. Hinweisschilder müssen in der Ausgestaltung den gesetzlichen Normen entsprechen (Farbe: grün/weiß, Größe: Bundesstraße… Landstraße…, Text: Hofname). Werbetafeln können entsprechend der Werbelinie des Hofes gestaltet werden, müssen aber zusätzlich auch naturschutzrechtlich genehmigt werden. Wichtig ist, daß alle aufgestellten Tafeln im gleichen Design gestaltet sind. Beschilderungen an stark frequentierten Stellen sind immer auch als Werbemaßnahme zu sehen und gelten als „Visitenkarte" für den Betrieb.
Am Hof sollte für den Kunden klar sein, wo er sein Fahrzeug abstellen kann und wo sich der Kundeneingang befindet.
- **Verkaufsraum:** Die Räume, die dem Verkauf dienen, sollten für den Kunden optisch hervorgehoben und in ansprechender Weise leicht und sicher erreichbar sein. Die Räumlichkeiten müssen für den Verkauf geeignet sein: Regale, Vitrinen und ähnliche Präsentationseinrichtungen müssen entsprechend der angebotenen Produkte ausgewählt werden. Die Produkte müssen gut sortiert und in ausreichender Menge präsentiert werden. Sie müssen „im Rampenlicht" stehen. Gute Beleuchtung wirkt verkaufsfördernd! Güter des täglichen Bedarfes sollten nach Möglichkeit in der Form und Höhe präsentiert werden, in der sie im häuslichen Gebrauch üblicherweise angewendet, gelagert oder plaziert werden, so, wie es in den Köpfen der Menschen als inneres Bild gespeichert ist.
Beispiel: Kleine Sachen mindestens auf Tischhöhe oder besser noch in Augenhöhe, große Sachen auf niedrigen Bänken oder in den unteren Regalen. Offene Ware in großen attraktiven Töpfen, Steigen oder Körben. Beispiele: Eier, Erdäpfel oder Kraut in Körben. Verhackert im Tontopf, Sauerkraut im Holzbottich, Äpfel sortiert und in Steigen gelegt. Eine ordnungsgemäße Produkt- und Preisauszeichnung ist eine wichtige Orientierungshilfe für Ihre Kunden und fördert ebenfalls den Verkauf. Viele Kunde fragen nicht gerne nach dem Preis bzw. geben nicht gerne zu, daß sie nicht wissen, um welches Produkt es sich in der Vitrine wohl handelt.
- **Kundenbetreuung:** Auf Ihrem Hof erwarten sich Kunden Transparenz. Auch wenn sie nicht fragen, wollen sie, daß nichts, was mit Produktion und Veredelung zu tun hat, geheim ist. Zeigen Sie Ihren Kunden, was Ihre Produkte so besonders wertvoll macht und wo der Unterschied zu angebotener Massenware liegt. Schließlich sollten Ihre Kunden mehr über Ihr Angebot wissen und die Sicherheit haben, eine besondere Qualität von Ihnen zu bekommen. Viele Kunden möchten sich schließlich auch als „Kenner und Feinschmecker" profilieren.

Vorteile

- Der Direktvermarkter kann seinen Kunden den sehr oft gewünschten Einblick in Hof, Herstellungsmethoden etc. geben. Tiere wirken oft wie Magnete für mitkommende Kinder.
- Personalkapazitäten sind nur dann erforderlich, wenn tatsächlich ein Kunde am Hof ist.

Die Vermarktung

- Abseits von vergleichbaren Mitbewerbern kann der Direktvermarkter Aufmerksamkeit für das, was er verkaufen will, erregen und eine dauerhafte Beziehung zum Kunden aufbauen. Er sorgt dafür, daß er durch nichts im Verkaufsgespräch gestört wird.
- Persönlicher Kontakt: Viele Kunden sehen den Bauern als eine beliebte Kontaktperson. Die einen wollen Alltagssorgen los werden, sind auf der Suche nach einem Zuhörer, die anderen wollen ein Fachgespräch führen und freuen sich, wenn sie ihre Gourmetkenntnisse anwenden können.

Nachteile

- Das Hoferscheinungsbild muß immer und im gesamten gepflegt sein. „Sauberkeit" vermittelt den Eindruck von Frische und besonderer Qualität.
- Hofanlagen, die zwar zweckoptimiert aber nicht regionaltypisch bäuerlich gestaltet sind, wirken gefühlsmäßig auf viele Kunden abstoßend.
- Alle am Hof lebenden Menschen sind für die Kundenbetreuung verantwortlich. Der Kunde erwartet sich, von jedem am Hof freundlich empfangen zu werden. Jedes Familienmitglied muß bei jedem Kundenkontakt das Leitbild und die Verkaufsphilosophie des Hofes glaubhaft verkörpern.
- Ein attraktiver und zweckentsprechender Verkaufsraum ist einzurichten und instandzuhalten.
- Kunden müssen bei Bedarf auch außerhalb der Verkaufszeiten freundlich betreut werden. Nur wenn niemand am Hof anzutreffen ist, ist wirklich geschlossen.
- Kunden, die mit dem Einkauf auf Ihrem Bauernhof auch Kontakt und Unterhaltung suchen, erfordern einen gewissen Zeitaufwand. Überlegen Sie sich rechtzeitig, wie Sie mit diesen Kunden umgehen, wieviel Zeit Sie dafür haben, wie und wo Sie sich abgrenzen wollen, damit diese wichtige Zusatzleistung nicht ins Grenzenlose geht.

Tips und Ideen

- Führen Sie eine Kundenkartei. Überlegen Sie sich, wie Sie die Kunden betreuen möchten und welche Daten Sie dafür neben Name und Adresse brauchen. Z.B. Geburtsdatum, Lieblingsprodukt, besondere Produktinteressen, wie er auf Ihr Angebot aufmerksam gemacht wurde,...
- Kinderprogramm: Wenn Familien zu Ihrer Zielgruppe zählen, überlegen Sie sich, was Sie auf Ihrem Hof Kindern bieten können. Hasenstall, Hühnerhof, ein neugeborenes Kalb,...
- Veranstalten Sie einmal im Jahr ein Hoffest. Ermuntern Sie Ihre Stammkunden, auch Bekannte mitzunehmen. Kündigen Sie dieses über Medien in Ihrem Kundeneinzugsgebiet mit einem attraktiven Rahmenprogramm an.
- Beratung über Freizeitaktivitäten und Unterhaltung: Überlegen Sie, was Kunden mit dem Einkauf auf Ihrem Bauernhof an Freizeitaktivitäten verbinden können. Machen Sie sie darauf aufmerksam. Eventuell können Sie auf diesem Weg einen Werbepartner finden. Beispiel: Wanderwege, Ausstellung in der Region, Bärlauchblüte in den Murauen, Spargelwochen im Gasthof Maier,...

Hofladen

Praxis/Situation

Eine relativ neue Weiterentwicklung im Ab-Hof-Verkauf ist die Errichtung von Hofläden. Vom Hofladen spricht man, wenn der jeweilige Bauer in seinem Verkaufsraum auf dem Bauernhof nicht nur seine eigenen Produkte anbietet, sondern im Namen und auf Rechnung für andere Bauern deren Produkte anbietet. Dadurch ist es möglich, für die Kunden auf einem Hof ein möglichst vielfältiges Angebot zu erhalten. Der Hofladen wird von dem Betrieb geführt, der die Anforderungen am besten erfüllen kann.

Anforderungen

- **Rechtliche und organisatorische Anforderungen**: Um den Hofladen im Rahmen der bäuerlichen Direktvermarktung führen zu können, darf der sogenannte „Hofladenbetreiber" keinen Gewinn für den Mitverkauf der betriebsfremden Produkte erzielen. Die Hofladengemeinschaft ist meist eine lose Gemeinschaft aller im Hofladen anbietenden Bauern. Manche Hofladengemeinschaften arbeiten auf gemeinnütziger Vereinsbasis. Alle Produkte im Bauernladen werden „im Namen und auf Rechnung des jeweils erzeugenden Bauern" verkauft. Jeder Bauer haftet für seine Produkte, ist für die ordnungsgemäße Kennzeichnung und Auspreisung seiner Produkte verantwortlich sowie für die erforderlichen Abgaben und Steuern (Getränkeabgabe, Umsatzsteuer,... So sind zum Beispiel für die Lieferung und den Eigenverkauf von Edelbränden und Fruchtsäften 20 % Umsatzsteuer in Rechnung zu stellen. Davon ist die Hälfte vom Betrieb an das Finanzamt abzuliefern). Eine Kostenbelastung zur Abdeckung der Gemeinkosten ist im Preis einzukalkulieren (z.B. Miete, Strom, Verkäuferin, Telefon, Sachaufwand,...). Die Höhe in Prozent wird jeweils vom Bauernladenvorstand errechnet und jährlich in der Jahreshauptversammlung beschlossen. Lieferungen werden nur mit Lieferschein entgegengenommen. Auf dem Lieferschein muß die Mengenangabe, Artikelbezeichnung und der Verkaufspreis für den Bauernladen angegeben werden. Jeder Betrieb erhält monatlich die Auszahlung für seine verkaufte Ware sowie eine Information über seinen aktuellen Lagerstand zur Kontrolle. Bei Frischprodukten wird die abgelaufene Ware dem Betrieb unentgeltlich zurückgegeben. Für die Deckung der Gemeinkosten haftet der Vorstand. Er ist verantwortlich für die Kontrolle des Soll-Umsatzes zur Deckung der Gemeinkosten. Gibt es grobe Abweichungen, ist eine außerordentliche Mitgliederversammlung einzuberufen. Der Vorstand beruft vierteljährlich eine Mitgliederversammlung ein.
- **Hofladengemeinschaft:** Damit die Hofladengemeinschaft erfolgreich arbeiten kann, bedarf es nicht nur der Kooperationsfähigkeit aller Beteiligten, sondern auch der Festlegung klarer Spielregeln für die Zusammenarbeit als wichtige Planungsaufgabe: Leitbild für die Hofladengemeinschaft: Welche Aufgaben fallen an? Wer übernimmt welche Aufgaben? Bis wann ist was von wem zu erledigen? Wann und wie werden die Produkte ausgewählt? Wie erfolgt

die Anlieferung der Produkte? Wie erfolgt die Abrechnung? Wie geht man um mit „schwarzen Schafen"? Wann können Produkte oder Lieferanten ausgeschlossen oder neu aufgenommen werden?
- **Hofladenbetreiber:** Der Hofladenbetreiber sollte die günstigsten Standortvoraussetzungen haben und auch alle übrigen Voraussetzungen für den Ab-Hof-Verkauf optimal erfüllen (Hofbild, Atmosphäre, Verkaufsraum, Kundenbetreuung). Aufgrund des erhöhten Organisationsbedarfes sollte der Hofladenbetreiber besonders gute Managerqualitäten aufweisen und an diesen auch ständig arbeiten.
- **Hofladengemeinschaftsmitglieder:** Sie müssen miteinander arbeiten können und fähig sein, gemeinsam ein gutes Sortiment zusammenzustellen. Jeder Lieferant ist in einem Bereich Spezialist. Ein generelles Konkurrenzverbot ist abzulehnen, weil dies in der Praxis leistungshemmend wirkt. Frischproduktelieferanten sollten möglichst nah am Standort des Hofladens sein. Jeder einzelne muß die Gemeinschaftsspielregeln konsequent einhalten.
- **Gemeinkosten:** Diese müssen von der Gemeinschaft entsprechend den Umsatzanteilen oder gleichmäßig aufgeteilt auf die Betriebe gedeckt werden.

Vorteile

- Der Hofladenbetreiber kann seinen Hof durch das vielfältige Angebot der Hofladengemeinschaft für Kunden noch interessanter gestalten.
- Die Gemeinkosten für den Verkauf können auf alle Beteiligten der Hofladengemeinschaft aufgeteilt werden und damit für jeden einzelnen reduziert werden.
- Betriebe mit schlechten Standortvoraussetzungen für den Verkauf, mit geringer Arbeitskapazität am Hof oder mit wenig Liebe und Geschick für den Verkauf können sich auf die Veredelung eines schmalen Sortiments konzentrieren und über die Gemeinschaft erfolgreich vermarkten.

Nachteile

- Der Erfolg hängt sehr wesentlich vom Standort und dem kaufmännischen und organisatorischen Geschick des Hofladenbetreiberbauern ab.
- Es bedarf einer funktionierenden Gemeinschaft aller Beteiligten.
- Der Kontakt zwischen liefernden Bauern und Kunden ist nicht gegeben.
- Der Organisationsaufwand ist erhöht.

Tips und Ideen

- Alle Hofladengemeinschaftsmitglieder sollten aktiv in Werbe- und Verkaufsförderungsaktivitäten eingebaut sein.

- Alle Beschicker des Hofladens sollten im Hofladen präsentiert werden: Eine große Tafel mit allen Namen, Adressen und den jeweils dazugehörigen Produktgruppen und/oder ein Ordner, in dem jeder Betrieb mit Bild und kurzer Beschreibung vorgestellt wird.
- Mindestens einmal im Jahr sollte es einen Aktionstag oder ein Hofladenfest geben, wo alle Lieferanten auf dem Hof des Hofladenbetreibers sind.
- Jahreszeitlich abgestimmt, sollten einzelne Lieferanten Verkaufsförderungsaktionen für ihre Produkte im Laden machen.

Bauernladen

Praxis/Situation

Bauernläden funktionieren rechtlich und organisatorisch wie Hofläden. Lediglich der Standort ist hofunabhängig in einem Einkaufszentrum oder in einer sehr guten Lage (Fußgängerzone, Hauptplatz, neben gut frequentierten Lebensmittelgeschäften zur Sortimentsabrundung,...). Viele Bauernladengemeinschaften haben die ganze Woche offen und beschäftigen eine Verkaufskraft im Angestelltenverhältnis.

Anforderungen

siehe Teil Hofladen

Vorteile

- Standortauswahl kann gezielt auf stark kundenfrequentierten Stellen erfolgen.
- Kunden müssen nicht am Hof bedient werden. Das kundenfreundliche, nostalgische Hofbild ist nicht erforderlich. Kunden „stören" nicht den Arbeitsablauf am Hof.
- Alle Mitglieder der Bauernladengemeinschaft können sich auf die Erzeugung und Veredelung ihrer Spezialitäten konzentrieren.
- Eine neutrale Verkaufskraft bietet alle Produkte der Gemeinschaft an und betreut die Kunden im unmittelbaren Verkaufsgespräch.

Nachteile

- Die Atmosphäre „Einkaufen direkt beim Bauern" ist gemindert.
- Der Kunde-Bauernkontakt ist nicht unmittelbar gegeben.
- Der Organisationsaufwand ist erhöht.
- Die Gemeinkosten für den Verkauf sind erhöht (Miete, Verkaufskraft im Angestelltenverhältnis).
- Der Erfolg hängt zu einem sehr wesentlichen Teil von der „Verkaufskraft" im Laden ab.
- Es bedarf einer funktionierenden Gemeinschaft aller Beteiligten.
- Kundenparkplätze müssen unbedingt in unmittelbarer Nähe sein.

Der Milchautomat sollte dort aufgestellt sein, wo ihn viele Kunden leicht erreichen

Regale sollten einfach, übersichtlich und zweckmäßig gestaltet sein

Der Bauernladen muß den gesetzlichen Bestimmungen entsprechen, sauber und übersichtlich gestaltet sein

Tips und Ideen

- Die Verkäuferin muß glaubhaft die Philosophie „Einkaufen direkt beim Bauern" dem Konsumenten vermitteln. Sie muß Expertin für alle im Laden angebotenen Spezialitäten sein. Sie sollte über alle Betriebe berichten können.
- Weitere Tips und Ideen: siehe Teil Hofladen.

Selbsternte

Praxis/Situation

Eine sehr altbewährte Form ist die Selbsternte von Saisonobst und -gemüse. Erdbeer-, Himbeer-, Heidelbeer- und Brombeerselbsternte, aber auch die Selbsternte von Gemüse wird angeboten. Eine neuere Form ist die sogenannte „Baumpatenschaft", wo Kunden über einige Jahre das Fruchtnutznießerrecht erwerben.

Anforderungen

- **Gute Organisation:** Spielregeln für die Kunden klar festlegen. Parkplatz für die Fahrzeuge, wo und wann geerntet werden darf. Zu überlegen ist auch, wie Kinder beschäftigt werden können.
- **Bewerbung der Erntesaison:** Die Erntesaison muß alljährlich neu beworben werden. Je nach Witterung sind die Termine verschieden. Da es „nur" ein Saisongeschäft ist, müssen die Kunden alljährlich neu beworben werden. Je nach Erntemenge ist das Einzugsgebiet festzulegen und zu eruieren, wie potentielle Kunden am effizientesten erreicht werden können.
- **Ernteerfolg sichern:** Da es sich meist um Frischprodukte mit sehr kurzer Haltbarkeit handelt, ist zu überlegen: Nachernten, wenn zu wenig Kunden kommen? Wenn ja, wie sollen die Produkte verwertet werden?
- **Infrastruktur auf dem Erntefeld:** Verkaufstisch, Waage, Verpackungsmaterial, ev. flexible WC-Anlage für Kunden.
- **Standort:** Ideal ist die Nähe zu Wohngebieten. Für gute Zufahrtmöglichkeit ist zu sorgen – ausreichende Beschilderung, gute Befestigung der Wege und des Parkplatzes.

Vorteile

- Kostengünstiges Angebot für Kunden.
- Kunden können selbst aktiv werden und „ihre" Früchte ernten.
- Erntearbeit übernehmen die Kunden.
- niedrige Gemeinkosten für die Vermarktung.

Die Vermarktung

Nachteile

- Standortabhängig
- niedrigere Verkaufspreise
- hoher Werbeaufwand
- Kunden, die unsorgsam ernten, muß man einkalkulieren.
- Saisonerfolg ist stark witterungsabhängig.

Tips und Ideen

- Versuchen Sie, „Hausfrauenmedien" für Ihre Saisonangebote zu finden. Motivieren Sie diese mit innovativen und einfachen Tips und Tricks für die Saisonküche.
- Für „Restmengen", die Sie selber ernten müssen (bei schlechter Witterung, Ausbleiben von Kunden), versuchen Sie, Großabnehmer zu gewinnen.
- Arbeiten Sie mit Kundenkarteien, um die Saison rechtzeitig direkt anzukündigen.
- Geben Sie Ihren Kunden gute Koch- und Verarbeitungstips. Diese müssen 100%ig auch für Hobbyköche funktionieren, sollen gut schmecken, etwas Besonderes sein und in möglichst kurzer Zeit ohne großen technischen Aufwand herstellbar sein.

Buschenschank

Praxis/Situation

Vor allem in den weinproduzierenden Bundesländern gibt es Landesgesetze, die das Buschenschankrecht als bäuerliche Vertriebsform regeln. Dies ist neben der Privatzimmervermietung die einzige Form, wo der Bauer Speisen und Getränke entgeldlich mit Gewinnabsicht verabreichen darf. Für den Buschenschank gelten die Bestimmungen der Gewerbeordnung nicht.

Anforderungen

- **Hofeigener Wein:** Der Buschenschankbetreiber muß Besitzer von Obst- und/oder Weingärten sein, weil er nur die eigene Produktion (Wein, Obstwein) ausschenken darf.
- **Landesgesetz:** Im jeweiligen Landesgesetz sind weiters geregelt: Wann und wie die Anmeldung des Buschenschankes bei der Bezirksverwaltungsbehörde zu erfolgen hat, die erlaubten Öffnungszeiten, welche Speisen und Getränke grundsätzlich verabreicht werden dürfen, wo der Buschenschank eingerichtet werden darf und persönliche Voraussetzungen für den Buschenschankbetreiber.
- **Räumliche Voraussetzungen:** Die räumlichen Voraussetzungen für den Buschenschankbetrieb sind zu errichten: Gästeraum, Toilettanlagen, Gästeparkplätze, Küche und Verarbeitungsräume, temperaturgeregelte Lagerräume. Beliebt sind auch Sitzgärten im Freien und Kinderspielplätze.

Die Vermarktung

- **Hofbild:** siehe Ab-Hof-Verkauf.
- **Atmosphäre:** siehe Ab-Hof-Verkauf.
- **Orientierung zum und am Hof:** siehe Ab-Hof-Verkauf.
- **Kundenbetreuung:** siehe Ab-Hof-Verkauf.

Vorteile

- siehe Ab-Hof-Verkauf.
- Ein gut geführter Buschenschank kann zusätzlich den Ab-Hof-Verkauf wesentlich ankurbeln.

Nachteile

- siehe Ab-Hof-Verkauf.
- Es sind relativ hohe Investitionen zur Schaffung der räumlichen Voraussetzungen erforderlich.

Tips und Ideen

- Achten Sie bei der Errichtung Ihrer Gästeräume besonders auf Gemütlichkeit und wählen Sie eine regionaltypische bäuerliche Stilrichtung. Schon in der Planungsphase müssen Sie sich klar werden, welche Zielgruppen Sie ansprechen möchten, und dementsprechend den Bedarf ableiten: Kleine Räume und Sitzecken für Familien und Freundeskreise, abgeschlossene Räumlichkeiten für diverse Gruppen, die bei Ihnen ungestört feiern möchten, Ausweitmöglichkeit für Busgruppen,…
- Geben Sie Ihrem Angebot eine persönliche Note. Eine kleine, aber kluge Auswahl an Speisen; „hausgemacht", deftig rustikal oder gesund und fein, für den kleinen und großen Hunger.
- Nicht nur was es gibt, sondern auch wie es serviert wird, ist entscheidend. Passende Glasauswahl und stilgerechtes Tischgeschirr für die Jause sollen die Exklusivität Ihrer Spezialitäten ins rechte Licht rücken.
- Schließlich sollte auch die Kleidung aller mit der Gästebetreuung befaßten Familienmitglieder nicht nur zweckmäßig sein, sondern auch zum Gesamtimage passen.
- Überlegen Sie, wie Sie Ihre Gäste auf den angeschlossenen Ab-Hof-Verkauf aufmerksam machen können: mit einem Hinweis in der Speisekarte, mit einem Präsentationskasten in Ausgangnähe,…

Die Buschenschenke kann auch mit einem Hofladen kombiniert sein

Die Vermarktung

- Für Gäste interessant ist auch, wenn sämtliche Spezialitäten der Region im Buschenschank angeboten werden. Dabei kann man die eigene Angebotspalette mit Spezialitäten von Partnerbetrieben vervollständigen und den Verkauf wie unter „Hofladen" beschrieben, organisieren.
- Beliebt sind immer wieder kommentierte Degustationen. Bieten Sie diese als Paketangebot für Ihre Stammkunden an, z.B. gegen Voranmeldungen für Gruppen ab 10 Personen gibt es Kellerführungen mit kommentierter Degustation des neuen Weinjahrganges.
- Organisieren Sie Veranstaltungen in Ihrem Buschenschank: Lesungen, Kochen mit Wein,...

Bauernmarkt

Situation/Praxis

Wenn mehrere Bauern auf einem privaten oder öffentlichen Grund regelmäßig oder anläßlich von Brauchtumsveranstaltungen ihre Produkte im Rahmen der bäuerlichen Direktvermarktung anbieten, spricht man von einem „Bauernmarkt". Der Bauernmarkt fällt nicht unter die Bestimmungen der Gewerbeordnung. Gesetzlich gilt der „Bauernmarkt" als Veranstaltung traditioneller Art und hat damit einen wettbewerbsrechtlichen Schutz. Der Bauernmarkt hat in den letzten Jahren enorm an Bedeutung gewonnen und wird in vielen Stadt- und Einkaufszentren als „Kundenmagnet" positioniert.

Anforderungen

- **Einzugsgebiet:** Um das erforderliche Kundenpotential ansprechen zu können, braucht man im allgemeinen ein Einzugsgebiet von mindestens 5.000 Einwohnern. In Sonderfällen funktionieren Bauernmärkte auch mit geringerem Einzugsgebiet, z.B. in der unmittelbaren Nähe von stark befahrenen Straßen, in Tourismusgemeinden,...
- **Standort:** Ausreichend Platz für alle geplanten Marktstände und Zugänge für die Kunden, möglichst staubarm und mit genügend Abstand zum fließenden Verkehr. Der Markt soll so gestaltet werden können, daß er die Kunden zum Bummeln verlockt. Kundenparkplätze sollten in unmittelbarer Nähe vorhanden sein. Stromanschluß für Kühleinrichtungen, Waagen und Standbeleuchtung sind von großem Vorteil. Ideal ist auch ein Wasseranschluß zum Händereinigen.
- **Angebotsvielfalt:** Je größer das Angebot ist, um so attraktiver ist der Markt. In der Planungsphase sollte darauf geachtet werden, daß ein Grundsortiment von den wichtigsten Produkten vorhanden ist: Obst und Gemüse, Bauernbrot und bäuerliche Backwaren, Eier, Erdäpfel, Selchspezialitäten, Milchprodukte, regionale Spezialitäten. Ideal ist, wenn sich die einzelnen Betriebe auf einzelne Produktbereiche spezialisieren, diese dafür aber ganzjährig in optimaler Qualität und in ausreichender Menge anbieten. Eine gewisse interne „Konkurrenz" wirkt meist leistungsfördernd und sollte keinesfalls in der Planung ganz ausgeschlossen werden.

Heimisches Gemüse – in „Hollandkistchen" angeboten – zerstört das Image und die Glaubwürdigkeit. Auf Bauernmärkten muß die Ware geschmackvoll, übersichtlich und richtig angeboten werden

Die Vermarktung

- **Marktgestaltung:** Einheitliche Standgestaltung und Standauszeichnung sind von Vorteil.
- **Marktatmosphäre:** Kundenbefragungen und diverse Bauernmarktuntersuchungen bestätigen, daß einer der wichtigsten Gründe für den Einkauf auf dem Bauernmarkt die „Marktatmosphäre" ist. Diese kann der einzelne Marktfahrer nicht gestalten, sondern sie ist das Ergebnis des Zusammenspiels aller Marktbeschicker. Daher sollten sich die Marktbeschicker bereits in der Planung überlegen, welche freiwilligen Marktbeschickerregelungen sie vereinbaren möchten und wie die Einhaltung dieser urgiert wird.
- **Marktordnung:** Der Platzinhaber (öffentliche Hand oder Privatbesitzer) kann ebenfalls gewisse Rahmenbedingungen vorgeben. In der Marktordnung werden geregelt: Marktzeiten, Marktgebühren, Marktplatz, Reinigung des Marktplatzes, erlaubte Angebotspalette oder was nicht verkauft werden darf (z.B. Frischfleisch, Lebendvieh,...), Anforderungen an die Marktbeschicker (z.B. Produzentennachweis,...), Kontrollorgane für den Markt,...
- **Auszeichnungspflicht:** Auf dem Bauernmarkt ist jeder Beschicker verpflichtet, Stand (Name und Adresse) und Preise auszuzeichnen. Weiters sind Bestimmungen der Qualitätsklassenverordnung einzuhalten.
- **Hygieneanforderungen:** Die meisten Bundesländer haben für die Vermarktung auf Bauernmärkten Hygienemerkblätter herausgegeben. Diese sind bei der zuständigen Lebensmittelaufsicht des Landes erhältlich und strikt zu befolgen.

Vorteile

- **Fixe Marktzeiten:** Nur zu den Marktzeiten müssen Sie für Ihre Kunden zur Verfügung stehen. Ein Familienmitglied kann sich auf den Verkauf und die Kundenbetreuung spezialisieren.
- **Angebotsvielfalt für die Kunden und Produktspezialisierung der Marktbeschicker:** Durch gute Zusammenarbeit der Marktbeschicker kann jeder Marktfahrer sich auf einen bestimmten Produktbereich spezialisieren und hier „Profiqualität" hervorbringen.
- **Marktatmosphäre wirkt verkaufsfördernd:** Je bunter ein Markt ist (viele verschiedene Marktfahrer, Produktvielfalt) und je mehr Attraktionen für die Kunden geboten werden, um so interessanter ist der Markt. Attraktionen können Verkostungen, Brauchtumsveranstaltungen oder jahreszeitlich abgestimmte Präsentationen sein.
- **Gemeinschaftliche Kundenbetreuung:** Neben der individuellen Kundenbetreuung können im Rahmen von Gemeinschaftsaktionen Kunden angesprochen und auf den Markt gelockt werden.
- **Standortunabhängig:** Eine ungünstige Hoflage spielt für die Bauernmarktbeschickung keine wesentliche Rolle.

Nachteile

- **Witterungsabhängig:** Nur wer ganzjährig auf dem Bauernmarkt seine Naturprodukte anbietet, wird erfolgreich sein. Auch wenn viele Kunden ausbleiben, müssen Sie bei Sturm, Schnee oder Regen Ihren Marktstand zu den üblichen Marktzeiten aufstellen.

- **Transport:** Sie haben Wegzeiten vom und zum Markt. Für den Transport brauchen Sie ein Fahrzeug und je nach Produkt zweckentsprechende Transportgebinde. Die Hygienevorschriften sind einzuhalten.
- **Marktstandausstattung:** Je nach Angebot sind neben attraktiven Präsentationsvorrichtungen alle technischen Voraussetzungen zur sachgemäßen Lagerung bereitzustellen (Vitrinen, Kühlvorrichtungen, Sonnenschutz,…).
- **Mitbewerber in unmittelbarer Nähe:** Kunden können Produkte und Preise vergleichen.
- **Gleichbleibender Zeitbedarf:** Unabhängig vom Geschäftsgang ist der Zeitaufwand für die Marktbeschickung gleichbleibend (Marktvor- und -nachbereitung, Fahr- und Verkaufszeit).
- **Hygieneanforderungen einhalten:** Das Hantieren mit hygienisch sensiblen Produkten, wie z.B. Fleisch- und Milchprodukte, ist aufgrund der ungünstigen Infrastruktur auf Bauernmärkten erschwert.

Tips und Ideen

- **Gemeinschaftsmarketing:** Achten Sie in der Planung auf eine saubere marktbeschicker-interne Organisation und Aufrechterhaltung einer internen Konkurrenz. Legen Sie zu Beginn fest, welche Anforderungen jeder Marktbeschicker erfüllen muß: Im Hinblick auf Produktqualität, Sortiment, Verpackung, Preisgestaltung, Standgestaltung und -auszeichnung, Beteiligung am Bauernmarkt-Gemeinschaftsmarketing. Gleichzeitig ist zu vereinbaren, welche Konsequenzen es für mögliche „schwarze Schafe" gibt.
- **Organisationsstruktur:** Schaffen Sie eine klare Organisationsstruktur innerhalb der Bauernmarktbeschicker.
- **Regelmäßiger Erfahrungsaustausch mit allen Marktbeschickern:** Vereinbaren Sie einen regelmäßig stattfindenden Erfahrungsaustausch innerhalb der Bauernmarktbeschicker, z.B. im Anschluß an den Bauernmarkt 4 mal im Jahr eine Aussprache mit folgendem Ziel: Aufzeigen von Verbesserungsmöglichkeiten und Ideen, Festlegen von Verkaufsförderungs- und Werbemaßnahmen,…
- **Bauernmarkt als Kommunikationsstandort und Kundentreffpunkt:** Überlegen Sie, wie Sie Ihren Bauernmarkt als Kommunikationsstandort etablieren können.
- **Partner für Bauernmarkt:** Überlegen Sie, mit wem der Bauernmarkt gemeinsam diverse Aktivitäten starten könnte, z.B. Tourismusverein, mit am Bauernmarkt angrenzenden Geschäften und Cafés,…
- **Feiern Sie mit Ihren Kunden:** Osterbauernmarkt, Nikolausmarkt, Frühlingsfest, Erntedank oder Jubiläumsfest am Bauernmarkt. Bei solchen Anlässen dürfen unentgeltlich bzw. lediglich zum Selbstkostenpreis Kostproben verabreicht werden, weil in einem solchen Fall die Kostproben zur Anbahnung von Geschäften dienen und keine Gewinnerzielungsabsicht vorliegt.

Die Vermarktung

Verkauf im Umherziehen

Praxis/Situation

Darunter versteht man das Anbieten von Waren im Umherziehen von Ort zu Ort bzw. von Haus zu Haus. Diese Vertriebsform ist in der Gewerbeordnung geregelt. Im Rahmen der bäuerlichen Direktvermarktung dürfen nur folgende Produkte vermarktet werden:
Obst, Gemüse, Erdäpfel, Rahm, Topfen, Butter, Käse, Eier, Naturblumen und Brennholz.

Anforderungen

- Die Vertriebsform ist nur für die oben angeführten Produkte zulässig.
- Sie benötigen ein geeignetes Transportmittel (Bus oder Kombi, aus dem Sie verkaufen).
- Sie sollten die Verkaufsroute gut planen, so daß Sie möglichst alle interessierten Kunden antreffen.

Vorteile

- Es ist für die Kunden die bequemste und zeitsparendste Variante.
- Durch gute Planung der Verkaufsroute können Sie die Vermarktungszeit sehr effizient gestalten.
- Die Vertriebsform ist hofunabhängig. Schlechte Standortbedingungen für die Vermarktung können dabei ausgeglichen werden.
- Sie sind wetterunabhängig.

Nachteile

- Sie benötigen ein zweckmäßiges und attraktives Vermarktungsfahrzeug.
- Sie müssen oft lange Strecken zum Kunden auf sich nehmen.
- Das Geschäft „von Haus zu Haus" ist sehr kraftraubend.
- Es ist nicht für alle Produkte erlaubt.
- Aufgrund der sinkenden Lagerkapazitäten bei den Kunden müssen Sie in regelmäßigen, relativ kurzen Abständen Ihre Verkaufstouren planen.

Tips und Ideen

- Kündigen Sie Ihren Besuch beim Kunden an (Datum, Zeitpunkt), um ihn sicher anzutreffen. In Miethäusern und Siedlungen haben sich Hausaushänge am „Schwarzen Brett" vielerorts bewährt. Holen Sie aber zuvor dafür die Erlaubnis ein (z.B. Hausmeister, Hausverwaltung,...).

Die Vermarktung

- Gestalten Sie Ihr Vermarktungsfahrzeug auffällig („Firmenaufschrift", Logo, Slogan Ihres Betriebes,...)
- Versuchen Sie Fixpunkte einzuhalten, z.B. jeden Dienstag um 18 Uhr sind Sie beim Haus „Maier".
- Arbeiten Sie mit einer Kundenkartei und versuchen Sie, Ihre Kunden von sich aus zu einem bestimmten Zeitpunkt mit einem persönlich adressierten Schreiben auf Ihr Angebot aufmerksam zu machen (z.B. ab nächster Woche die ersten Paradeiser oder Weihnachtsangebote,...).
- Laden Sie Ihre Kunden zu einem bestimmten Anlaß auf Ihren Hof ein. Damit gewähren Sie ihnen einen besseren Einblick und stärken damit das Vertrauen in Ihre Produkte.

Verkauf auf Bestellung

Praxis/Situation

Für den „Verkauf auf Bestellung" gelten im Prinzip alle Vorschriften des Ab-Hof-Verkaufes. Im Unterschied zum „Verkauf im Umherziehen" gibt es bei dieser Vertriebsform keine Produkteinschränkungen. Der Verkauf auf Bestellung hat sich vor allem bei Produkten mit relativ langer Verarbeitungszeit und eingeschränkter Haltbarkeit durchgesetzt (z.B. Rindfleisch, Frischfleisch allgemein, Bauernbrot ab Hof,...). In Abhängigkeit davon, wo Sie verkaufen, ist der Verkauf auf Bestellung eine besondere Form der Zustellung (ähnlich wie im Umherziehen) oder des Ab-Hof-Verkaufes. Bei bestimmten Produkten bzw. ab einer gewissen Menge kann der Vertrieb auch per Versand erfolgen.

Anforderungen

- **Bestellung organisieren:** Dies kann beim jeweils vorhergehenden Verkauf mittels Kundenkartei, per Telefon, Fax oder Post oder per E-mail erfolgen.
- **Aufnahme der Bestellung:** Wenn die bestellte Ware zugestellt wird, muß unbedingt eine Bestellbestätigung mitgeführt und bei einer etwaigen gewerberechtlichen Kontrolle vorgewiesen werden. Die Bestellbestätigung kann ein Bestellheft, eine Telefonnotiz oder ähnliches sein. Hervorheben müssen Sie den Namen und die Adresse des Bestellers sowie die Bestellware.
- Siehe „Verkauf im Umherziehen" bzw. Ab-Hof-Verkauf.
- **Versandverpackung:** Für den Versand benötigen Sie eine geeignete „Versandverpackung".
- **Versandspesen:** Diese sind in das Produkt einzukalkulieren oder dem Kunden zu verrechnen. Darüber müssen Sie Ihre Kunden im vorhinein informieren.

Die Vermarktung

Die Schuljause ist eine Möglichkeit des Verkaufes auf Bestellung

Vorteile

- Bei dieser Vertriebsform gibt es keine gewerberechtliche Einschränkung auf bestimmte Produkte. Die Vorzüge der Zustellung bei vorausgehender ordnungsgemäßer Aufnahme der Bestellung können genutzt werden.
- Durch gute Planung kann die Vermarktungszeit effizient gestaltet und die Verderbmenge minimiert werden.
- Siehe „Verkauf im Umherziehen" bzw. „Ab-Hof-Verkauf".

Nachteile

- Jede Bestellung muß unbedingt ordnungsgemäß aufgenommen werden.
- Siehe „Verkauf im Umherziehen" bzw. „Ab Hof Verkauf".

Tips und Ideen

- Bereiten Sie gute Bestellformulare vor, wo alle Fragen festgehalten sind, soweit als möglich nur noch zum Ankreuzen (Name, Adresse, Angebotspalette mit Preis, Zustelltermin, Zahlungs- und Lieferkonditionen, Sonderwünsche,...).
- Legen Sie Bestellformulare ans Telefon. Auch Familienmitglieder mit geringen Verkaufserfahrungen sollten problemlos eine Bestellung entgegennehmen können.
- Siehe „Ab-Hof-Verkauf" bzw. „Verkauf im Umherziehen".
- Für Produkte des täglichen Bedarfs könnten Sie auch ein Abo-Angebot überlegen, z.B. Eier, Äpfel, Gemüse, Brot,...

PREISGESTALTUNG

Die Preise sind immer ein heißes Eisen. Fast jeder Direktvermarkter hat Probleme bei der Festlegung seiner Produktpreise. Ständig kriecht ein unsicheres Gefühl aus der Magengegend hoch, und zahlreiche Fragen geistern durch den Kopf. Bin ich wohl nicht zu teuer, weil der letzte Kunde so komisch dreingeschaut hat? Verschenke ich meine Waren? Ist noch mehr drin oder nicht? Was verlangt wohl mein nächster Mitbewerber? Man hört, daß er immer etwas dazuschenkt. Werde ich Kunden verlieren, wenn ich meine Preise anpasse und erhöhe?

In der Preisgestaltung liegt ein umfangreiches Betätigungsfeld und wichtiges Instrumentarium eines erfolgreichen Marketings.

Wovon ist die Höhe der Preise abhängig?

Produkt- und Leistungsqualität

Preise sollten Sie immer gemeinsam mit der angebotenen Leistung darstellen. Zeigen Sie Ihrem Kunden, was er für sein Geld bekommt, und listen Sie alle Bestandteile des Produktes und alle Zusatzleistungen einzeln auf.

Es macht einen Unterschied, ob Sie einen **Geschenkkorb um öS 700,–** anbieten oder einen **speziellen handgeflochtenen Weidenkorb, gefüllt mit frischen, ausgewählten Produktspezialitäten des xx-Hofes, verpackt in elegantem Geschenkpapier und dekoriert mit einer ansprechenden Zierschleife.**

Mit einer ausführlichen Beschreibung Ihres Angebotes verursachen Sie bei Ihren Kunden das befriedigende Gefühl, einen guten Kauf getätigt zu haben.

Damit rechtfertigen Sie einen gerechten Preis, der wiederum Voraussetzung für einen mittel- und langfristigen wirtschaftlichen Erfolg Ihres Betriebes ist.

Kostenkalkulation

Bei jeder Preisfestlegung müssen Sie wissen, wieviel Sie die Herstellung und der Verkauf der entsprechenden Produkte kostet.

Mittel- und langfristig müssen Sie immer Vollkostendeckung erzielen. Das heißt, Sie müssen variable und fixe Kosten abdecken können. Variable Kosten entstehen bei jedem einzelnen Stück, das Sie produzieren, z.B. Rohstoffe, Zutaten, Gewürze, Verpackung, Etiketten, zurechenbarer Zeitaufwand, Energieaufwand etc.

Fixe Kosten müssen Sie auch dann tragen, wenn Sie nichts produzieren. Gebäude, Maschinen und Geräte, Raumausstattung, Versicherung, Lager- und Verkaufsräumlichkeiten sind Beispiele für fixe Kosten.

Wenn Sie in besonderen Situationen (z.B. Aktionen, Einstiegsangebote) über eine kurze Zeitdauer die Preise so senken, daß nur noch die variablen Kosten gedeckt werden, müssen Sie darauf achten, daß über anschließende höhere Preise auch wieder die Fixkosten zur Gänze gedeckt und Gewinne erzielt werden.

Produzieren und verkaufen Sie niemals über eine längere Zeitdauer ohne Vollkostendeckung. Nur Betriebe, die Gewinne erzielen, haben in unserem Wirtschaftssystem eine Existenzberechtigung.

Markt-/Konkurrenzsituation

Ein wichtiger Anhaltspunkt für die Preisfestlegung ist der Markt. Informieren Sie sich genau, welche Preise Ihre wichtigsten Mitbewerber für das gleiche Angebot fordern. Dabei erkennen Sie leicht, wie Sie zum Spielball Ihrer Kunden werden, wenn Sie in Ihren Produkten und Leistungen mit den Mitbewerbern austauschbar werden. In diesem Fall sind Sie gezwungen, klein beizugeben und Preisnachlässe, wenn auch zähneknirschend, zu gewähren.

Das allein ist Grund genug, die Analyse zur Positionierung Ihrer Produkte nochmals sehr gründlich durchzuführen.

Strategie zur Markterschließung

Insbesondere für neue Direktvermarktungsbetriebe oder für neue Produktzweige ist die Vorgangsweise zur Erschließung eines Marktes ausschlaggebend für die Preisgestaltung.

Sie können einerseits mit relativ niedrigen Einstiegspreisen beginnen und diese Schritt für Schritt anheben, um rasch ein bestimmtes Absatzvolumen zu erreichen. Achtung, dabei müssen Sie zwei Gefahren beachten! Erstens ist es ziemlich schwer, Preise wieder anzuheben, ohne die Kunden zu verärgern. Zweitens führen Preissenkungen nicht unbedingt zu einem höheren Absatz, weil er oft auch entsprechend dem Motto: „Was nix kostet, is auch nix wert!" als Qualitätsmaßstab angesehen wird und selten wenige Schillinge ausschlaggebend für die Kaufentscheidung sind.

Die Produktqualität, aber auch die Produktgestaltung und die Art des Anbietens haben auf den Produktpreis großen Einfluß

Andererseits können Sie mit Preisen beginnen, die Ihrer Leistung angemessenen sind, und ab der ersten verkauften Einheit Gewinne machen. Immer wenn Sie dabei Probleme haben, veräußern Sie entweder ein schlechtes Produkt, oder Sie sind nicht in der Lage, die Vorteile und die Qualität Ihres Angebotes den Kunden verständlich zu machen.

Rabatte – ja oder nein?

Wieviel Prozent Ihres Umsatzes bleiben Ihnen als Gewinn übrig? 5, 10 oder 15%? Das müssen Sie wissen, denn wenn Ihnen diese schmale Spanne bewußt ist, werden Sie mit Preisnachlässen, die über den Daumen gewährt werden, sehr vorsichtig umgehen. Wenn Sie ein Produkt, dessen Normalpreis laut Preisliste öS 50,- beträgt, um öS 45,- verkaufen, machen Sie in der Regel keinen Gewinn mehr. Nehmen wir an, daß sich aufgrund von Rabatten Ihr Gewinn um die Hälfte reduziert. Dann dürften Sie Ihrem Kunden nur noch die halbe Leistung bieten, damit es ein faires Geschäft bleibt. Bei jedem Geschäft muß es zwei Gewinner geben, damit es ein gutes Geschäft ist und die gute Beziehung bestehen bleibt.

Erklären Sie daher Ihren Kunden diese Zusammenhänge und verzichten Sie auf jene unverbesserlichen „Raunzer", die ständig auf Ihre Kosten profitieren wollen.

Preisnachlässe, Rabatte, Aktionen, Geschenke dürfen nur dann in der Preisgestaltung Platz haben, wenn alle übrigen Marketinginstrumente ausgereizt sind. Und weil das eigentlich nie der Fall ist, sollten Sie immer einen fairen Fixpreis verlangen. Versichern Sie Ihrem Kunden, daß niemand einen günstigeren Preis bekommt als er, weil alle den gleichen Preis bezahlen müssen. Am überzeugendsten wirkt ein schriftliches Preiszertifikat an der Wand Ihres Verkaufsraumes, mit dem Sie allen Kunden diese strikte Vorgangsweise schriftlich bestätigen.

Vielleicht verwenden Sie folgenden Text:

„Ich betrachte alle meine Kunden als langfristige Partner. Darum bestätige ich hiermit, daß ich niemals von der aktuellen Preisliste abweiche und niemand bei mir billiger einkauft als Sie. Gleichzeitig garantiere ich mein uneingeschränktes Bemühen zur Erfüllung Ihrer Bedürfnisse."

In der Regel handeln nur jene Kunden um Preisnachlässe, die wissen oder vermuten, daß welche gewährt werden. Sie würden sich schlecht behandelt und betrogen fühlen, wenn andere weniger bezahlen müßten als sie selbst.

Unter der Voraussetzung, daß Ihr Preis-/Leistungsverhältnis stimmt, werden Sie wegen einer fixen Preisliste keinen einzigen Kunden verlieren. Wenn Sie gut sind, bekommen Sie auch Ihr Geld dafür.

Eine Ausnahme von diesen Grundsätzen bilden die Mengenrabatte. Preisnachlässe aufgrund der Abnahme besonders großer Mengen sind durchaus empfehlenswert. Nehmen Sie diese Möglichkeit in Ihre Preisliste auf und machen Sie sie jedem bekannt. Damit ist es ebenso ein festgelegter Preis, von dem niemals abgewichen wird.

Ja, senden Sie mir kostenlos und unverbindlich regelmäßig Ihre Prospekte über nachstehende Sachgebiete:

- Jagd und Fischerei
- Berg- und Wanderliteratur
- Zeitgeschichte, Militaria
- Aktuelle Sachbücher
- Schöngeistige Literatur
- Landwirtschaftliche Fachbücher
- Probeheft **„DER FORTSCHRITTLICHE LANDWIRT"**, Fachzeitschrift für die bäuerliche Familie
- Probeheft **„SCHAFE aktuell"**
- Probeheft **„BIENENWELT"**
- **„SUNN Seit'n"**
  Zeitschrift für bäuerliche Vermieter/innen

Zutreffendes bitte ankreuzen ⊗

Diese Karte entnahm ich dem Buch:

Zum Lesen bzw. zum Kauf wurde ich angeregt durch:

○ Prospekt, ○ Anzeige, ○ Buchbesprechung, ○ Schaufenster, ○ Empfehlung des Buchhändlers, ○ Empfehlung eines Bekannten, ○ Geschenk.   (Bitte ankreuzen)

Meine Meinung zu diesem Buch:

LEOPOLD STOCKER VERLAG
Graz – Stuttgart

Geschäftsantwort-
postkarte

An den

LEOPOLD STOCKER VERLAG

Postfach 438
Hofgasse 5
A-8011 Graz

Stocker
SV
Im Dienste des guten Buches

LANDESAUSZEICHNUNG

Name/Vorname

Beruf

Straße

Postleitzahl und Wohnort

KOMMUNIKATIONSMIX

„Werbung" – was ist das?

Werbung ist etwas, das jeder ständig (meist unbewußt) tut, indem er sich seinen Mitmenschen von der besten Seite präsentiert. Man tut dies, um Erfolg zu haben, um bei den anderen „anzukommen". Das Verhalten dabei hängt davon ab, bei wem man ankommen will. Wenn Sie z.B. bei Ihrer Bank einen Kredit aufnehmen wollen, werden Sie versuchen, durch Ihr Auftreten, durch die Art und Weise, wie Sie sprechen und durch die Wahl Ihrer Kleidung den Erwartungen Ihres Geschäftspartners zu entsprechen: Sie möchten seriös, vertrauenswürdig und kompetent wirken; Sie werden versuchen, sich selbst und Ihre Situation bestmöglich zu präsentieren. Sie werden keine zweideutigen Witze erzählen, Sie werden Ihrem Gegenüber nicht auf die Schulter klopfen, und keinesfalls werden Sie mit dem Bankbeamten die Probleme Ihrer Ehe besprechen – diese Verhaltensweisen wären aber gegenüber einem guten Freund völlig normal, teilweise sogar positiv. Damit wird klar: Wir versuchen, uns ständig auf das jeweilige Umfeld (Markt, Zielgruppe) einzustellen und uns von der besten Seite zu zeigen, uns dem anderen möglichst vorteilhaft mitzuteilen. Die Wirtschaftswerbung funktioniert nicht anders.

Im betriebswirtschaftlichen Sinn ist Werbung „Kommunikationspolitik" – in unserem Beispiel Ihr Verhalten in der Bank – nur ein Teil der gesamten Marketingstrategie. Marketing ist Philosophie; es gilt, alle betrieblichen Maßnahmen auf die Bedürfnisse des Marktes, das sind der bestehende und der zukünftige Kundenstock, die **Zielgruppe**, abzustellen. Aufgrund Ihrer Arbeit am Marketingplan wissen Sie jetzt, **was, wem** und auf welchem **Wege** Sie etwas verkaufen wollen.

Die folgenden Ausführungen ersetzen keinesfalls den Werbefachmann, sie sollen dazu dienen, die vielfältigen Bereiche der Werbung aufzuzeigen und das Gespräch mit dem Fachmann zu erleichtern.

Weshalb werben?

Gerade in der Landwirtschaft herrscht noch vielfach die Meinung vor: „Wozu soll ich überhaupt Werbung machen – meine Produkte sind gut, Mundpropaganda ist die beste Werbung". So weit, so falsch. Mundpropaganda ist zwar die effizienteste Werbung, doch muß sich auch der Landwirt, will er in unserem Wirtschaftssystem erfolgreich sein, mit professionelleren Methoden der „Werbung" auseinandersetzen.

Welche sind die Aufgaben der Werbung?

Steigerung der Bekanntheit
Bekanntheit ist die Voraussetzung dafür, daß ein Käufer nach gerade Ihrem Produkt sucht und es überhaupt zu einem Kauf kommen kann.

Informieren

Hauptaufgabe der Werbung ist es, über das Vorhandensein und die Eigenschaften eines Produktes zu informieren. Die Information sollte knapp gehalten sein: Man kann nicht alles sagen, was man weiß, sondern nur das Wesentliche. Wesentlich ist, was Ihr Produkt aus der Angebotsmasse heraushebt, also das Besondere.

Motivieren

Motivieren heißt, andere zu bewegen, etwas zu tun. Menschen lassen sich stark von Sympathien und Abneigungen leiten. Sie suchen Glück, Freude, Sicherheit, Schönheit und – allgemein – Lebensqualität. Nicht Zwang wird angewendet, sondern der Umworbene soll überzeugt werden, daß er sinnvoll handelt, wenn er sich einer Botschaft anschließt – wenn er sich für den Kauf gerade **Ihres** Produktes entscheidet. Voraussetzung ist allerdings, daß der Umworbene die grundsätzliche Bereitschaft hat, sich mit der Botschaft auseinanderzusetzen. Daher ist es wichtig, erst die Einstellung und die Situation der umworbenen Zielgruppe zu erforschen und danach die werbliche Aussage zu gestalten.

Verbindung halten

Werbung dient letztlich auch dazu, mit dem bereits bestehenden Kundenstock Kontakt zu halten, sich immer wieder in Erinnerung zu rufen. Ob Biobauer oder Bank – der Kunde ist immer ein Mensch! Daher zu gewissen Anlässen „Danke für die Treue!" sagen, den Kunden immer auf dem letzten Stand halten, ihn z.B. vor Ostern durch einen Brief an den Osterschinken erinnern und gleich ein Angebot unterbreiten usw.

Planung Ihrer Werbe- bzw. Kommunikationsstrategie

Definition Ihrer Zielgruppe

Die Zielgruppe leitet sich aus Ihrem Produktkonzept ab. Da sich die Planung sämtlicher Marketingaktivitäten an die Zielgruppe richtet, ist diese so exakt wie möglich zu definieren:
An wen will ich verkaufen?

- soziodemographisch
  z.B. 3-4 Personen-Haushalte, Frauen und Männer ab 25 Jahren, mittleres bis höheres Haushaltseinkommen
- psychologisch
  z.B. prestigeorientiert, aktiver Lebensstil, umweltbewußt

Die Vermarktung

Vertriebswege

Wie und wo kann mein Kunde meine Produkte kaufen?

- Hofladen
- Bauernladen
- Bauernmarkt
- Bestellservice
- Hauszustellung
- usw.

Vertriebswege sind Teil des Marketingplanes und wichtig für den Inhalt Ihrer Werbebotschaft sowie für die Auswahl Ihrer Werbemittel.

Das Werbeziel

Um das Ziel einer Werbeaktivität festlegen zu können, sind folgende Fragen zu klären:

Wer	(Sie – siehe Identität, Image, CI, CD)
sagt was	(Werbebotschaft)
unter welchen Bedingungen	(Umweltsituation)
über welche Kanäle	(Medien, Werbemittel)
zu wem	(Empfänger, Zielgruppe)
mit welchen Wirkungen	(Werbeerfolg)?

Das Werbeziel muß vor Beginn jeder Aktion klar definiert sein. „Ich möchte mehr verkaufen", ist zu wenig. Fragen Sie sich: Was will ich mit meiner Werbestrategie und/oder einzelnen Aktionen erreichen?

- meinen Betrieb, meine Erzeugnisse bekanntmachen (**Wettbewerbsvorteile!**)
- meinen Ruf verändern, z.B. modernisieren, auf biologischen Anbau umstellen etc.
- eine Sonderaktion starten, z.B. Geschenkpakete für Weihnachten anbieten etc.

Zeitlicher Einsatzplan

In der Werbung gilt besonders der Grundsatz: einmal ist keinmal. Werbung heißt, sich dauernd gezielt und geplant um den Kunden bemühen. Erstellen Sie einen Einsatzplan für ein Jahr, und überlegen Sie sich genau, welches Werbemittel wann am sinnvollsten einsetzbar ist (z.B. Aktion vor Weihnachten, Ostern, Allerheiligen, monatliche Kundenmailings etc.)

Werbeplanung (Kreislauf)

- Festlegung der Werbeziele
- Zielgruppe bestimmen
- Definition der Werbebotschaft
- Werbebudget
- Auswahl der Werbemittel
- Zeitlicher Einsatzplan
- Produktion Durchführung
- Erfolgskontrolle

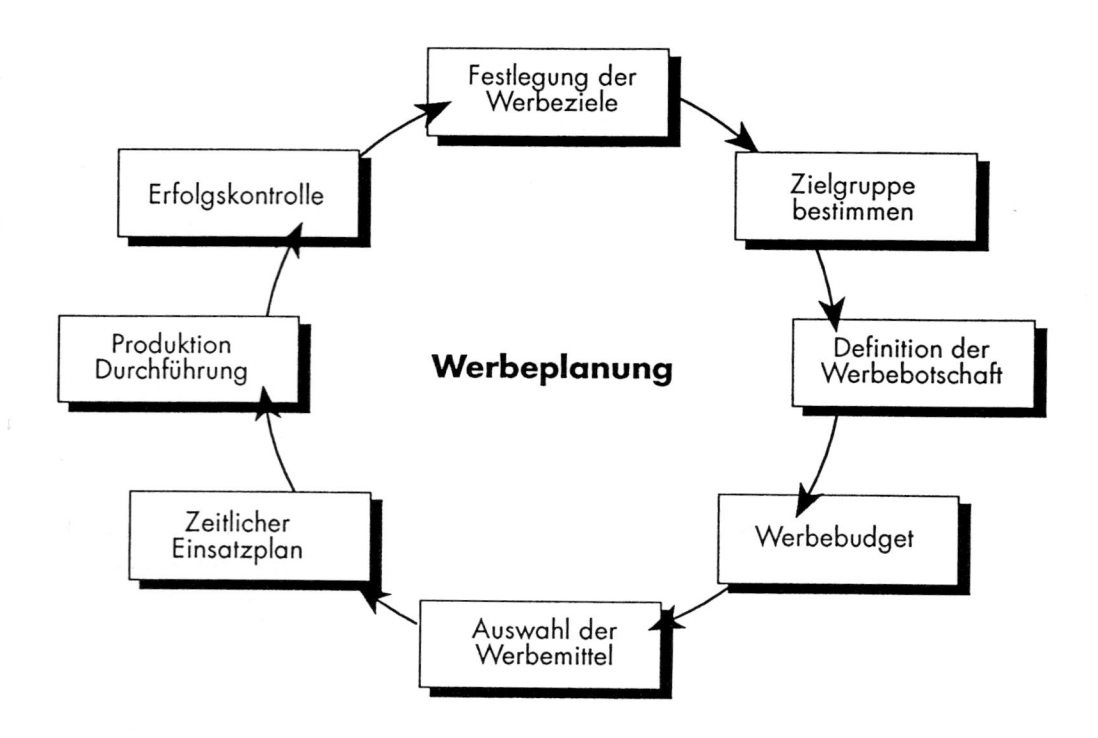

Budget

Werbung kostet Geld, daher muß das Werbebudget Teil Ihrer Produktkalkulation sein. Es gibt leider keinen generellen Richtwert, der für eine Werbeaktion seriös angesetzt werden kann, da die Kosten von Ihrem festgelegten Werbeziel und dem benötigten Werbemitteleinsatz abhängig sind. Am besten ist es, sich Angebote von Werbeagenturen für die Gestaltung, von Druckereien bezüglich der Druckkosten u.a. einzuholen, damit ein grober Kostenrahmen festgelegt werden kann.

Üblicherweise wird das Werbebudget für ein Jahr erstellt. Beachten Sie jedoch, daß die Kosten für die Entwicklung Ihres Corporate Design (Logo, einheitliche Drucksorten, Produktetiketten etc.) als (grundsätzlich einmalige) Investition zu sehen sind, da diese Maßnahmen langfristig eingesetzt werden.

Schaffung von Identität

Jede Familie, jedes Unternehmen ist einzigartig; ihre Identität muß aus ihren eigenen Wurzeln, ihrer „Persönlichkeit", ihren Stärken und Schwächen erwachsen. Die Identität des Unternehmens muß so klar sein, daß sie zum Maßstab wird für die Produkte, für das generelle Handeln genauso wie für einzelne Maßnahmen. Sie muß sichtbar, greifbar und allumfassend sein.

Image

Das Vorstellungsbild, das die Kunden von Ihren Produkten und Ihrem Betrieb haben. Dazu gehören auch Eigenschaften, die dem Produkt bzw. Betrieb rein gefühlsmäßig – vielleicht auch fälschlich – zugeordnet werden. So stempeln wir Mitmenschen vielfach mit Begriffen wie etwa „fleißig – faul", „ehrlich – unehrlich" ab, weil uns einmal etwas zu Ohren gekommen ist, was in unser Eindrucksbild paßt.

Ihre Werbung versucht nun gezielt, das Image Ihres Produktes so zu gestalten, daß der Abnehmer mit dem Produktnamen bestimmte Eigenschaften (im Idealfall schon völlig unbewußt) verbindet. Somit bestimmen Sie durch Ihr Handeln, welches Image Sie am Markt haben. Jeder Fehltritt, ob in der Produktion, im Umgang mit Kunden oder in der äußeren Erscheinung, schadet Ihrem Image.

Doch auch völlig unkontrollierbare Faktoren können „imageschädigend" wirken: der österreichische „Weinskandal" in den achtziger Jahren – kriminelles Handeln einiger weniger Produzenten – hat auch allen ehrlichen Weinbauern, also der gesamten Branche, geschadet.

Ihr angestrebtes Image bestimmt daher auch den Stil Ihrer Werbemaßnahmen. Jedes Handeln muß darauf ausgerichtet sein, in der Öffentlichkeit jenes Bild zu schaffen und zu verstärken, das den Kunden zur Entscheidung für **Ihr** Produkt bewegt. Image und Werbestil sind voneinander abhängig.

Corporate Identity – das ganzheitliche Erscheinungsbild

Corporate Identity (CI) bezeichnet die Selbstdarstellung und Verhaltensweisen eines Unternehmens nach innen und nach außen. Das reicht von einheitlich gestalteten Drucksorten, von Ihrem Umgang mit Kunden, Mitarbeitern und Lieferanten und dem optischen Eindruck, den Ihr Hof auf Besucher macht, bis hin zur Werbebotschaft.

Corporate Design – das optische Erscheinungsbild

Das äußere Erscheinungsbild, von Werbefachleuten „Corporate Design" oder kurz CD genannt, ist nur ein Teil der oben beschriebenen CI. Es ist die optische Umsetzung, das „Kleid" des Be-

Die Vermarktung

triebes, in dem sich dieser auf dem Markt präsentiert. Das CD ist auch jenes Kennzeichen, durch das Ihr Betrieb identifiziert wird und Ihre Produkte wiedererkannt werden. Träger dieser „Uniform" sind sämtliche Drucksachen, wie Briefpapier, Visitkarten, Schilder, Stempel, Produktetiketten, Tragtaschen, Hoffolder u.v.m.

Im folgenden sollen grundlegend die wichtigsten Merkmale des optischen Erscheinungsbildes (CD) kurz erklärt werden:

Das Logo

Das Logo ist eines der wichtigsten Elemente des Unternehmensbildes. Es ist Signal und Markierung. Ein gutes Logo ist so gestaltet, daß es zu Ihnen paßt, denn Sie müssen sich mit Ihrem „Zeichen, Namenschriftzug etc." identifizieren, es muß Ihnen daher gefallen, und es muß den Erwartungshaltungen der zukünftigen Käufer entsprechen. Und: Ein einmal gewähltes Logo muß beständig sein, da sich der Effekt nur über längere Zeit in vollem Umfang entfalten kann. Sie sollten es daher viele Jahre verwenden können.

Farben

Farben können Aussagen unterstützen, diesen aber auch Glaubwürdigkeit nehmen! Bei der Farbgestaltung ist zu beachten, daß Grundfarben festzulegen sind, die das Hof- und Produktimage unterstreichen. Als „Firmenfarben" für einen bäuerlichen Betrieb, für die Gestaltung von Produktverpackung und Etiketten scheiden alle grellen, aggressiven Farben von vornherein aus, weil diese nicht mit dem Bild in Verbindung gebracht werden („Image" = „Bild"!), das der Käu-

Ein gut gestaltetes, einfaches Logo ist eines der wichtigsten Elemente des Unternehmensbildes

fer von bäuerlichen Produkten hat. Vorzuziehen ist demnach sanfte, natürliche Farbgebung. Sie sollten sich auf ein bis zwei Farben beschränken und diese immer gleich verwenden. Damit ein Farbton festgelegt werden kann (grün ist z.B. nicht gleich grün), definiert man seine Farben mit Hilfe einer Farbkarte (HKS, RAL).

Schrift und Typographie

Auch der verwendete Schriftstil ist Bestandteil Ihres Erscheinungsbildes. Schrift dient in erster Linie zur Vermittlung von Kommunikation. Sie sagt aber auch viel über den aus, der sie verwendet. Legen Sie gemeinsam mit Ihrem Werbeberater/Grafiker maximal drei Grundschriften fest: Eine für den Fließtext, eine zweite für Überschriften, Produktbezeichnungen etc. und eine Sonderschrift. Grundsätzlich gilt auch hier: Weniger ist mehr. Einem Flugblatt, welches fünf verschiedene Schriftstile aufweist, fehlt die harmonische Linie, und es wird unübersichtlich.

Werbemittel

Was ist eigentlich ein Werbemittel? Als Werbemittel ist alles anzusehen, was uns ermöglicht, unsere Botschaft an den Empfänger zu bringen. An dieser Stelle sollen nur Werbemittel besprochen werden, die für kleinere Werbebudgets in Frage kommen.

Das persönliche Gespräch

Der einfachste Weg, jemanden zu überzeugen, ist das Gespräch. Dieses elementare „Werbemittel" hat auch die am besten definierte Zielgruppe: genau einen Menschen. Das Verkaufsgespräch hat bereits alle werblichen Elemente in sich. Doch dürfen Sie nicht vergessen, daß „Gespräch" etwas anderes ist als „Vortrag": Beim Gespräch kommen mehrere zu Wort. Es ist zwar wichtig, daß Sie über Ihre Produkte und Produktionsweisen sprechen, doch werden Sie nur Gehör finden, wenn Sie versuchen, auf den anderen einzugehen. Das können Sie nur, wenn Sie ihm zuhören. Der Kunde muß sich verstanden fühlen und Vertrauen in Ihre Beratung entwickeln.

Produktdesign, Produktetiketten

Der Gestaltung der Produktverpackung und -etiketten kommt größter Stellenwert zu. Das „Design" Ihres Produktes ist die Visitkarte ihres Hofes – das Image Ihres Betriebes wird dadurch wesentlich geprägt! Gefälliges Aussehen der Ware gibt dem Kunden die Sicherheit, den richtigen Kauf getätigt zu haben. Selbstverständlich sind auch die Produktetiketten einheitlich im persönlichen Corporate Design zu gestalten. Ein Auftrag an eine Druckerei ist sehr kostspielig und daher erst ab einer höheren Auflage sinnvoll. Mit Hilfe eines modernen

Beispiel einer CD-Linie – hier für ein Gemeinschaftszeichen

Die Etiketten sind nicht nur für die gesetzliche Auszeichnungspflicht wichtig, sondern sie sind das Aushängeschild des jeweiligen Betriebes und sollten der Betriebslinie entsprechen.

Der Gestaltung der Produktverpackung und der Etiketten muß größter Stellenwert beigemessen werden

Die Vermarktung

Kopiergeräts können auch kleine Mengen eines professionell gestalteten Etiketts hergestellt werden – keinesfalls dürfen die Etiketten schlampig und billig aussehen; dies würde mehr schaden als nützen. Neben der Gestaltung dürfen selbstverständlich die wesentlichen Informationen und die gesetzlich festgelegten Angaben nicht vergessen werden.

Hoffolder

Dieser soll Ihnen Gelegenheit geben, Ihr Unternehmen und Ihre Produkte eindrucksvoll – und vor allem auch einprägsam – zu Papier zu bringen.

- **DIN A4 Blatt quer, 1 x gefaltet**

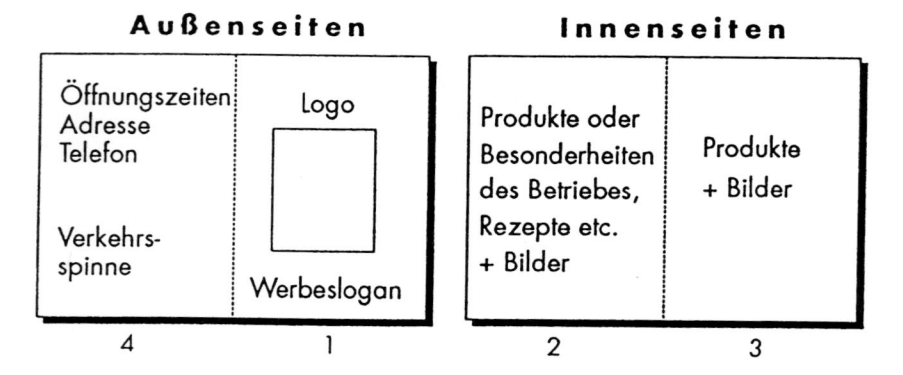

Außenseiten

Öffnungszeiten Adresse Telefon Verkehrsspinne	Logo Werbeslogan
4	1

Innenseiten

Produkte oder Besonderheiten des Betriebes, Rezepte etc. + Bilder	Produkte + Bilder
2	3

- **DIN A4 Blatt quer, 2 x gefaltet**

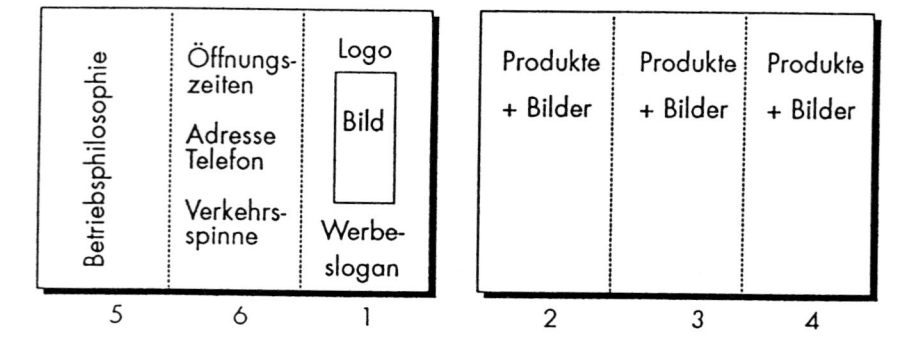

Betriebsphilosophie	Öffnungszeiten Adresse Telefon Verkehrsspinne	Logo Bild Werbeslogan
5	6	1

Produkte + Bilder	Produkte + Bilder	Produkte + Bilder
2	3	4

Gutes vom Bauernhof

Traditionelle Fertigungsweisen sind die Basis für qualitativ hochwertige Produkte. Die Produktion nach zeitgemäßen Kriterien ist die Garantie für Qualität. Achten Sie daher auf unser Markenzeichen: das Symbol „Gutes vom Bauernhof".

Jeder Betrieb wird von der ARGE bäuerlicher Selbstvermarkter auf Einhaltung der strengen Richtlinien kontrolliert, beraten und bei Schulungen trainiert.

Für Sie als Konsumenten bringt dies enorme Vorteile:

- Die Sicherheit, nur frische Ware zu kaufen
- Die Kenntnis des Erzeugers
- Die Garantie optimaler Betriebshygiene
- Geschmacklich ausgezeichnete Spezialitäten
- Ein Gleichgewicht im Preis-Leistungs-Verhältnis

So finden Sie uns:

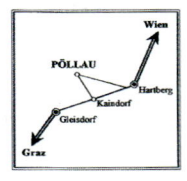

Informationen

Nähere Informationen über Kostbares aus dem Naturpark Pöllauer Tal erteilen wir Ihnen gerne. Rufen Sie uns an, schreiben Sie oder kommen Sie einfach vorbei!

Tourismusbüro Pöllau
Schloß 1, 8225 Pöllau
Tel.: 0 33 35 / 42 10 Fax: 0 33 35 / 42 35

Kostbares aus dem Naturpark Pöllauer Tal

Hutzelhof
bäuerlich - ökologisch - frei Haus

Ein eigener Hoffolder ist die beste Möglichkeit, Ihren Betrieb, seine Lage und Ihre Produktionsweise in Wort und Bild zu präsentieren

Ein eigener Hoffolder („Folder" sagt man, wenn es sich um ein ein- oder mehrmals gefaltetes Blatt handelt, „Broschüre", wenn die Blätter gebunden sind) ist die beste Möglichkeit, Ihr Image, Ihre Produktionsweisen und Besonderheiten in Wort und Bild zu präsentieren.

Postwurfsendungen/Flugblatt

Eine Postwurfsendung ergeht „an einen Haushalt" eines bestimmten Gebietes. Die Post informiert Sie über die Anzahl der Haushalte in dem Bezirk, den Sie mit Ihrer Postwurfsendung erreichen möchten. Durch die Flut an Werbesendungen erzielen Postwurfsendungen nur eine geringe Rücklaufquote.

Eine weitere Einsatzmöglichkeit ist das Verteilen von Flugblättern an Orten, an denen sich die Zielgruppe aufhält, z.B. am Bauernmarkt, vor einem Einkaufszentrum etc.

Wichtig bei jeder Aktion: Geben Sie dem Empfänger Ihrer Botschaft immer die Möglichkeit, gleich – und vor allem bequem – zu reagieren (Rückantwortkupon, Telefonnummer)!

Werbebriefe – Direct Mail

„Direct Mailing" ist eines der billigsten und, konsequent eingesetzt, eines der erfolgreichsten Werbemittel. Im Unterschied zu Postwurfsendungen wird der Werbebrief dabei persönlich adressiert, d.h. Sie müssen konkrete Adressen haben. Die „richtigen" Adressen (Zielgruppe!) sind Voraussetzung für den Erfolg einer Directmail-Aktion. Wie kommen Sie zu Adressen?

- Eigene Adressen (bestehender Kundenstock, frühere Kontakte, Ihr Arzt, Ihre Bank etc.)
- Adressen aus öffentlichen Quellen (Telefonbuch)
- Mietadressen von Adreßverlagen, Kammerorganisationen etc.

z.B. Vorstellung Ihres „Hofladens" und des Produktangebotes
1. Schritt: Sie besorgen sich die Adressen Ihrer Zielgruppe
2. Schritt: Sie versenden ein Mailing mit Bestellkarte – in der Hoffnung, daß der mögliche Kunde sofort bestellt bzw. den Hofladen besucht.

Inserate

Das Inserat ist eines der klassischen Werbemittel. Sein Einsatz ist jedoch für den Direktvermarkter nur dann sinnvoll, wenn er eine bestimmte Aktion bewerben will. Sie eröffnen z.B. einen „Hofladen", veranstalten ein „Hoffest" etc.

Telefon

Das Telefon ist – auch für den Bauern – eines der häufigsten Kommunikationsmittel im Geschäftsleben – nur wenn es darum geht, aktiv etwas zu verkaufen, scheuen viele zurück, zum

An einen Haushalt!

Ihr Kinderlein kommet

am 2. Dezember ab 15 Uhr
in den

Bauernladen Reinprecht

im DM, Plüddemanngasse 43.

Wohl kein Abschnitt des steirischen Jahrlaufs ist an Volksbräuchen reicher, als die Weihnachtszeit. Und kein Fest wird bei uns mit breiterer Anteilnahme und tieferer Innigkeit gefeiert.

Wir laden Sie herzlich zu uns ein: feiern Sie mit uns!

Rund um unseren reich geschmückten Christbaum gibt's steirische Spezialitäten – auch zum Kosten – Gediegenes aus der bäuerlichen Handwerksstube, Weihnachtslieder, Märchen und ...
... und ... und ...

Postwurfsendungen und Flugblätter sollten nur gezielt eingesetzt werden, um eine höhere Rücklaufquote zu erreichen

Während der Adventszeit erhalten Sie mit diesem **Gutschein** 10% Rabatt auf unsere Spezialitäten.

Bauernladen Reinprecht

im DM, Plüddemanngasse 43, 8042 Graz, Telefon 471775.
Jeder Gutschein ist mit ausgefüllter Adresse für Ihren einmaligen Einkauf gültig:

Name: _____

Anschrift: _____
_____

GUTES vom Bauernhof

BESTELLSCHEIN

Ja, ich möchte, daß die Hutzelhof-Kiste auch bei mir vorfährt. Liefern Sie mir bitte:

Sortiment	f. 2–3 Pers	f. 4 Pers.	f. 5–6 Pers.
Vollsortiment	DM 18,- ○	DM 26,- ○	DM 34,- ○
Schonk./MuKi	DM 18,- ○	DM 26,- ○	DM 34,- ○
Regionalsort.	DM 18,- ○	DM 26,- ○	DM 34,- ○
Gemüsesort.	DM 18,- ○	DM 26,- ○	DM 34,- ○
Rohkostsort.	DM 18,- ○	DM 26,- ○	DM 34,- ○
Mixkiste	DM 18,- ○	DM 26,- ○	DM 34,- ○
Obstkorb	DM 18,- ○	DM 26,- ○	DM 34,- ○
Käsepaket		DM 18,- ○	DM 26,- ○
Wurstpaket		DM 18,- ○	DM 26,- ○
Kartoffel	DM 7,- ○	DM 13,- ○	
Eier, 10 Stk. zu DM 4,80		10 Stk ○	20 Stk ○
Roggen-Vollkornbrot, 750g zu DM 4,70		1 Stk. ○	2 Stk ○
Sonnenblumenbrot, 750g zu DM 4,90		1 Stk. ○	2 Stk ○
Dinkelbrot, 900g zu DM 5,80		1 Stk. ○	2 Stk ○
Semmeltüte, 5 gem. Brötchen zu DM 3,5		1 Stk. ○	2 Stk ○

Kreuzen Sie die gewünschten Sortimente bitte an.

Gutscheine und Bestellkarten können auch mit Postwurfsendungen kombiniert werden.
Sie erleichtern den Aufbau einer Kundenkartei

Hörer zu greifen. Warum? Rufen Sie Ihren Kunden einfach an, fragen Sie, wie's ihm geht und erzählen Sie ihm z.B., daß Sie momentan einen besonders zarten Speck haben und ob er diesen nicht probieren will.

Und wenn Sie angerufen werden? Sind alle Mitarbeiter/Familienmitglieder gut informiert, können gewünschte Informationen kompetent und freundlich gegeben werden? Melden Sie sich einheitlich mit Ihrem Namen, z.B. „Weingut Muster", seien Sie freundlich, sprechen Sie deutlich, und seien Sie verbindlich: eine telefonische Bestellung muß erledigt, ein versprochener Rückruf auch getätigt werden!

Geschäftskorrespondenz

Jedes von Ihnen verfaßte Schriftstück, ob Brief, Angebot, Lieferschein, jede Rechnung ist zugleich auch Werbemittel. Deshalb ist bei diesen „bürokratischen" Notwendigkeiten stets auf äußere Form (eigenes Briefpapier, gestaltet im CD) und Inhalt zu achten. Siehe dazu auch Kapitel „Büroorganisation".

Eine Messebeteiligung ermöglicht die Präsentation der eigenen Leistung

Messen und Ausstellungen

Nicht nur das bloße „Dabeisein" ist wichtig, sondern vor allem die Präsentation der eigenen Leistung. Oft wird bei der Dekoration, beim Licht, bei der Ausstattung gespart und nur das Nötigste investiert. Warum eigentlich? Bei Ihrem Stand soll „sich etwas tun", er ist Verkaufspunkt und Bühne zugleich, es muß das Gespräch, die eingehende Information, die Verkostung am Messestand möglich sein, und der Besucher muß die Atmosphäre Ihres Betriebes „spüren".

Eine Messebeteiligung muß sorgfältig geplant sein; da auch die Kosten nicht unerheblich sind, bieten sich Messebeteiligungen als gute Möglichkeit der Gemeinschaftswerbung an.

Die Vermarktung

Public Relations (PR) = Öffentlichkeitsarbeit

Public Relations sind bewußte, geplante, zielgerichtete und dauernde Bemühungen, in der Öffentlichkeit sowie bei direkt oder indirekt betroffenen Gruppen Verständnis und Vertrauen aufzubauen und zu fördern. PR-Aktionen sind daher alle Maßnahmen, die dazu dienen, daß „die Öffentlichkeit" von Ihnen (gut) spricht; das kann sie nur, wenn Sie Anlässe geben, über die „man" spricht.

Beispiele für PR-Aktionen:

„Hoffest" – Tag der offenen Tür
Die Durchführung eines „Hoffestes" ist eine ausgezeichnete Möglichkeit, Ihren Hof, Ihre Produkte, ja Ihre Betriebsphilosophie in einem lockeren, unterhaltsamen Rahmen zu präsentieren.

Weil die Durchführung einer Veranstaltung mit hohem organisatorischem Aufwand verbunden ist, sollten Sie sich unbedingt eine Checkliste mit den wichtigsten Punkten erstellen:

Hoferscheinungsbild	Was muß verbessert/adaptiert werden?	
Besucheranzahl	Wieviele können/sollen kommen (danach richtet sich die Zahl der Sitzgelegenheiten, Speisen, Getränke)?	
Speisen und Getränke	Angebot? Wer liefert was?	Selbst Brauerei Kooperation mit Gasthaus (Getränkeausschank) Kooperation mit anderen Bauern
Sitzgelegenheiten, Geschirr, WC	Tische/Bänke (z.B. leihweise von Brauerei) Gläser, Besteck, Aschenbecher, Servietten etc.	
Programm	Begrüßung	Wer begrüßt die Gäste (hält kurze Ansprache)?
	Musik	Wer – Budgetfrage?
	Tanz	Ja/nein?
	Hofführung	Wer und wie?
	Produktpräsentation/Verkaufsstand	
	Gewinnspiele/Quiz	
	Wettbewerbe	
	Unterhaltungsmöglichkeit für Kinder	

Produktpräsentation/ Verkaufsstand	Wie, was, wer präsentiert, wer verkauft?
Technik	Bühne für Musiker Licht Stromanschlußmöglichkeit (Stärke/kw)
Amtsweg	Gendarmerie (wegen Lärmbelästigung) Rettung informieren, AKM (Musikabgabe)
Wetter	Ausweichmöglichkeit, wenn es zu regnen beginnt (z.B. Tenne adaptieren)
Werbemittel	VIP-Einladungen (VIP = very important person; wichtige Persönlichkeit; wer muß eingeladen werden? Presse, Bürgermeister etc.) Einladungen (z.B. Flugblatt an Haushalte bzw. Verteilen am Bauernmarkt etc.) (Zufahrtsplan auf den Einladungen nicht vergessen) Plakate (in Banken, am Bauernmarkt) Teilnahmekarten für Gewinnspiel Beschilderung („Zum Hoffest beim Musterbauer")
Personelles	Aufgabenverteilung (Wer macht was in der Organisation und am Fest)?
Verrechnung	Was kostet den Besucher wieviel, was gibt es gratis (Speisen, Getränke)?
Sponsoring	Was könnte von wem „gratis" zur Verfügung gestellt werden (z.B. Tische und Bänke von Brauerei, bei der Sie Bier beziehen)?

Die Vermarktung

Pressebetreuung

Unter Pressebetreuung versteht man, Medien (Fachzeitschrift, Tageszeitung, Bezirkszeitung) auf dem laufenden zu halten, d.h. wenn etwas „Besonderes" passiert, wenn Sie z.B. bei einer Verkostung mit Ihren Produkten eine Auszeichnung erhalten oder auf biologischen Anbau umgestellt haben – informieren Sie die Redaktionen dieser Zeitungen schriftlich, wenn Sie ein „Hoffest" durchführen, laden Sie unbedingt die Vertreter der Presse ein, und zeigen Sie sich gerade hier großzügig.

Gutes tun

Grundsätzlich gilt: Tu Gutes und sprich darüber! Möglichkeiten gibt es dafür zahllose, Sie müssen nur die Augen offen halten.

Die Umsetzung

Sie können werblich sehr viel selbst tun, doch die Gestaltung Ihrer Werbemittel sollten Sie dem Fachmann überlassen. Arbeiten Sie nicht mit dem Bekannten, der „so gut zeichnet", der Nichte, die „lustige Reime machen kann", und Sie selbst machen vielleicht „super Urlaubsfotos". Sie sparen am falschen Platz! Verkaufsfördernde Fotos, Texte, ein einprägsames Logo, ein gutes Layout für Ihren Folder sind keine „Geistesblitze", sondern aufgrund von Fachkenntnissen hart erarbeitet.

Wenn Sie eine Werbeagentur mit der Erarbeitung eines Werbekonzeptes und/oder Ihres Corporate Designs beauftragen, empfiehlt es sich, ein „Werbebriefing" (kurze Aufgabenstellung, Ist-Situation, Ziele) zu erstellen, um genaue Vorgaben und Hintergrundinformationen für die Werbearbeit zur Verfügung zu stellen.

Inhalt eines Werbebriefings:

- Ausgangssituation und Zielsetzungen
- Kurze Marktcharakteristik
- Vertriebswege
- Wettbewerbsvorteile
- Kommunikationsziele
- Finanzieller Rahmen

Gemeinschaftswerbung

Ein einzelner Betrieb kann trotz aller Werbebemühungen immer nur einen verhältnismäßig kleinen Markt erreichen. Darum gilt auch hier: „Gemeinsam sind wir stärker!"

- Untersuchungen anstellen
- Experten für die verschiedensten Gebiete heranziehen
- gemeinsam den Markt werblich bearbeiten
- eine gemeinsam genützte „Marke" entwickeln

Der große Vorteil: Das Interesse der Verbraucher wird auf die Produktgruppe gelenkt. Märkte oder Marktnischen werden gemeinsam erschlossen und kommen jedem zugute. Gemeinschaftswerbung kann Medien heranziehen, die aufgrund des Preises und der Verbreitungsgebiete für den einzelnen nicht in Frage kämen; sie schafft ein Umfeld, das für die eigene Werbung günstig ist.

Beispiel einer Gemeinschaftswerbung. Das gemeinsame Logo gibt dem Kunden eine bestimmte Qualitätsgarantie

Marketingziele und Zielverfolgung

Bevor Sie jetzt mit der konkreten Umsetzung beginnen, sollten Sie sich nochmals mit der Festlegung konkreter Ziele beschäftigen. Auch im Marketing haben Ziele und deren konsequente Verfolgung große Bedeutung. Prüfen Sie daher für jede Produktgruppe die derzeitige Situation und sammeln Sie zu deren Beurteilung möglichst viele Daten. Wie groß ist mein derzeitiger Umsatz? Wie groß könnte mein Umsatz sein? Welches Potential haben der Markt und insbesondere meine Zielgruppe?...

Auf dieser Basis müssen Sie überlegen, was machbar und was sinnvoll ist, und konkrete Ziele festlegen.

Beispiel: Ich möchte bis 31. Dezember 199x mit diesen Produkten einen Umsatz von öS nn.nnn,– machen. Das entspricht einer Steigerung von xx %. Damit erzielen wir mit dieser Produktgruppe einen Gewinn von öS nn.nnn,–.

Ziele festzulegen allein, reicht jedoch nicht aus! Sie müssen in regelmäßigen Abständen prüfen, ob Sie auf dem richtigen Weg sind und die angestrebten Leistungsdaten auch erreichen. Dann haben Sie die Möglichkeit, Abweichungen sehr früh zu erkennen und rechtzeitig zu reagieren. Die Konsequenzen könnten einerseits darin bestehen, daß Sie die Verkaufsbemühungen erhöhen oder andererseits, wenn Sie Ihre Ziele schneller erreichen als geplant, daß Sie sich neue, bessere Ziele festlegen.

Konkrete Festlegung

Jetzt kommen wir von der Theorie zur praktischen Umsetzung. Ihr Kopf ist mittlerweile voll mit Daten aus den vorhergehenden Analysen und mit Ideen aus den letzten Kapiteln. Sie müssen jetzt für jede Ihrer Produktgruppen die spezielle zukünftige Vorgangsweise, den Marketingplan, festlegen. Verwenden Sie dazu das folgende Formular und arbeiten Sie sich für jedes Produkt bzw. für jede Produktgruppe mit einem eigenen Formular durch. Scheuen Sie nicht den Zeitaufwand und die Mühe, die damit zusammenhängen. Dieser Einsatz wird sich vielfach bezahlt machen, weil Sie damit die Basis für die Richtigkeit Ihrer täglichen Entscheidungen und Handlungen schaffen. Zum Erfolg führt eben keine Rolltreppe, man muß schon die Stiege benützen.

Marketingplan

Produkt/Produktgruppe:

Zielmarkt/Zielgruppe:

Bedürfnisse der Zielgruppe:

Merkmale meiner Produkte zur Befriedigung dieser Bedürfnisse:

Vorteile meiner Produkte gegenüber meinen Mitbewerbern:

Marketingziele (Umsatz, Gewinn, Anteil am Gesamtgewinn des Betriebes,...):

Besonderheiten zur Produktgestaltung (Qualität, Marke, Verpackung, Größe, Einheiten,...):

Preisgestaltung (Herstell- und Verkaufskosten, Gewinnspanne, Preis, Mengenrabatte,...):

Vertriebswege:

Kommunikationsmix (Werbung, Öffentlichkeitsarbeit, Verkaufsförderung, Hofbild,...):

Erstellt am: ——————— **von:** ———————

Die Vermarktung

Wenn Sie für alle Produkte Ihren Plan festgelegt haben, müssen Sie diesen „nur" noch umsetzen. Dazu sind eine Reihe von konkreten Aktivitäten notwendig. Nehmen Sie einen Plan nach dem anderen zur Hand und leiten Sie die notwendigen Tätigkeiten ab. Fassen Sie diese zu einem sogenannten Aktivitätenplan zusammen, der folgendes Aussehen hat:

WAS ist zu tun?	WER macht es?	bis WANN?	OK?
1)			
2)			
3)			
usw.			

Ideensammlung

Damit Sie bei Ihrer Ausarbeitung aus dem Vollen schöpfen können, sind hier noch einige ausgewählte Ideen und Tips aufgelistet:

Informationsbriefe, Direct Mail, Flugblätter
Senden Sie Ihren Kunden zu bestimmten Anlässen einen Brief zur persönlichen Information oder Glückwünsche. Die Einführung neuer Produkte, neuer Verkaufswege, Festtage, Geburtstage und Verkaufsaktionen sind gute Gelegenheiten, Ihre Stammkunden zu betreuen und neue zu gewinnen.

Wegweiser
Führen Sie Ihre Kunden mit attraktiven Wegweisern zu Ihrer Verkaufsstelle.

Plakatständer
Weisen Sie auf einigen aufgestellten Plakatständern auf Ihren Hof, Ihre Produkte und auf besondere Ereignisse hin.

Internet und elektronische Briefkästen
Ein Angebot über Internet und die Bestellung via E-mail ist eine immer üblichere Form der Geschäftsbeziehung. In einigen Branchen wird diese Möglichkeit von fortschrittlichen Betrieben bereits vorausgesetzt, zumal die erforderlichen Einrichtungskosten bereits sehr niedrig sind.

Briefmarken
Jeder Brief hat mehr Chance, gelesen zu werden, wenn er mit einer oder mehreren Briefmarken, womöglich mit Sonderbriefmarken, versehen ist. Dadurch wirkt er persönlich und wesentlich interessanter.

Broschüren und Prospekte
Sie vermitteln viel Information über den Nutzen Ihrer Produkte und erhöhen gleichzeitig das Image Ihres Betriebes. Achtung! Erstellen Sie nur professionelle Unterlagen und wenden Sie sich dazu an Grafiker und Werbetexter. Sie würden ansonsten am falschen Platz sparen, und die Gefahr, einen unprofessionellen Eindruck zu erwecken, ist zu groß.

Dankschreiben
Danken Sie Ihren Kunden für die Treue, z.B. während des vergangenen Jahres. Damit laden Sie sie automatisch zum nächsten Kauf ein, ohne daß Sie es im Brief erwähnen.

Geschenkgutscheine
Bieten Sie Geschenkgutscheine an. Damit können Sie neue Kunden anlocken und bestehenden Kunden die Qual der Wahl für eine Geschenksidee erleichtern.

Präsentationen, Kochkurse etc.
Zeigen Sie Ihren Kunden mehr als nur Ihr Produkt. Informieren Sie sie über die Verwendungs- und Veredelungsmöglichkeiten. Damit stärken Sie Ihren Ruf als Experte und bleiben bei Ihren Kunden lange im Gedächtnis.

Kostproben und Muster
Lassen Sie Spezialitäten verkosten und geben Sie gezielte Gratisbeigaben. Diese bleiben lange im Gedächtnis und führen mit großer Wahrscheinlichkeit zu einem nachfolgenden Kauf.

Empfehlung und Mundpropaganda
Eine positive Mundpropaganda ist die stärkste und beste Werbung, die Ihnen zuteilwerden kann. Fragen Sie daher neue Kunden, wie sie auf Sie aufmerksam wurden oder wer Sie empfohlen hat. Damit können Sie die Zufriedenheit der Kunden und die Wirksamkeit Ihrer Marketingaktivitäten gut überprüfen.

Sponsoring und soziales Engagement
Mit finanzieller Hilfe für Organisationen oder Personen sowie mit persönlichem Engagement in sozial wertvollen Projekten können Sie Ihr Image und Ihren Bekanntheitsgrad stark steigern.

Leserbriefe
Mittels Leserbriefen sollten Sie zu ausgewählten Themen Stellung beziehen. Äußern Sie dazu Ihren Standpunkt, und sprechen Sie Ihre Zielgruppe besonders an, wobei Sie eine Selbstdarstellung Ihrer Person oder Ihres Betriebes unbedingt vermeiden sollten. Unterfertigen Sie mit Ihrem Namen und Ihrem Hofnamen.

Die Vermarktung

Verkaufs- und Präsentationsstände
Auf Messen, Volksfesten, öffentlichen Ereignissen haben Sie die Möglichkeit, Ihren Betrieb und Ihre Produkte zu präsentieren und zu verkaufen.

Betriebsbesichtigungen
Laden Sie Schulen, Vereine, Organisationen, Firmen usw. ein, Ihren Betrieb zu besichtigen und sich vor Ort zu informieren.

Hoffeste und ein Tag der offenen Tür
Solche Aktionen bieten erstklassige Gelegenheit, eine große Anzahl von interessierten Besuchern anzulocken und entsprechendes Echo bei der Presse zu gewinnen.

Presseaussendungen
Nutzen Sie interessante Neuerungen und Ereignisse als Chance, die Presse zu informieren. Ein positiver Artikel in einer Zeitschrift ist eine sehr gute und kostengünstige Werbung.

Tagungen, Seminare, Vorträge
Nutzen Sie ausgewählte Veranstaltungen, um entweder selbst als Redner aufzutreten oder im Rahmen einer Diskussion Ihre Meinung zu plazieren. Damit können Sie sich einen Ruf als Experte auf einem bestimmten Gebiet erarbeiten.

T-Shirts
Lassen Sie T-Shirts mit Ihrem Betriebslogo und Betriebsnamen bedrucken und verschenken Sie sie an gute Kunden. Damit gewinnen Sie kostengünstige Werbeträger.

Visitenkarten
Geben Sie allen Kunden eine Visitenkarte in die Einkaufstasche oder ins Geschenkpaket. Bei der Gestaltung der Visitenkarte ist wie bei der Gestaltung einer Broschüre Professionalität gefragt. Verzichten Sie auf billige und bevorzugen Sie günstige, aber gute Lösungen.

Regelmäßige Anpassung und Aktualisierung des Marketingplanes

Es muß Ihnen bewußt sein, daß sich ein erfolgreicher Direktvermarktungsbetrieb nur durch zielgerichtetes Marketing entwickeln kann. Planen Sie daher die erforderlichen Aktivitäten so gut wie möglich. Dann erreichen Sie auch ohne großes Marketingbudget eine bedeutende Wirkung.

Damit diese auch anhält, müssen Sie Ihre Pläne zumindest jährlich auf Aktualität prüfen und überarbeiten. Dadurch stellen Sie nachhaltigen Betriebserfolg sicher. Tun Sie es einfach und Sie werden staunen und mit Stolz Ihre Erfolge genießen!

PRAKTISCHES BEISPIEL FÜR DIE ERSTELLUNG EINES BETRIEBSKONZEPTES

Arbeitsblatt: Betriebliche Voraussetzungen

In Hinblick auf folgende Kriterien ist mein Betrieb sehr oder schlecht geeignet, ein erfolgreicher Direktvermarktungsbetrieb zu sein:

a) **Lage des Betriebes / Nähe zum Kunden**

1 .... ②........ 3 .... 4 5

sehr geeignet ...... schlecht geeignet

Begründung: *Stadtnähe von Zeltweg, Judenburg, Knittelfeld, einladende Lage in ruhiger Gegend*

b) **Zeit- und Arbeitskapazität für die Direktvermarktung**

1 .... 2 ... Ⓧ .... 3 .... 4 5

sehr geeignet ...... schlecht geeignet

Begründung: *Durch Muttersauenhaltung wird die Arbeitskapazität etwas eingeschränkt, daher ist eine gute Arbeitsteilung innerhalb der Familie unbedingt erforderlich*

c) **Derzeitige Produkt- und Leistungsausrichtung**

1 ... Ⓧ .... 2 .... 3 .... 4 5

sehr geeignet ...... schlecht geeignet

Begründung: ......

d) **Technische Ausstattung des Betriebes**

① .... 2 .... 3 .... 4 5

sehr geeignet   schlecht geeignet

Begründung: *Neubau sämtlicher Anlagen nach geltenden gesetzlichen Bestimmungen und Richtlinien von „Gutes vom Bauernhof"*

Arbeitsblatt: Betriebliche Voraussetzungen

e) **Geeignete Räumlichkeiten für Herstellung, Lagerung und Verkauf**

(1)........2.........3.........4.........5

sehr geeignet ......schlecht geeignet

Begründung: *2 Kühlräume (Pökel- und Fleischkühlraum), Verkaufsraum, Schlacht- und Verarbeitungsraum, Reiferaum*

f) **Derzeitiges Fachwissen für Produktion und Verkauf**

1........(2).........3.........4.........5

sehr geeignet ......schlecht geeignet

Begründung: *Praxiserfahrung aus landwirtschaftlicher Fachschule und aus Praktikum auf einem Kärntner Direktvermarktungsbetrieb, Direktvermarkterseminar*

g) **Finanzielle Situation**

(1)........2.........3.........4.........5

sehr geeignet ......schlecht geeignet

Begründung: *Kein Fremdkapitaleinsatz für laufende Investitionen erforderlich*

h) **Marktsituation / Mitbewerber**

1........(2).........3.........4.........5

sehr geeignet   schlecht geeignet

Begründung: *In meiner Größenordnung und Professionalität gibt es in meiner Region nur wenige bäuerliche Direktvermarkter*

Arbeitsblatt: Betriebliche Voraussetzungen

i) **Hofgestaltung / Sauberkeit / Ordnung / Freundliches Hofbild**

　　　(1)........2..........3..........4..........5

sehr geeignet ......schlecht geeignet

j) **Einsatzbereitschaft der Familie und Mitarbeiter für die Direktvermarktung**

　　　(1)........2..........3..........4..........5

sehr geeignet ......schlecht geeignet

Begründung: *Mithilfe der Eltern auf dem Betrieb, Mitarbeiter (Fleischermeister) hält zum Betrieb*

k) **Sonstiges**

　　　(1)........2..........3..........4..........5

sehr geeignet　　　　　　　　　　　schlecht geeignet

Begründung: *Zeichennutzungsrecht für „Porki" (tiergerechte Haltung) und „Gutes vom Bauernhof" (Dachmarke des Landesverbandes zur Auszeichnung von bäuerlichen Direktvermarktungs-Qualitätsbetrieben)*

Formulieren Sie Ihr eigenes Ziel

Welches grundsätzliche Ziel verfolge ich mit meiner geplanten Direktvermarktungsaktivität?	**Hof auch in Zukunft im Vollerwerb führen zu können**
Welche Motivation liegt meiner Zielvorstellung zugrunde?	**Selbständigkeit statt Abhängigkeit im Nebenerwerb**
Was möchte ich mit meinem Vorhaben erreichen? Im nächsten Jahr?	**Kostensenken in der Schweineproduktion (Sauenplaner einsetzen: daß Sauen nicht umrauschen, Futterzukaufkosten) Alle Vermarktungschancen nützen**
In drei Jahren?	**Alle Vermarktungschancen nützen**
In fünf Jahren?	**Alle Vermarktungschancen nützen**

Prüfen Sie Ihr Investitionsvorhaben

Um welche Investitionsart handelt es sich bei Ihrem Vorhaben?	*Neuinvestition (1992)*
Welches Investitionsziel verfolgen Sie?	*Einstieg in die Direktvermarktung (1992)*
Wie groß ist Ihre Erfahrung im Bereich Ihres Vorhabens? Wissen Praxis Kenntnisse Qualifikationen	*Landwirtschaftliche Fachschule* *Praxis auf einem Betrieb in Kärnten, Zusammenarbeit mit Fleischermeister* *Viele Direktvermarktungsbetriebe vorher angeschaut*
Wie hoch beurteilen Sie Ihr Investitionsrisiko?	*Sehr hoch, da wir auf unserem Betrieb vorher keine Erfahrungen im Bereich Vermarktung hatten*

Erstellen Sie Ihren eigenen Investitionsplan

Kapitalbedarf	Investitionsplan					
	Investitionskosten pro Jahr				
	1. Jahr	2. Jahr	3. Jahr	4. Jahr	5. Jahr
Maschinen und Geräte					
Aufzug					7.000,–
Haarmaschine	60.000,–				
Kutter		30.000,–			
Füller		40.000,–			
Fleischwolf		40.000,–			
Gebäude und bauliche Anlagen					
Schlacht- u. Verarbeitungsraum u. Verkaufsraum (168 m^3)	340.000,–	249.853,–			
Kühl- u. Pökelraum (54 m^3)	102.503,–	87.094,–			
Reiferaum (50 m^3)	70.520,–	105.030,–			
Sonstiges					
Tische		40.000,–			
Waage 1		17.000,–			
Waage 2		9.000,–			
Waage 3		12.000,–			
außerordentliche Ausgaben					
diverse Ausstattungen		50.000,–			
Lieferwagen		40.000,–			
Kapitalbedarf	573.023,–	719.977,–			7.000,–

Unterziehen Sie abschließend Ihr geplantes Vorhaben einer Wirtschaftlichkeitsanalyse:

Ermittlung der Leistung Ihres Vorhabens	
Roherträge (Menge x Preis)	öS 1.300.000,–
Summe Rohertrag	**öS 1.300.000,–**
variable Kosten	
Materialkosten (inkl. Ausgangsprodukte und Zutaten)	
Mastsauenaufwand à öS 2.100,– x 279 Stück	öS 585.900,–
Därme und Gewürze	öS 80.000,–
Hoffest	öS 35.000,–
sonstige Werbemaßnahmen (Flugblätter)	öS 4.000,–
Beschaukosten	öS 1.300,–
Betriebskosten	
Versicherung	öS 10.000,–
Eichen	
Mitgliedsbeitrag ARGE	öS 300,–
Energiekosten	
PKW (Treibstoff u. Versicherung)	öS 24.073,–
Strom	öS 50.000,–
Hilfstoffkosten (Verpackung,...)	
Nebenkosten (Löhne, Telefon,...)	öS 16.000,–
Instandhaltung (3%)	öS 39.000,–
Summe variable Kosten	**öS 845.573,–**
Deckungsbeitrag (Rohertrag – variable Kosten)	**öS 454.427,–**
Kapitalkosten der Investition (Annuitätenmethode) (Investitionssumme öS 1,3 Mio. p = 6% Nutzungsdauer 10 Jahre)	öS 176.631,–
Wirtschaftlichkeit (Deckungsbeitrag – Summe der Kapitalkosten)	**öS 277.796,–**
Wirtschaftlichkeit pro Monat	öS 23.149,66

Ablaufschritte

	Tätigkeit	Verantwortlich	Aufzeichnung
1	Schlachten	Norbert	ja Beschauzettel
2	Wursten und Aufteilen	Norbert	lt. Hausrezept
3	Einbeizen und Selchen	Maria	lt. Hausrezept
4	Ab-Hof-Verkauf	Maria	lt. Preisliste Umsatzaufzeichnungen
5	Zustellung	Norbert	lt. Preisliste Umsatzaufzeichnungen
6	Reinigung und Desinfektion	Norbert	derzeit noch nicht

Aufgabenplanung für

Norbert

Ich bin verantwortlich für…	Wann? Wie oft?	Mich vertritt bei Abwesenheit	Einschränkung meiner Befugnis
Schlachten	jeden Montag	Ludwig	–
Wursten	Mittwoch	,,	–
Aufteilen	Mittwoch	,,	–
Zustellen	Donnerstag u. Freitag	Andreas	–
Marketingplan erstellen und Umsetzung überprüfen	Ende Jänner	–	–
Betriebsführung: Buchhaltung	Dienstag	–	–
Auswertung der Monatsergebnisse	jeden 1. Dienstag im Monat	–	–

Datum, Unterschrift: _____*Norbert*_____

Praktisches Beispiel für die Erstellung eines Betriebskonzeptes

Produktübersicht

Produkt bzw. Produktgruppe	Zielgruppe
Selchfleisch: *Teilsames*	**Zustellkunden (Einfamilienhaushalte)**
Bauch, geselcht	**Bauernladen in der Bezirksstadt**
Schulter, geselcht	**Gasthaus für Jause und zum Weiterverkauf an handelsreisende Stammkunden**
Hamburger	
Karreespeck	
Schinkenspeck	
Würste:	**Zustellen**
Hauswürstl	**Ab-Hof-Verkauf**
Trockenwürstel	**Bauernladen in der Bezirksstadt**
Bratwürstel	
Jausenwurst in Stange	
Blutwurst	
Leberstreichwurst	
Leberwurst	
Preßwurst (Sülze)	
Frischfleisch in Teilstücken: *Karree, Schopf, Schnitzl, Stelze, Bauch, Fischerl*	**Ab Hof**
	Einzugsgebiet: Umkreis von ca. 10 km, 3 Gemeinden u. Bezirkshauptstadt
	teils wöchentlich / teils 14tägig
	3 Gasthäuser – *fixe Bestellung*
	Vereine und Freundeskreise *während der Grillzeit*

Anmerkung: Die Zuordnung von Zielgruppen ist dem obigen Betrieb schwer gefallen. Diese Kundenmerkmale sollten künftig noch stärker beobachtet und festgehalten werden (Alter, Beruf, Verdienst, Bildungsgrad, Haushaltsgröße, besondere Interessen,...)

Zielgruppen

Produkt bzw. Produktgruppe		Zielgruppe	
	A	B	C
A) Selchfleisch	Zustellen an Einfamilien-Haushalte Ab Hof-Verkauf	Bauernladen in der Bezirksstadt	1 Gasthaus für Brettljause für Kochen Weiterverkauf an handelsreisende Stammgäste
B) Frischfleisch	Ab-Hof-Verkauf, Kunden, die wöchentlich kommen. Kunden, die 14tägig kommen. Einzugsgebiet: Umkreis von 15 km	3 Gasthöfe mit Fixbestellung	Vereine u. Freundeskreise in der Grillzeit
C) Würste	Zustellen	Ab Hof	Bauernladen
D)			

Praktisches Beispiel für die Erstellung eines Betriebskonzeptes

Portfolio-Positionierung

Produkt / Produktlinie: *Selchfleisch*

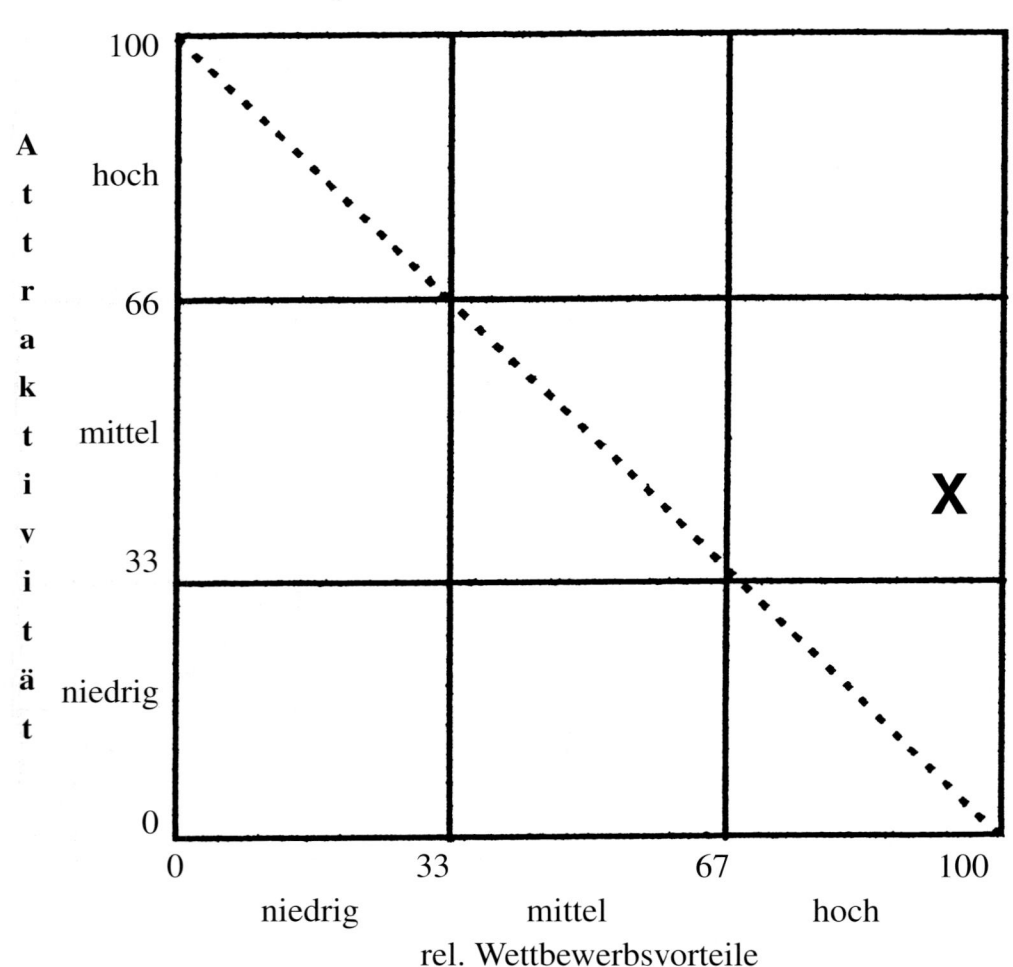

Attraktivität / rel. Wettbewerbsvorteile

	niedrig (0–33)	mittel (33–67)	hoch (67–100)
hoch (66–100)			
mittel (33–66)			X
niedrig (0–33)			

Anmerkungen:

....

....

....

Portfolio-Positionierung

Produkt / Produktlinie: *Würste*

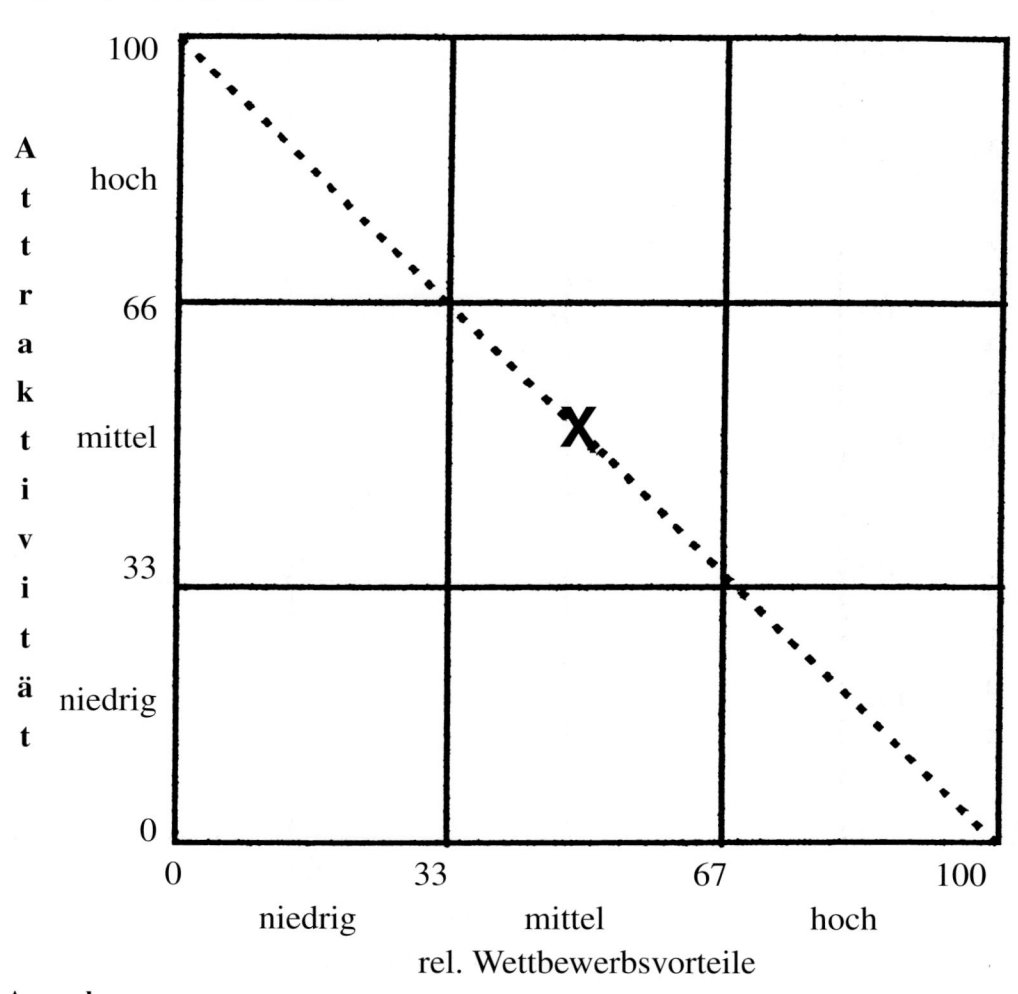

Attraktivität				
100 hoch				
66				
mittel		X		
33				
niedrig				
0	0 — 33 — 67 — 100			
	niedrig	mittel	hoch	

rel. Wettbewerbsvorteile

Anmerkungen:

....

....

....

Portfolio-Positionierung

Produkt / Produktlinie: *Frischfleisch*

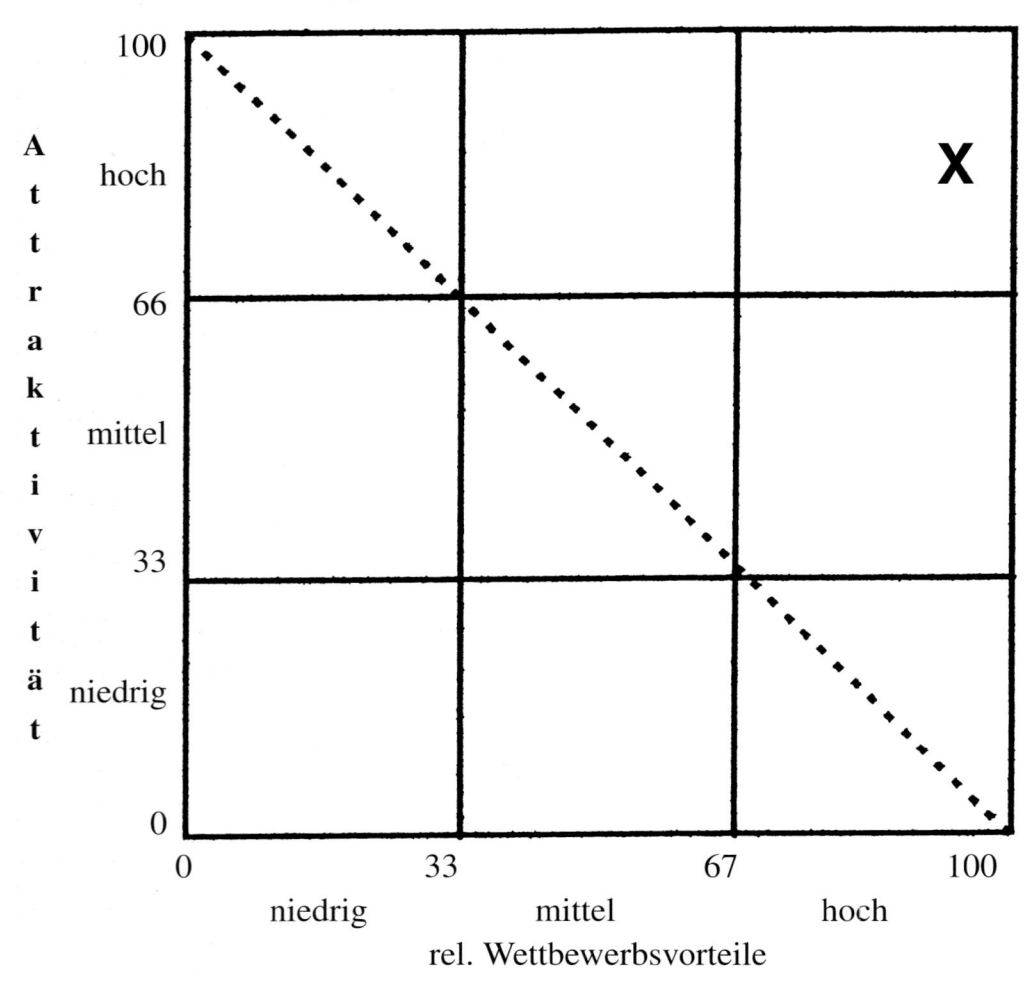

	niedrig	mittel	hoch
hoch			X
mittel			
niedrig			

Attraktivität (y-Achse: 0, 33, 66, 100)
rel. Wettbewerbsvorteile (x-Achse: 0, 33, 67, 100)

Anmerkungen:

Frischfleisch ist noch interessanter, vor allem junge Leute wollen nicht immer Geselchtes.

IST-Marketing

Verkaufswege	Preisgestaltung
A) **Ab Hof**	*Die Preise wurden nach intensiver Mitbewerberanalyse festgesetzt. Beobachtet wurden die Preise bei gewerblichen Anbietern und bei Bauernmärkten im Einzugsgebiet. Schließlich hat man sich preislich an das Niveau der gewerblichen Anbieter angepaßt. Das ist etwas günstiger als auf den Bauernmärkten, da das Ziel ist, möglichst große Mengen abzusetzen.* *Rabatte werden ab größeren Mengen in Form von Preisabrundungen gewährt, z.B. beim Einkauf um über öS 1000,–*
B) **Hauszustellungstouren**	*Der Preis ist grundsätzlich gleich wie bei Ab-Hof-Verkauf*
C) **Bauernladen**	*Unabhängig vom Verkaufspreis werden dem Bauernladen netto alle Preise um 10,– unter dem Ab-Hof-Verkaufspreis angeboten, z.B. Karreespeck um öS 150,– statt um öS 160,–, Hauswürstel um öS 110,– statt um öS 120,–. Zum Nettopreis werden im Bauernladen 20% als kalkulatorische Gemeinschaftsvermarktungskostenpauschale aufgeschlagen.*
D) **Gasthöfe**	*Der Preis ist grundsätzlich gleich wie bei Ab-Hof-Verkauf. Ein Großmengenrabatt wird ebenfalls gewährt, z.B. beim Einkauf um öS 2000,– gibt es öS 100,– Preisnachlaß.*

Anmerkung: *Gewinnspannen, Herstellkosten, Fixkosten und Arbeitszeitbedarf wurden für die einzelnen Produkte und Vertriebswege bisher noch nicht ermittelt. Die Preisnachlässe werden gefühlsmäßig gewährt, wobei dies nur im Bauernladen eine fixe Vereinbarung ist.*
Zu überlegen wären als 1. Schritt folgende Punkte:
• *Produktkalkulationen durchführen* • *Arbeitszeitbedarfsaufzeichnungen für die einzelnen Produkte und Vertriebswege* • *produktspezifische und vertriebsspezifische Umsatzaufzeichnungen* • *Festlegen fixer prozentualer Preisnachlässe je nach Einkaufswert, z.B. ab öS 1000,– 2% Preisnachlaß, ab öS 2000,– 5% Preisnachlaß,–...* • *Überprüfung der Gewinnspannen bei den einzelnen Produkten und Vertriebswegen*

Praktisches Beispiel für die Erstellung eines Betriebskonzeptes

IST-Marketing

Werbung, Öffentlichkeitsarbeit, Verkaufsförderung	Wichtigste Mitbewerber
A) *Ab-Hof-Verkauf:* • *Einsatz der Marke „Gutes vom Bauernhof" auf der Hinweistafel* • *Einsatz der Marke „Gutes vom Bauernhof" und „Porki" auf der Verkaufsraumtür* • *Einsatz der Marke „Gutes vom Bauernhof" und „Porki" auf Postwurfsendungen und Angebotsprospekten*	*Fam. Maier, Fam. Sommer und Fam. Neuhold*
B) *Zustellen auf Bestellung:* • *Einsatz der Marke „Gutes vom Bauernhof" auf dem Zustellauto* • *Einsatz der Marke „Gutes vom Bauernhof" auf der Preisliste*	*nicht bekannt*
C) *Bauernladen in der Bezirksstadt:* • *Einsatz der Marke „Gutes vom Bauernhof" und „Porki" auf dem Produktfolder*	*2. Fleischwarenlieferant (Kröpfl)*
Für die Direktvermarktung unserer Produkte insgesamt: • einmal jährlich ein Hoffest. Dafür beworben werden vorrangig unsere Kunden und deren Bekannte. Weiters wird das Hoffest über Regionalzeitungen und Plakate in der Region angekündigt. • Zeit für die Kunden, persönliche Gespräche mit Kunden und Interessenten. • *Mundpropaganda*	*2 Fleischereien in der Region, 2 Bauernmärkte, 3 Bauernläden in der Bezirksstadt, 3 Fleisch-Ab-Hofverkäufer im Einzugsgebiet, 1 Bauernmarktstand im Einkaufszentrum der Bezirksstadt*

Stärken – Schwächen

Stärken	Rang	Schwächen	Rang
eigene Schweineproduktion („Porki")		zu wenig Freizeit	3
moderne Direktvermarktungsausstattung („Gutes vom Bauernhof-Standard")		Arbeitsüberlastung bei saisonalen Arbeitsspitzen	1
Freude zur Fleischarbeit	3	Selch im Arbeitsraum	4
Spezialisierung auf ein betriebliches Standbein (keinen Forst, wenig Ackerbau)		Reiferaum zu weit vom Verkaufsraum entfernt	2
gute Qualität	1	Gewinnspannen bei x	5
Preis-Leistungsverhältnis	2		

Schwachstellenanalyse

Fehler / Schwachstelle / Reklamation	Ursache	Gewichtung
Arbeitsüberlastung bei saisonalen Arbeitsspitzen	Ostern	1
	Anbauzeit	
	Bauarbeiten	
Es ist nicht bekannt, mit welchen Produkten ich welche Wertschöpfung erziele? (Gewinnspannen)	Kalkulationen fehlen	2
Preisnachlässe werden gefühlsmäßig festgelegt – könnte zu Unstimmigkeit beim Kunden führen bzw. Kunden das Gefühl geben, mit dem kann man handeln – wenn ich nicht ordentlich handle, zahle ich zuviel	keine fixe transparente Regelung für Preisnachlässe bzw. Sonderkonditionen	3

Marketingplan

Produkt / Produktgruppe:
Selchfleisch

Zielmarkt / Zielgruppe:
Haushalte im Nachbarbezirk (junge Familien, 4–5 Personen-Haushalte, Pensionisten)

Bedürfnisse der Zielgruppe:
Nicht zu dunkel geselcht, nicht zu viel Salz, schmackhaft, Zuschnitt ist für die Optik wichtig, Teilstücke mit einem Gewicht von ca. 1 bis 1,3 kg, Zustellung – damit ersparen sich die Kunden Zeit und Fahrtstrecke, Zustellung im 14tägigen Rhythmus

Merkmale meiner Produkte zur Befriedigung dieser Bedürfnisse:
Geschmack, Reifegrad durch Reifen im Reiferaum, 14tägiger Zustellrhythmus, Qualität der Produkte durch optimale Betriebsausstattung und praktizierte Betriebshygiene

Vorteile meiner Produkte gegenüber meinen Mitbewerbern:
Salzarm und geschmackvoll, optimaler Reifegrad der Produkte, Rückverfolgbarkeit meiner Produkte, Vertrauen in meine Produkte durch persönliche „Beurteilung" im Rahmen des Hoffestbesuches, Nachweis der Qualitätsfähigkeit meines Betriebes durch die Anerkennung als „Gutes vom Bauernhof"-Betrieb

Marketingziele (Umsatz, Gewinn, Anteil am Gesamtgewinn des Betriebes,...):
Derzeit noch keine auswertbaren detaillierten produkt- und vertriebsspezifischen Aufzeichnungen
Schätzungsweise ca. 70% des Gesamtumsatzes in der Direktvermarktung
Die Vermarktungsmenge kann nicht sinnvoll gesteigert werden. Ziel ist es, durch Optimierungsmaßnahmen auf dem Betrieb die Wertschöpfung kontinuierlich zu steigern
Ziel 1: *Kostensenkung in der Produktion durch Einführung eines Sauenplaners*
Ziel 2: *Monatliche Auswertung der Umsätze nach Produktgruppen (Selchfleisch / Würste / Frischfleisch) und Vertriebswegen (Zustellung Tour 1 u. 2 / Bauernladen / Gasthaus / Ab Hof) ab Juli einführen.*

Marketingplan

Ziel 3: *Kalkulation und Kostenanalyse für die einzelnen Produktgruppen bis Jahresende mit Unterstützung unserer Gutes vom Bauernhof-Servicestelle durchführen.*

Besonderheiten zur Produktgestaltung (Qualität, Marke, Verpackung, Größe,...):
Professioneller Zuschnitt meiner Produkte, Zustellung der Produkte in attraktiven Kühlboxen, Gutes vom Bauernhof- und Porki-Aufkleber auf Lieferauto und Verkaufsraumtür

Preisgestaltung (Herstell- und Verkaufskosten, Gewinnspanne, Preis, Nachlässe,...):
Derzeit noch nicht vorhanden (siehe Ziel 3)

Vertriebswege:

Zustellen in Haushalte

Bauernladen

Gasthof

Kommunikationsmix (Werbung, Öffentlichkeitsarbeit, Verkaufsförderung, Hofbild,...):

Zustellen: *Zeit für Verkaufsgespräch. neue Adressen über Stammkunden, Preisliste, Frischprodukte werden jeweils mit Plakat im Lieferauto angekündigt, so daß die Kunden beim Einkaufen darauf aufmerksam gemacht werden, was sie für das nächste Mal an Frischprodukten bestellen können.*

Bauernladen: *Saisonangebote werden über Postwurfsendungen des Bauernladens bekanntgemacht, im Bauernladen liegen Hofprospekte auf.*

Hoffest: *Alle Stammkunden und Interessenten werden zum jährlichen Hoffest eingeladen (Ankündigung des Hoffestes im Bauernladen und in der Region über Gutes vom Bauernhof-Ankündigungsplakate, Einladung der Stammkunden im Zuge des Verkaufsgespräches und durch „Gutes vom Bauernhof"-Postkarte, Ankündigung des Hoffestes mit Rahmenprogramm auch in den Regionalzeitungen).*

Erstellt am: *20. Mai 1997*   **von**   *Betriebsführer m. G. Reichsthaler*

Aktivitätenplan

Was ist zu tun?	Wer macht es?	Bis wann?	OK?
1) Planung des Hoffestes	*Betriebsführer*	*Mitte Juli 1997*	
2) Formblätter für getrennte Monats-Umsatzaufzeichnung (Wurst / Selchfleisch / Frischfleisch) entwickeln	*Betriebsführer*	*Mitte Juni 1997*	
3) Einführung aller mit dem Verkauf befaßten Familienmitglieder in die neue Umsatzaufzeichnung (Mutter, Vater)	*Betriebsführer*	*Ende Juni 1997*	
4) Beginn mit den neuen Umsatzaufzeichnungen	*Betriebsführer, Vater, Mutter*	*ab 1. Juli 1997*	
5) Auswertung der Monatsumsatzaufzeichnungen	*Betriebsführer*	*ab Ende Juli 1997*	
6) Kalkulation aller Produktgruppen	*Betriebsführer*	*bis Dezember 1997*	
7) Überprüfung der Zielerreichung 1997 und Festlegen der Ziele für 1998	*Betriebsführer*	*Jänner 1998*	

CHECKLISTE FÜR BÄUERLICHE DIREKTVERMARKTER VON FLEISCH UND FLEISCHPRODUKTEN

Räume allgemein
- Die Arbeits- und Lagerräume sind entsprechend dem hygienischen und rationellen Arbeitsablauf zugeordnet (kreuzungsfrei, Arbeitsablauf vom reinen zum unreinen Bereich).
- Die Böden sind rutschfest und wasserundurchlässig. Sie sind leicht zu reinigen und zu desinfizieren und aus nicht verrottbarem Material.
- Eine Hohlkehle (zwischen Boden und Wänden) und ein Gefälle (1–2%) zum geruchssicheren Abfluß sind vorhanden.
- Abflußrohre sollten aus Kunststoff sein und einen Mindestdurchmesser von 100 mm aufweisen.
- Abflüsse haben einen Geruchsverschluß sowie eine Vorrichtung gegen das Eindringen von Ungeziefer und Ratten.
- Die Türen sind leicht zu reinigen und desinfizieren. Außentüren müssen aus rostgeschütztem Metall bestehen bzw. Metallrahmen besitzen.
- Die Fenster sind leicht zu reinigen, kippbar und der Rahmen abwaschbar. Fenster und sonstige Öffnungen sind mit Fliegengitter zu versehen. Es muß ausreichend Schutz vor dem Eindringen von Ungeziefer und Tieren vorhanden sein.
- Für ausreichende Be- und Entlüftung ist gesorgt.
- Ausreichende Beleuchtung, die Tageslichtqualität haben muß, ist vorhanden.
- Installationen sind mit einem verschleißfesten Anstrich zu versehen. Sämtliche Schalter, Steckdosen und Verteilerkästen sollten nicht unter 1,6 m montiert werden.
- Transportbänder und Arbeitsgeräte dürfen nicht rostig sein.
- Behältnisse dürfen nicht auf dem Boden stehen, sondern in Regalen, auf Tischen, auf Rollwagerln,…
- Wasserhähne in Arbeitsräumen müssen mit Fernbedienung ausgestattet sein (Fußbedienung oder Lichtschranke).
- Neben dem Handwaschbecken befindet sich ein Behälter für die Aufnahme gebrauchter Einweghandtücher.
- Es wird jährlich eine bakteriologische Wasseruntersuchung von einer autorisierten Stelle durchgeführt.

Verarbeitungsraum
- Der Verarbeitungsraum hat keine direkte Verbindung zum Stall oder zum Hofbereich (Schmutzschleuse vor dem Eingang in den Verarbeitungsraum).
- Der Fleischverarbeitungsraum wird nur zum Zwecke der Fleischverarbeitung verwendet.
- Verschiedene Tierarten (Schwein, Rind, Wild,…) werden zeitlich getrennt voneinander verarbeitet.
- Andere Gegenstände, die nicht für die Verarbeitung benötigt werden, sind nicht im Fleischverarbeitungsraum.

- Die Wände sind mit abwasch- und desinfizierbarem Anstrich oder mit hellen, säurefesten Fliesen bis 2 m Höhe versehen.
- 80 Grad heißes Wasser (z.B. Sterilisationsbecken) für Messerdesinfektion ist vorhanden.
- Die Temperatur im Zerlegeraum darf nicht höher als 12 Grad Celsius sein. (Kontrolle mit Raumthermometer). Fleisch darf auch warm zerlegt werden, wenn es unmittelbar vom Schlachtraum in den Zerlegeraum gebracht wird. Die beiden Räume müssen dann aneinander grenzen.
- Die Decke ist hell, staubfrei und frei von Schimmel, Holz wird nicht verwendet.
- Hackstock und Schneidetische müssen aus leicht zu reinigendem Material bestehen und eine glatte Oberfläche besitzen. Ab einer Schnittiefe von 0,5 mm muß der Hackstock abgeschliffen werden (Holz ist verboten).

Schlachtraum
- Die Wände sind mit abwasch- und desinfizierbarem Anstrich oder mit hellen, säurefesten Fliesen bis 3 m Höhe versehen.
- Die Decke ist hell, staubfrei und frei von Schimmel, Holz wird nicht verwendet.
- Die Raumgröße ist mindestens 3 x 4 m.
- Die Raumhöhe beträgt für Schweine mindestens 3 m, für Rinder mindestens 4 m.
- Der Raum ist mit genügend Hängevorrichtungen ausgestattet.

Umkleideräume
- Es ist gewährleistet, daß die Straßen- und Arbeitskleidung für die Fleischverarbeitung in je einem eigenen Spind verwahrt werden.

Kühlräume
- Ausreichende Größe ist gegeben: 1,2 m^2 pro Schwein, 2,5 bis 3 m^2 pro Rind
- Die Kühlanlage ist mit dem Abwasserkanal verbunden.
- Schlachtkörper von verschiedenen Tieren dürfen nicht gleichzeitig in einem Kühlraum gelagert werden.
- Die Temperaturkontrolle wird regelmäßig durchgeführt (fixes Thermometer). Ein Kühlprotokoll wird mitgeschrieben.
- Der Kühlverlauf der Schlachtkörper wird kontrolliert (Erreichen der Innentemperatur von max. 7 Grad Celsius, Innereien max. 3 Grad Celsius).
- Verzehrfertige Produkte und Innereien sind getrennt vom Rohfleisch zu lagern.
- Die Luftfeuchtigkeit sollte regelmäßig überwacht werden (Hygrometer).

Sonstige Lagereinrichtungen /-räume
- Hilfsstoffe und Geräte werden sauber untergebracht.
- Reinigungs- und Desinfektionsmittel sind getrennt von den Hilfsstoffen für die Verarbeitung und Vermarktung untergebracht, z.B. eigener verschließbarer Kasten für Reinigungs-, Desinfektionsmittel und Reinigungsgeräte und Kasten oder Raum für Hilfsstoffe für die Verarbeitung und Vermarktung (z.B. Gewürze, Därme, Verpackungsmaterial,…).

Transport und Vermarktung
- Die Transportgebinde sind aus hygienisch einwandfreiem Material und zweckentsprechend.
- Für eine hygienische Beförderung der Produkte mit einer Höchsttemperatur (Kerntemperatur) von 6 Grad Celsius ist gesorgt.
- Für eine hygienische Abgabe beim Verkauf (Verkaufswagen, Verkaufsstand, Verkaufsraum…) mit einer Höchsttemperatur von 6 Grad Celsius ist ebenfalls Sorge getragen.
- Verpackte Produkte sind gemäß Lebensmittelkennzeichnungsverordnung gekennzeichnet.

Personalhygiene
- Alle mit der Verarbeitung befaßten Personen besitzen ein Gesundheitszeugnis gemäß Bazillenausscheidergesetz.
- Alle mit der Verarbeitung befaßten Personen tragen helle, leicht zu reinigende Arbeitskleidung und Kopfbedeckung. Die Arbeitskleidung wird nach jedem Arbeitstag gewechselt.
- Alle reinigen und desinfizieren nach jeder Kontamination sowie Wiederaufnahme der Tätigkeit die Hände.
- Nur gesunde Personen arbeiten in der Fleischverarbeitung (bei Schnupfen etc. ist die Mitarbeit untersagt).
- Bei Auftreten von Hautverletzungen werden die Wunden mit wasserfestem, undurchlässigem Verband abgedeckt.
- Rauchen, Essen, Trinken und Spucken sind während des Arbeitsprozesses zu unterlassen.

Hygieneplan
- Fußböden und Wände werden nach jedem Schlachttag / Verarbeitungstag gereinigt und desinfiziert, Ausgüsse, Abflüsse und dergleichen nach Beendigung der Arbeiten, Kühlräume nach dem Abtauen, Lagerräume mindestens einmal im Monat.
- Ein auf den Betrieb abgestimmter Hygieneplan inkl. Schädlingsbekämpfungsplan liegt vor.
- Nachweise über die Wirksamkeit der praktizierten Hygienemaßnahmen liegen auf (Eigenkontrollaufzeichnungen, Abklatschtestergebnisse,…).

Schulung
- Einschlägige Befähigungsnachweise liegen auf (Nachweis der nötigen Fachkenntnisse – insbesondere Fleischverarbeitung, Einhaltung der Hygienebestimmungen. Lebensmittelcodex, Fleischbeschaugesetz und Fleischhygieneverordnung).

Konsumentenerwartung
- Die bäuerlichen Produkte werden von Mitgliedern der bäuerlichen Familie oder deren Angestellten im Namen und auf Rechnung des jeweiligen Betriebes vermarktet.
- Die angebotenen Produkte stammen aus der eigenen Urproduktion.
- Die Urproduktion sollte möglichst umwelt- und tiergerecht erfolgen.
- Die Verarbeitung wird von Mitgliedern der bäuerlichen Familie oder zumindest unter deren Mithilfe gemacht.
- Traditionelle Herstellungsverfahren und regionale Rezepte unter weitestgehendem Verzicht von Zusatzstoffen werden bevorzugt.

LITERATURVERZEICHNIS

AMON, EBERDORFER, PENKNER, SCHMID, SIX	Betriebswirtschaft und Büchführung – Ausgabe A/2	Leopold Stocker Verlag	Graz	1996
GATTERMAYER, BURGSTALLER, WÖBER	Kostenrechnung und Finanzierung für „Urlaub am Bauernhof"	Leopold Stocker Verlag	Graz	1996
GERSON	Der Marketingplan	Ueberreuter Verlag	Wien	1992
GRESSLER / GÖPPEL	Qualitätsmanagement	Stam-Verlag	Köln	1996
KOBJOLL	Virtuoses Marketing	Orell Füssli Verlag	Zürich	1995
LASSEN	Heute ist mein bester Tag	LET Verlag Arthur Lassen	Bruchköbel	1995
MEFFERT	Marketing	Gabler Verlag	Wiesbaden	1986
PFEIFER	Qualitätsmanagement	Carl Hanser Verlag	München Wien	1993
POTTEBAUM, BULLERDIEK	Handbuch Direktvermarktung	Verlags-Union Agrar		1994
SCHMIDT	Der souveräne Unternehmer zur Jahrtausendwende	Josef Schmidt Verlag	Bayreuth	1996
STEINHAUSER, LANGBEHN, PETERS	Einführung in die landwirtschaftliche Betriebslehre – Allgemeiner Teil	Verlag Eugen Ulmer	Stuttgart	1982
STRECKER / REICHERT, POTTEBAUM	Marketing für Lebensmittel	DLG-Verlag	Frankfurt am Main	1990